JN113264

次世代の課題と憲法学

憲法理論研究会編

敬文堂

〈目次〉

第一部　〝新しい〟資本主義と憲法

憲法学からみたアメリカ気候変動訴訟

辻　雄一郎
（明治大学）

はじめに

脱炭素化（net zero）を進める気候変動対策にはいくつかの手法が存在するが、本稿では、政府の科学との距離の取り方、政府の取組みに対する裁判所の判断を米国を中心に考察する。

一　気候変動が格差を拡大する―大統領の取り組み

気候変動によって、マイノリティや低所得者層の居住地域において健康や生命に対する被害が集中し、深刻化してしまうという現象が指摘されている。この現象を解消するために、環境正義という概念が生まれた。

環境正義の実現に限らず、大統領は就任後、大統領命令を出して、選挙公約中に宣言した政策を実現するよう行政機関に求める。合衆国憲法第二章は大統領に執行権を、合衆国憲法第一章は連邦議会に立法権を与えて、行政機関は連邦議会の制定法を根拠に規制権限を行使する。

しかし、大統領が交代しても議会制定法が改正されない場合、行政機関は行政規則を通じて大統領の政策を実現しようとする。行政機関はその専門性（現場の経験と科学的知識）[1]を根拠にして議会制定法の曖昧さを埋める役割を担っている。裁判所は、行政規則が社会経済的に重大な影響を与える主要な問題を規制する場合は、まず規制を認める根拠規定があるかを確認することもあるし、行政機関の規制権限を連邦議会が一定の指針に基づいて授権したかを確認することがある。

原則、規則を支える科学的根拠が必要とされるはずだが、大統領が交代すれば、唐突に行政規則が方向転換する印象を与える場合がある。

（二）一九九四年クリントン大統領の環境正義の大統領命令

気候変動が民主主義の脅威になっているという問題意識をもったのは、バイデン政権が最初ではない。バイデン政権では環境正義という言葉から気候正義（climate justice）に言葉がシフトしてきている。

クリントン大統領の大統領命令一二八九八[2]は、環境正義を取り上げた。マイノリティや低所得者層の居住地域に環境汚染が集中し、健康や生命が脅かされていることから、クリントン政権は行政機関に対して環境正義を実現する戦略を立てて、既存の規制権限を行使し、汚染を解消することを求めた。

この大統領命令に従い、各行政機関は環境正義を実現するためにマイノリティの居住地域の健康、経済的、社会的格差を考慮する義務を負う。さらに、各行政機関は、一九九七年にCEQ（環境諮問委員会Council on Environmental Quality）の作成したガイダンス[3]に従って、NEPA（国家環境政策法National Environmental Policy Act, NEPA）を遵守し、環境正義を評価する義務を負う。さらに、クリントン大統領は、EPA（Environmental Protection Agency）の長を議長にして省庁横断型の環境正義のワーキンググループを創設した。

㈡　二〇二一年のバイデン政権の大統領命令

二〇二一年、バイデン大統領は就任直後に、国内外における気候危機という大統領命令一四〇〇八[4]を出した。国内外における気候変動のもたらす影響が危機的で壊滅的であり、国内外の政策の最優先課題として気候変動対策を掲げた。バイデン政権は、パリ協定に復帰し、安全な気温、気候変動に対する回復力の向上、温室効果ガスの削減と気候変動に対する回復力を備えた開発に向けた資金の流れを達成するという目標を示し、大統領府に気候タスクフォース（National Climate Task Force）[5]を設置した。二〇二一年に成立したインフラ投資・雇用法[6]によって、気候変動対策を意識したインフラ、クリーンテクノロジーやエネルギーが支援される[7]。

バイデン政権は、二〇三五年までに電力部門で温室効果ガスの実質的排出量をゼロにすると宣言した。バイデン政権がこの宣言を実現できるかを見定めるには、大統領と行政機関の取組に対する合衆国裁判所の判断を検討しなければならない。なぜなら規則が制定されても、それは、すぐに裁判所で争われるからである。

㈢　大統領の政策実現を支える諮問機関

トランプ政権はオバマ政権の気候変動対策を空洞化するために科学を軽視してきたため、バイデン政権は、行政規則を支える科学的客観性を担保しようと取り組んでいる。

バイデン政権は大統領命令一二八九八をアップデートして、大統領命令一四〇〇八に従って、ホワイトハウス環境正義諮問委員会（White House Environmental Justice Advisory Council）[8]を設置した。同諮問委員会は、気候タスクフォースで中心的な役割を担っている。

ＥＰＡは、環境正義を実現するための全国環境正義諮問機関（National Environmental Justice

Advisory Council, NEJAC）を創設し、[9] 同機関は報告書[10]を公表している。

バイデン政権は大統領命令一四〇〇八にもとづき Justice 40 Initiative を、[11] 政府を挙げて支援して、二〇二二年二月にＣＥＱは、Climate and Economic Justice Screening Tool を公表した。[12] これは、環境汚染が集中する地域を地図上で視覚化する試みである。[13]

（四）ＣＥＱとＮＥＰＡ──科学重視の仕組み

ＣＥＱは、ＮＥＰＡにより大統領の下に設置された諮問機関[14]である。ＮＥＰＡの目的は、人間の活動が地球環境に深刻な影響を与えていることを認め、環境の質を回復し、維持することである。

ＮＥＰＡは、この目的を実現するために連邦及び州政府、他の民間部門と協力し、現在及び将来の世代の国民の社会、経済その他の要求を満たすために、財政、技術的支援を含むあらゆる実用的な手段を用いて、一般の福祉を促進すると定めている。[15]

ＮＥＰＡ[16]により、連邦行政機関は、人間を取り巻く環境に影響を及ぼす計画や意思決定において、自然・社会科学を体系的、学際的に用いる義務を負う。

ＥＰＡは環境正義を実現するために報告書[17]を公表し、各行政機関が協働して環境正義を実現するためにＮＥＰＡを用いる方法を示している。

行政機関は、ＡＰＡ（行政手続法 Administrative Procedure Act）に従って行政規則を制定する。行政機関が環境に関係する行為を実施する場合、ＡＰＡだけでなくＮＥＰＡを遵守しなければならない場合がある。

通常、行政機関は規則を制定するために、規則を支える科学的なデータ収集、モデル化、規制の根拠を準備するために長い時間と労力が必要となる。そして、ＡＰＡにもとづく告知とコメントを経て、規則を最終化させつつ、規則の差止を争う訴訟も予想しなければならない。

（五）環境影響評価書

ＮＥＰＡ[18]にもとづき、各行政機関は、人間の環境に「重大な影響（significantly impact）」を及ぼす、連邦政府の「主要な行為（major federal action）」について、「詳細な説明書」を作成する義務を負わせている。[19]この「詳細な説明書」が、環境影響評価書（Environmental Impact Statement, EIS）である。

ＥＩＳの作成が行政機関に要求される場合は次の三つである。第一に、連邦政府の行為であること、第二に、その行為が主要（major）であること、第三に、環境に対する重大な影響を及ぼすことである。

ＥＩＳには、(1)提案された行為が環境に与える影響、(2)提案が実施された場合に生じる、環境に対する不可避的な影響、(3)提案の代替案が記載される。

この規則は、ＥＩＳが必要とされるかを判断する手続を用意している。

第一に、計画や提案には、原則としてＥＩＳが必要とされる。ＥＩＳが不要なカテゴリーはあらかじめ定められている。

第二に、カテゴリーに該当するかどうか不明の場合は、各行政機関は、Environmental assessment（ＥＡ）を準備する。ＥＡは mini-EIS、あるいは簡易アセスメントとも呼ばれている。

ＥＡは、環境に対する重大な影響の存在（finding of no significant impact, FONSI）を判断し、ＥＩＳの作成が必要かを簡易に判断するための文書である。

（七）トランプ政権の挑戦

トランプ政権は発足後すぐに大統領命令を出して、オバマ政権時代の気候変動対策を空洞化しようとした。

第一に、連邦議会審査法[20]を用いて行政規則を撤回しようとした。クリントン政権時代に制定された本法は、行政規則を一定の条件で廃止することを連邦議会に認めるものである。

第二に、大統領は行政機関の長を通じて、大統領命令を出して、規則廃止の圧力をかける。トランプ政権はＥＰＡの長に自分に近い人物を任命して、ＣＡＡ（Clean Air Act, 大気清浄法）に基づく規制を緩和しようとした。ＣＡＡにより、ＥＰＡは全国大気質基準（National Ambient Air Quality Standards, NAAQS）を設定する義務を負う。その基準は、公衆の健康を保護するに十分な余裕（adequate margin of safety）のある安全性を要求している。このうちオゾンやＰＭ２・５の基準は、五年ごとに最新の科学に基づいて改訂される。トランプ政権は、ＰＭ２・５とオゾンに関する基準を設定するためのＥＰＡの諮問機関の科学者大気浄化科学諮問委員会（Clean Air Scientific Advisory Committee）のメンバーを入れ替えた。[21] しかし、トランプ政権に呼ばれた専門家らも、答申の客観性を担保するためにＣＡＳＡＣの外部専門家の意見も聞くべきだという意見が大勢を占めた。

第三に、トランプ政権は環境影響評価の手続を緩和した。[22] ＮＣＡ（National Climate Assessment, 全国気候変動アセスメント）は気候変動対策を早急に実施しなければ莫大な経済的損失が生じるという報告書[23]を公表したが、トランプ大統領はこれを否定していた。

（八）バイデン政権の挑戦

次に、バイデン政権のトランプ政権に対する挑戦を検討する。

第一に、バイデン政権は、大統領命令で客観的な科学にもとづく政策の形成を重視した。

第二に、バイデン政権は、トランプ政権の環境影響評価の規則を撤回するため、二〇二一年六月にトランプ政権時代の環境影響評価の実施を停止して、十月に第一次改定案[25]を、第二次改定案[26]を二〇二二年四月に公表した。

トランプ政権は、NEPAにもとづく環境影響評価の規則について、直接、間接の影響の概念、規制の「累積効果」の文言を削除し、あれなければこれなし（but for）の条件関係を追記して気候変動の環境影響評価の義務を葬ろうとしていた。

バイデン政権は、条件的因果関係の段落を削除し、間接、累積の文言を復活させた。

二　気候変動に対する裁判所の姿勢

本章では環境正義の問題にとどまらず政府の気候変動政策を、行政機関の専門性に対する裁判所の尊重という視点から検討していく。

（一）第0段階とChevron 法理

気候変動をめぐる訴訟では行政機関の専門性を裁判所が尊重するかが問題となる。

Chevron 法理とは、一九八四年のChevron v.NRDC[27]で示された法理で、裁判所が行政機関の法解釈（行政規則）を判断する際に、法文言の明確性を審査し（第一段階）、曖昧であれば、行政機関の法解釈を尊重する合理性があるかを判断する（第二段階）をいう。昨今、この法理の二つの段階の前後にいくつかの段階が存在するのではないかが問題となってきた[28]。第0段階に分類されるひとつが州のスタンディングである。

（二）Massachusetts v.EPA

Massachusetts v.EPA[29]は、CAAの「移動」発生源（自動車）からの温室効果ガスに対するEPA

の規制権限を認めた。二酸化炭素は「何らかの大気汚染物質」に該当し、公衆の健康を保護するには、ＥＰＡは大気汚染物質の規制権限を行使しなければならないと説明した。

合衆国裁判所は、温暖化が人為的であり、マサチューセッツ州のスタンディングを認め、裁判所が行政機関に規制権限を認めることで、行政機関がこれを行使して、温暖化の進行を食い止めることができると説明した。合衆国裁判所によれば、行政機関に大きな社会問題を一度に解決するのではなく、一歩一歩、ゆっくりと経験を踏まえて進めなければならない。

同判決は、温室効果ガスが公衆の健康に害悪をもたらすかを認定するようにＥＰＡに命じた。本判決後、ＥＰＡは危険の認定に関する科学研究を開始し、二〇〇九年に温室効果ガスの増加が公衆の健康を害すると認定した。[30] 二〇一二年にコロンビア特別区巡回区連邦控訴裁判所[31]も、ＥＰＡの認定を支持した。

（三）UARG v.EPA

固定発生源の排出規制を争ったUARG v.EPA[32]を検討する。Massachusetts v. EPAの後、ＥＰＡは、移動発生源に対して規制権限を行使するのなら、それより遥かに排出量の大きい固定発生源に対しても規制権限を行使すべきだと考えた。ＥＰＡは、同一の法令であれば同じ文言は同じ解釈を用いるべきだと考えた。

規制権限の根拠となるＣＡＡにおいて、州は、全国大気質基準を達成するために州の基準達成計画(State Implementation Plan, SIP）を策定する。全国大気質基準の達成の程度に応じて、達成地域、未達成地域そして未分類地域に分類される。

達成地域と未分類地域には、重大な悪化を防ぐ方策（Prevention of Significant Deterioration, PSD）を取った場合のみ、主要な発生源の新設や修繕が許可される。事業者は、利用可能な最善の統制技術（Best Available Control Technology, BACT）を用いて、排出基準を達成する義務を負う。許可の申請には、ＰＳＤとＢＡＣＴが審査される。

主要な発生源（major emitting source）を操業する場合、事業者はＣＡＡの第五章の許可が必要になる。その地理的場所を問わず、主要な発生源を操業する許可を得るには、事業者は様々な義務（検査、監督、報告、発生源に適用される基準を満たすための遵守計画の作成）を負う。

「何らかの大気汚染物質」の主要な発生源がＥＰＡの規制対象になれば、多くの施設（ホテル、ショッピングセンター、学校、大規模企業）が規制されることになる。

そこで、ＥＰＡは、排出量に応じて規制権限を行使するように調整した。この調整規則は、「主要な発生源」の「何らかの大気汚染物質」を年間二五〇トン（または特定の種類の発生源については百トン）をＰＳＤ許可の対象にした。

合衆国裁判所は調整規則を認めなかった。その理由として、第一に、「何らかの大気汚染物質」の文言は、ＣＡＡでも文脈に応じて異なる意味を有している。ＥＰＡはＣＡＡの認める規制権限を拡大解釈しており、ＣＡＡの文言を書き換えるもので認められない。同一の法令では同一の文言は同一の解釈が用いられるべきだが、異なる文脈では全体を見渡して異なる意味が与えられる場合もある。第二に、社会経済に重大な影響を与える主要な問題の法理をChevron 法理第二段階で用いた。

（四）Chevron 法理の零落

一九八四年の誕生時に比べて、Chevron 法理の二つの段階（ステップ）を踏む前に他の段階が存在し、予測可能性を失っている。Massachusetts v. EPA は、法文言（何らかの大気汚染物質）に第一段階が用いられた。UARG v. EPA は、第二段階を用いながらも行政機関の法解釈の合理性を認めなかった。

例えば、King v. Burwell[33]は第0段階で「主要な問題」の法理を利用した。これは、社会経済的に重大な影響を与える主要な問題については連邦議会が判断すべきであって、行政機関に明文で規制権限が付与されているかを確認すべきという法理をいう。この主要な問題の法理は第0段階だけでなく第一段階でも用いられる。FDA v. Brown & Williamson Tobacco Corp[34]では、第一段階で行政機関の規則を否定した。

二〇二一年にAlabama Ass'n of Realtors v. HHS[35]は、主要な問題の法理に従って、CDC（Center for Disease Control and Prevention）の家主の借主に対する立退きを凍結する権限を認めなかった。また、授権禁止の法理[36]（合衆国憲法の立法権を他の機関に与えることは一定の指針がない限り許されない）も関係している。一九三十年代[37]以来、合衆国裁判所は行政機関に対する立法権の授権を禁止し、一定の指針があることを求めてきた。授権禁止の法理には合衆国憲法上の立法権の権限付与を強調する立場（ゴーサッチ）と、一般的な法解釈のひとつとして考える立場（ロバーツ）の二つのタイプが存在している。

（五）West Virginia v. EPA の判決と授権禁止の法理

トランプ政権下のEPAはACE規則（Affordable Clean Energy Rule）を制定し、オバマ政権下の火力発電所の排出を規制するCPP（Clean Power Plan）[38]を空洞化しようとした。トランプからバイデンに政権が交代する直前にコロンビア特別区連邦巡回区控訴裁判所[39]は、ACE規則がCAAの解釈を誤ったものであり、排出削減の枠組みを鈍化させることは恣意的かつ専断的であると判断した。同裁判所は、温室効果ガスが国民の健康や福祉を危険にさらすという二〇〇九年の認定に基づいて温室効果ガスを規制すべきだとEPAに要求した。本件の争点を二〇二二年六月三十日にWest Virginia v. EPA

で合衆国裁判所が判断を示した。[40]

この争点が判断される前に、炭素の社会的費用に関する事案（Louisiana v. Biden）[41]が合衆国裁判所の緊急審理に回付された。本件は「主要な問題」が争点になっていたが、五月二六日、合衆国裁判所はこれを認めなかった。

六月三十日にWest Virginia v. EPAは授権禁止の法理を用いてCPPを否定した。この授権禁止の法理にはロバーツとゴーサッチの二つのタイプが存在している。本判決の射程は狭く、EPAはCAAの他の規定を用いて気候変動対策を実施することが可能である。連邦議会は、インフラ削減法(Inflation Reduction Act)を制定した。バイデン政権は気候変動対策を促進することができる。

おわりに

本稿で登場する法理は、気候変動に関する事案だけに特有な問題とは言えない。気候変動を憲法学の法解釈の舞台に載せることで、憲法学の研究資源を投入できる可能性が存在する。[42]交付税減額をめぐる訴訟の泉佐野市の原告適格、場外車券売り場設置許可（サテライト日田）事件、宝塚市パチンコ条例事件、ホッキョクグマ訴訟、神戸や横須賀の石炭火力発電所訴訟と関係しているかもしれない。

［付記］本研究は公益財団法人野村財団の研究助成を受けた

（1）辻雄一郎「アメリカの専門性、政策判断、授権禁止と司法審査」行政法研究（41）一三三頁（二〇二一）。
（2）59 FR 7629 (1994).

(3) CEQ guidance: Environmental Justice Guidance Under the National Environmental Policy Act (Dec. 1997).
(4) 86 FR 7619 (2021).
(5) White House, *Readout of the First National Climate Task Force* (Feb.11, 2021).
(6) Infrastructure Investment and Jobs Act,Pub.L.No.117–58, 12 Stat. 503 (2021).
(7) White House, *Fact Sheet: The Bipartisan Infrastructure Deal* (Nov.6, 2021).
(8) White House, *White House Environmental Justice Advisory Council.*
White House Environmental Justice Advisory Council Charter.
(9) EPA, *National Environmental Justice Advisory Council.*
(10) NEJAC, *National Environmental Justice Advisory Council 20-Year Retrospective Report.*
(11) White House, *The Path to Achieving Justice40* (July 20, 2021).
OMB, Memorandum for the Heads of Departments and Agencies (July 20, 2021).
(12) 87 FR 10176 (2022).
(13) Climate and Economic Justice Screening Tool BETA.
(14) NEPA, art.102(b).
(15) NEPA, art. 101.
(16) NEPA, art. 102(a).
(17) EPA, *Promising Practices for EJ Methodologies in NEPA Reviews-Report of the Federal Interagency Working Group on Environmental Justice & NEPA Committee* (March 2016).
(18) NEPA, art. 102(2).
(19) *Id.* art. 102(c).
(20) Congressional Review Act, 5 U.S.C.801, et. al.
(21) PM については Clean Air Scientific Advisory Committee Particulate Matter.

(22) 85 FR 43304 (2020).

(23) National Climate Assessment, Climate Science Special Report:NCA 4 volume I.

(24) 86 FR 34154 (2021).

(25) 86 FR 55757 (2021).

(26) 87 FR 23453 (2022).

(27) 467 U.S. 837 (1984).

(28) 辻雄一郎『シェブロン法理の考察』(日本評論社)。

(29) *549 U.S. 497 (2007)*.

(30) 74 FR 66496 (2009).

(31) *684 F.3d 102 (2012)*.

(32) *573 U.S. 302 (2014)*. 森田崇雄「温室効果ガスの規制に関する連邦環境保護庁の権限―Utility Air Regulatory Group v. Environmental Protection Agency, 134 S. Ct. 2427 (2014)―」比較法学50巻1号一七二頁。

(33) *576 U.S. 473 (2015)*.

(34) *529 U.S. 120 (2000)*.

(35) *141 S. Ct. 2485 (2021)*.

(36) *139 S. Ct. 2116 (2019)*.

(37) *298 U.S. 238 (1936)*.
295 U.S. 495 (1935).
293 U.S. 388 (1935).

(38) 80 FR 64661 (2015).

(39) *985 F.3d 914 (2021)*.

(40) *142 S.Ct.420 (2022)*.

（41）*596 U.S._ (21A658).*

（42）藤井康博・高橋雅人「第9章リスクの憲法論」、水島朝穂編『立憲的ダイナミズム』（岩波書店）。黒川哲志『環境行政の法理と手法』（成文堂二〇〇四）。下村英嗣「アメリカ合衆国における科学不確実性下の環境規制」人間環境学研究7巻〔ママ〕一七−三四頁（二〇〇九）。猪股弘貴『憲法論の再構築』（信山社）。釼持麻衣『気候変動への「適応」と法』（勁草書房二〇二二）。

〝新しい〟資本主義の下での生活保障をめぐって

尾形　健
（学習院大学）

はじめに

本稿に与えられた課題は、新たな資本主義の転換期に顕在化する諸事象のうち、「格差社会」をめぐって考察することにある。

一　〝新しい〟資本主義の現況と諸問題

（一）〝新しい〟資本主義の現況

①資本主義の「非物質主義的転回」

財政学者の諸富徹教授は、現代の資本主義の展開の本質を「非物質化」に求める。教授は、一九六〇年代以降の経済学説等が、資本主義社会の変化を「知識」という非物質的要素を媒介として読み解く点に留意する。具体的には、工業からサービス産業へのシフトといった産業構造の転換に伴い「知識産業」が興隆し、その重要性が認識され、教育・訓練など、「人への投資」の重要性が高まったことなどが挙げられる。教授はさらに、生産面のみならず消費面の変化も視野に入れ、「現代資本主義が生産と消費の両面で『物的なもの』から『非物質的なもの』への重点を移行させる」状況を、「資本主義の非物質主義的転回」と位置付ける。ここに「非物質化」とは、物質的なものに非物質的要素が付加されたり、製造業がサービス業と融合したりすることで、「物的なもの」が「非物質的なもの」によって新たな価値を与えられ、資本主義が新たな発展段階へと進化を遂げる状況にあることをさす。有形資産を活用し物的生産を行うというより、データ等の「無形資産」を活用し投資が非物質化するように、「モノ」の生産・消費という形態から、「非物質化」へと資本主義は転回している、というのである。(1)

②新型コロナウイルス禍の資本主義

新型コロナウイルス禍は、資本主義のありように大きな影響を与えているといえるだろう。二〇二〇(令和二)年四月の緊急事態宣言発出以降、在宅勤務の増加や外出自粛等によりオンライン化・デジタル化が浸透し、消費行動にも大きな影響を与えた。(2) 二〇二〇(令和二)年の統計では、インターネットショッピング利用世帯の割合は同年五月には五〇・五%となり、また年齢を問わずインターネットショッピングが普及する状況が指摘される。(3) こうした傾向は、情報や知識を適切に利用するインターネット販売事業者が消費の中心を担い、資本主義の「非物質化」を促進するものといえるかもしれない。

③わが国固有の状況——少子高齢化の進展

一方、「〝新しい〟資本主義」にも影響する要因として、少子社会の進行、あるいは少子高齢化の進展の傾向は、依然として続いている。合計特殊出生率は、二〇〇五(平成一七)年に一・二六となり、その後緩やかな上昇傾向にあったものの近年微減傾向にあるといわれ、二〇二〇(令和二)年は一・三四となっている。また、二〇一七(平成二九)年の日本の将来推計人口(平成二九年中位推計)によると、

二〇二五（令和七）年で六五歳以上の人口が約三〇％、二〇六五（令和四七）年には約三九％とも推計されている。(4)

（二）諸問題

①〝新しい〟資本主義がもたらす「不平等」・「格差」

諸富教授によると、「資本主義の非物質主義的転回」の下では、新しい「知識」を生み出し、それを組織化し産業やビジネスに適用できる創造的な人材を育成することが肝要となるが、その成否は、「人的資本の質、つまり人間の知識、学習能力、創造性、柔軟性、コミュニケーション能力」にかかっており、「人的資本」がいっそう重要となる。教授は、技術革新・進歩によって職場の情報化等が急速に進行するにつれ、経営者・専門家・技術者等の高技能職の需要が高まる一方、機械化で代替可能な職を担っていた中間技能職（現場労働者・販売員・事務員など）の労働需要が落ち込み、その分、低技能職（人的ケアや食事・清掃サービス等を担う職）の領域で、雇用の奪い合いが生じる、といった分析を紹介しながら、「無形資産」の重要性が増すことにより、創造性、柔軟性、コミュニケーション性を備えた労働者への需要が増す一方、AI化の進展等の技術革新により、低賃金・低技能の労働者への需要の減少圧力が働きうる点を指摘し、「経済の非物質化は、労働需要に構造変化を引き起こす」とされ、その結果、「経済の非物質化」の進展は、不平等と格差を拡大させる方向に働きかねない、という。(5)

②新型コロナウイルス禍の影響

職場における技術革新の浸透は、在宅勤務が可能な職域と、そうでない職域とで異なる影響を与えている可能性がある。統計によると、二〇二〇年四月の緊急事態宣言下の社会活動の停滞に伴い、宿泊業・飲食サービス業において正規・非正規雇用を問わず減少が続き、生活関連サービス業・娯楽業等で非正規雇用の減少が続いているとされる。男女別にみると、特に女性の非正規雇用が大きく減少したことが示されており、(6) 労働需要が職能によって異なることに起因する「不平等」と「格差」は、新型コロナウイルス禍によって加速された面があったといえるかもしれない。

③「新しい生活困難層」

近年の社会政策研究では、困窮原因の複合化・複雑化と生活基盤の弱体化も指摘されてきた。政治学者の宮本太郎教授によると、経済の低成長基調に伴い、現役世代の雇用が劣化し、低所得化が進み、その世帯の子どもの貧困も顕在化していくことや、低所得世帯で老親を抱える場合の経済的負担なども重なり、貧困がいわば「三世代化」していく可能性が指摘されている。雇用の劣化は単身化にもつながり、少子高齢化に拍車をかける一方、すでにみたように、高齢者は増加し続け、しかもその貧困率も拡大するなど、高齢期の生活保障を支える基盤が脆弱になりつつあるともいわれる。(7) こうした「新しい生活困難層」は、社会的リスクの変容に加え、環境危機に起因する自然災害や、グローバルな人的移動に伴う感染症拡大などの様々なリスクの打撃を集中的に受ける傾向にあるとされる。(8)

④社会的孤立への対応

「新たな生活困難層」の問題は、高齢化の進展を背景に、貧困化した高齢者層が社会的に孤立した場合の対応という、さらなる課題を突きつけ、社会サービスの相手方が認知症に罹患する等、判断能力が十分でない場合に、深刻な問題を生じさせる。近年の例では、高齢夫婦のうち、夫が熱中症で救急搬送され、生活保護法上の職権保護（主に医療扶助。同法二五条）が開始されたところ、夫婦ともに認知症の進行等が疑われたことから成年後見の申立て（老人福祉法三二条等）がなされた事例において、行政が、生活保護法六三条に基づき、保護に要する費用の全額の返還を求めたことの違法性が争われたものがある（東京地判令元・七・三〇判タ一四七八号三八頁、東京高判令二・六・八判タ一四七八号三一頁）。この事案は、社会的に孤立した認知症高齢者に対し、行政が社会サービスを提供したものの、それが結果的に当事者に酷な事態を生じさせたということと、[9]不利益処分の名宛人の意思能力が必ずしも十分でない場合に、どのように行政は対応すべきかという、非常に困難な問題を提起している。

二　憲法論からの視点

〝新しい〟資本主義が以上のようなものであるとして、そこから、あるいは、それに付随して生じる諸問題を、どのように考えたらよいだろうか。

（一）日本国憲法と福祉国家

福祉国家の実態把握について、今日の政治学・社会政策学では、エスピン－アンデルセン（G. Esping-Andersen）による、「福祉国家レジーム」が知られる。彼は、福祉国家の把握を、国家・市場・家族の組合せに着目して類型化し、⑴自由主義的福祉国家（アメリカ・カナダ・オーストラリア）、⑵社会民主主義的福祉国家（スカンディナビア諸国）、そして⑶保守主義的・コーポラティズム的福祉国家（オーストリア、フランス、ドイツ、イタリア等）などとする。[10]

社会学者の武川正吾教授は、福祉国家の把握を、目的的な捉え方と存在として（手段として）捉えるあり方とを区別し、後者を、「給付国家としての福祉国家」と「規制国家としての福祉国家」として把握する。[11]「福祉国家」を、「規制」と「給付」の側面で考察する視点は、アメリカ憲法学にもみられるものであった。すなわち、その浩瀚なケースブックにおいて、「現代福祉国家における憲法」として、アメリカにおける福祉国家の憲法現象に独立した章を与えるブレスト（P. Brest）らは、アメリカにおける福祉国家について、労働条件や市場に対する規制を及ぼす「規制国家（regulatory state）」と、資源の再配分に積極的に乗り出す「福祉国家（welfare state）」との側面を区別していた[12]。

日本国憲法は、経済的自由が「公共の福祉」によって制約されることを明文で予定する（憲法二二条一項、二九条二項）。経済的自由を支える市場システムは、「人為による賢明な一定の矯正措置を不断に必要」とするものであって[13]、憲法は、自由で公正な市場の発展と維持のための「規制」を容認しているといえる。憲法はまた、労働者（勤労者）の「勤労の権利」と労働基本権を保障し、賃金・就業時間等の労働条件（勤労条件）の法定を要求することで（憲法二七条一・二項、二八条）、労働者と使用者との間の関係を「規制」し修正する。そして、憲法は、国民の「健康で文化的な最低限度の生活」を「権利」として保障し、「社会福祉、社会保障及び公衆衛生の向上及び増進」に務めることを国の責務として（二五条）、国民に、「その能力に応じて、ひとしく教育を受ける権利」を保障し、義務教育を無償とする（二六条）。このように、憲法は、必要な層に有意味な「給付」が行われることを要求している。

福祉国家を「規制」と「給付」という側面から捉えると、日本国憲法は、まさにそのような体制を採用しているものということができる。まずはこのような構造を、分析の視座としたい。

（二）「国家」と「社会」——生活保障の基盤のために

「〝新しい〟資本主義」とそれに関連する現状に伴う諸問題は、雇用や社会生活に大きな影響を与えている点で、「社会」のありように目を向けることを促す。しかし伝統的に、憲法学は、「国家」と「個人」の二極構造に強い関心を向け、「社会」そのものへの関心は必ずしも高くはなかったといえるだろう。樋口陽一会員の議論や[14]、憲法第三章の諸規定は「もっぱら国または公共団体と個人との関係を規律するもの」とした三菱樹脂事件（最大判昭四八・一二・一二民集二七巻一一号一五三六頁）が象徴的といえる。

この点で、生活保障の文脈で、「国家」とは異なる公共的空間としての「社会」の意義に目を向けてきたのは、社会保障法学説であった。倉田聡教授は、「社会保障というシステムそれ自体が、集団的に生活保障活動を行う中間団体としての自律的ないし自立的な『社会』と、それに介入しようとする『国家』の緊張関係によって成り立つから、法学研究者がみだりにそのどちらか一方を完全に否定することは許されない」とし、「国家」・「社会」・「個人」の関係性等の規範論的整理の重要性を説き、また、社会福祉事業について、「連帯」概念で説明することを試みていた(15)。近年では、菊池馨実教授が、社会保障の持続可能性を支える市民的基盤の再構築という観点から、地域社会の再生を可能とする法理論の可能性を追究されている(16)。

憲法学においても、この文脈で、「社会」に目を向けた論者がいた。中村睦男教授は、「労働者を中心とする利害関係者の個人的、集団的権利・自由を軸とする下からの『社会権論』」を提示したが、それは、フランス社会権論の史的研究の成果であり、中村教授によると、「社会的デモクラシー」・「社会的・経済的デモクラシー」に依拠するものとされる。それは、「社会の全活動が集団ないし集団の代表者の決定に服する」ということを基礎とするものであり(17)、政治的民主主義を、「諸個人がその社会的ないし職業的立場によって属する集団の代表を社会的経済的領域の問題の決定に参加させる社会民主主義によって補完すること」が目指されていた(18)。

三　〝新しい〟資本主義の下での生活保障のために

以上を踏まえ、先に触れた諸問題について検討したい。

（一）「社会的投資国家」の可能性

諸富教授は、「資本主義経済の非物質主義的転回に対応して、経済成長を促しつつ雇用を確保し、社会的公平性を保つには、人的資本投資を重視する『社会的投資国家』への転換が必要だ」とした上で、①職業教育・訓練プログラムの積極的な推進（積極的労働市場政策）と手厚い失業給付、②企業・産業・地域・性別を超え、同一労働に対し同一賃金が支払われるべきという意味での「同一労働・同一賃金」制度の構築、③失業・家族・住宅手当の充実、などの方向性を示す。[19] ここに「社会的投資（social investment）」国家とは、北欧諸国等の近年の福祉国家政策分析において析出されたもので、キャリア形成パタン・労働条件の変容、新たな社会的リスクの出現、高齢化の進展、環境変動等の様々な社会経済状況の変化に対し、弊害が発生した後に事後的給付で対応することでは不十分であるとして、個人・家族・社会がこれ等の変化に柔軟に対応しうるよう「準備（prepare）」すべく社会政策を整備する、というものとされる。知識が重要とされる社会において生ずる、社会的分断や社会生活上のスキルの欠如、構造的貧困といった新たな社会的リスクの下にあっては、これまでの雇用に関連づけられた社会保険等の政策は不十分であるとして、家族向けサービスや積極的労働市場政策、初期段階の子ども向け教育、職業訓練等への支出を重視し、性別を問わず、生産性の向上と高い雇用率を目指そうとする。[20]

この「社会的投資」政策は、所得保障による支援と、積極的でかつ予防的・統合的な措置を適切に組み合わせることが目指され、それによって、市民の経済的自立のみならず、人の資質の発展（human flourishing）における自律をも高める点で、センやヌスバウム等による潜在能力論（capabilities approach）にも依拠したものとされる。[21] 石川健治会員は、「社会的投資国家」の理論が、憲法二五条に関する意味構成を変更しうる可能性を指摘されるが、[22] 社会生活における人の資質を高めるという、憲法二五条の趣旨にこめられた理念を軸に、労働市場に対する事前的な「規制」と、雇用や家族に対する所得保障、そして教育への投資といった「給付」を展開する点で、「社会的投資国家」の議論は、その問題点に留意しつつも、憲法が予定する福祉国家の構造を有意味に再構成してくれるように思われる[23]。

（二）「新しい生活困難層」・社会的孤立等への対応

一方で、「新しい生活困難層」や社会的孤立等といった諸問題は、その問題の複雑さと複合性、そして社会とのつながりの回復という点で、地域社会に包摂する施策の必要性を伝える[24]。政策レベルでは、いわゆる社会保障制度改革プログラム法（持続可能な社会保障制度の確立を図るための改革の推進に関する法律）が掲げる「地域包括ケアシステム」（同法四条四項）や、「地域共生社会の実現のための社会福祉法等の一部を改正する法律」（令和二年法律第五二号）により、「地域共生社会」実現のための社会福祉サービス提供体制の整備が図られることになり、地域における生活支援が課題となりつつある。法律学では、たとえば菊池馨実教授は、先述のように地域社会の再生を可能とする法理論の可能性を追究し、物質的なニーズの充足に限定されない、生活のための「支援」の重要性を認識され、就労自立や社会とのつながりのために必要な「相談支援」の法的意義を、「地域」に着目しつつ考察される[25]。また、行政法学者の前田雅子教授は、生活保護法における自立支援について、受給者・支援関係者・行政機関間の「協働」を通じた実現のための法理論を示されており、こうしたアプローチも、地域社会における福祉サービスのあり方を模索するものといえるだろう[26]。

これらは、理論的には、公共的空間としての「市民社会」の応用例ということができるが、「市民社会」が活発に機能するためには、一定の市民の資質（「礼節（civility）」・「礼儀正しさ（decency）」あるいは社会的関心等）が求められるだろう[27]。さらに、このような「地域」に根ざした「共生社会」実現のためには、その「地域」住民が積極的に「共生」にコミットする論拠とはいかなるものなのかが問われる。

この点で、ウォルツァーが、政治的共同体の構成員資格の配分に関し、共同体外の者（strangers）にどのようにその資格を配分するかについて論じた際、一定の場合に「他者」は私たちの厚遇や支援・善意の対象となりうるという、「相互援助の原理（principle of mutual aid）」の問題として論じていた点を、想起したい。この「相互援助の原理」は、⑴一方の当事者が特に援助を必要としており、かつ、⑵他方の当事者にとって、その援助を行うことについてのリスクやコストが比較的低い場合、援助を行うべきことが求められる、というものである[28]。これは、政治的共同体の構成員は、その共同体の構成員資格を享受すると同時に、構成員相互の間で、一定の条件で「相互援助」を行うべきことが道徳的に求められるということを、前提にしているといえるだろう。

これを踏まえると、ひとまず、市町村の構成員である「住民」たる資格について、法理論的に、このような「相互支援の原理」が内包されているといえないだろうか。最大判昭三八・三・二七刑集一七巻二号一二一頁（特別区長公選制廃止事件）は次のように述べていた。「憲法が特に一章を設けて地方自治を保障するにいたつた所以のものは、新憲法の基調とする政治民主化の一環として、住民の日常生活に密接な関連をもつ公共的事務は、その地方の住民の手でその住民の団体が主体となつて処理する政治形態を保障せんとする趣旨に出たものである」（傍点付加）。地方公共団体の「住民」である資格は、「市町村の区域内に住所を有する」ことのみが要件であり、「その属する普通地方公共団体の役務の提供をひとしく受ける権利を有し、その負担を分担する義務を負う」（地方自治法一〇条）。行政法学からは、「住民は、当該区域に居住しているという事実をもって、即地的に、自らが現実に居住・生活する空間

（そこに住んでいる人や存在しているモノをも構成要素とする）に関心を持ち、つまりは責任を持つとも考えられる」との指摘もなされているが[29]、基礎的地方公共団体である市町村という政治的共同体の構成員たる「住民」資格に内在する道徳的ないし法理論的要請として、「住民」たる資格には、本来的に、相互に同じ人間として向き合い、可能な範囲で援助し処遇すること――「相互援助（mutual aid）の原理」――が、含まれているといえないだろうか[30]。

（三）国家による生活保障の必要性と個人のありよう

先にみた令和二年東京高裁判決のように、少子高齢化が進展する中で、これまで福祉国家がある意味で前提としてきた、「給付」対象者の人間像の変容が、深刻な問題を投げかけている。憲法学は「自律的」個人のありようを様々に論じてきたが、この問題は、国家が生活保障の必要性の緊急度に鑑み積極的にリーチアウトしたものの、その対象者が「自律的」とはいいがたくそもそもその意味を理解し難い中で、国家はそのような個人とどう向き合うか、という課題と整理することができる。

文脈は異なるが、この点で、刑事裁判の被告人が、身体障害ゆえに訴訟能力に疑いがある場合に関する最高裁判例が、手がかりになるかもしれない。すなわち、最決平七・二・二八刑集四九巻二号四八一頁は公判手続の停止（刑訴法三一四条一項本文参照）という措置があることを示し、最判平二八・一二・一九刑集七〇巻八号八六五頁は、被告人に訴訟能力のがないため、公判手続停止後訴訟能力の回復の見込みのない場合には、公訴棄却（刑訴法三三八条四号参照）によるべきことを明らかにした。これらの判例は、ひとまず公判手続停止とするとしても、訴訟能力の回復の見込みのない場合、結果として被告人を無限に被告人の状態に置くこととなることから、憲法三一条の適正手続保障等の趣旨に鑑み、裁判を打ち切ることを示したものと理解することもできる[31]。ここから導き出せそうな示唆は、公権力の対象者たる個人の意思能力に支障があり、その公権力行使の意味すら理解できない場合にあっては、究極的には、問題となる法制度の根本的趣旨・理念に立ち返った処理をせざるを得ない、ということである。

先に触れた東京高判令二・六・八は、「多額の医療扶助を含む保護費が支給されており、しかも、保護の決定自体が職権で行われている本件返還決定のような場合にあっては、保護費の全額の返還を求めることにより、被保護者に予想外の不利益を与え、衡平に反する措置となっていないか、生活保護法の趣旨目的に反する結果となっていないかなどの点について慎重な検討を要する」として、生活保護法六三条に基づく全額返還処分を違法とした。福祉国家がこれまで当然のように行なってきた、「規制」と「給付」にかかる様々な処分の中で、社会的に孤立し、かつ意思能力が十分でない当事者に対し、どのように対処すべきかは、一義的な解答が見出せるものではないが、「衡平」の理念や法制度の根本的趣旨・理念との関係で、慎重に見極める必要があるだろう。

むすびにかえて

以上、本稿では、〝新しい〟資本主義の展開とそれに付随すると考えられる現況がもたらす諸問題について、憲法論の観点から検討を試みた。昨今の内外の状況は全く予断を許さないが、本稿は、生活保障をめぐる領域の一端を考察したにとどまる。

(1) 諸富徹『資本主義の新しい形』(岩波書店、二〇二〇年)三頁、四二‐四三頁、同「経済成長を通じて平等な社会を築く」思想一一五六号(二〇二〇年)八二頁、九三頁、同「資本主義の非物質主義的展開と租税国家」法律時

報九四巻五号（二〇二二年）三二頁、三五－三六頁、石川健治＝大澤真幸＝宮本太郎＝諸富徹「〈討議〉資本主義の『新しい形』とは何か」思想一一五六号（二〇二〇年）七頁、八－九頁（諸富発言）。
(2) 厚生労働省編『令和三年版厚生労働白書』（全国官報販売協同組合、二〇二一年）二二頁。
(3) 石原秀男「新型コロナウイルス感染症で変わるネットショッピング」統計Today一六二号（二〇二〇年九月）。https://www.stat.go.jp/info/today/162.html（最終閲覧二〇二二年九月九日）。
(4) 厚生労働省編・前掲注（2）一八四頁。
(5) 諸富・前掲注（1）『資本主義の新しい形』一三八－一三九頁、一四四－一五二頁、石川ほか・前掲注（1）一〇－一一頁（諸富発言）。
(6) 厚生労働省編・前掲注（2）六頁、三三頁。
(7) 以上につき、宮本太郎『共生保障』（岩波書店、二〇一七年）第一章参照。
(8) 宮本太郎「社会的投資戦略を超えて」思想一一五六号（二〇二〇年）五七頁。
(9) 医療保険加入者であれば、一定の自己負担額で済むところ、国民健康保険制度や後期高齢者医療制度は生活保護の被保護世帯に属する者は適用除外とするので（国民健康保険法六条九号、高齢者の医療の確保に関する法律五一条一号）、行政によって原告に対し職権による保護の適用がなされた結果、医療扶助に要した費用の全額の返還請求の対象となってしまうという事態が生じた。
(10) イエスタ・エスピン－アンデルセン（岡沢憲芙・宮本太郎監訳）『福祉資本主義の三つの世界』（ミネルヴァ書房、二〇〇一年）二八－三二頁。福祉国家分析に関する諸学説については、さしあたり新川敏光『日本型福祉レジームの発展と変容』（ミネルヴァ書房、二〇〇五年）三四頁以下など参照。
(11) 武川正吾『連帯と承認』（東京大学出版会、二〇〇七年）二七頁、八二－八六頁。
(12) Paul Brest et. al., Processes of Constitutional Decisionmaking 1791-1795 (6th ed. 2015).
(13) 佐藤幸治『日本国憲法論〔第二版〕』（成文堂、二〇二〇年）三四五頁。
(14) 樋口陽一『国法学　人権原論〔補訂〕』（有斐閣、二〇〇七年）四三頁、樋口陽一『憲法〔第四版〕』（勁草書房、二〇二一年）三七頁以下等。なお参照、江藤祥平「〈公〉の過少と過剰」憲法問題三一号（二〇二〇年）九頁。

（15）倉田聡「社会連帯の在処とその規範的意義」民商法雑誌一二七巻四・五号（二〇〇三年）六一二頁、六二八頁、六三八‐六三九頁、同『これからの社会福祉と法』（創成社、二〇〇一年）一二九頁以下、同『社会保険の構造分析』（北海道大学出版会、二〇〇九年）第一章など参照。

（16）菊池馨実『社会保障再考』（岩波書店、二〇一九年）第一章、同「社会保障法と持続可能性」社会保障法研究八号（二〇一八年）一一五頁。

（17）中村睦男『社会権法理の形成』（有斐閣、一九七三年）二九二頁、三七頁、同「フランス憲法における社会権の発展（三）（完）」北大法学論集一五巻二号（一九六四年）三三七頁、四〇八‐四〇九頁。なお参照、山元一「グローバル化時代における『市民社会』志向の憲法学の構築に向けての一考察」藤野美都子＝佐藤信行編著『憲法理論の再構築』（敬文堂、二〇一九年）一五五頁、一七一頁注（33）。関連して、柴田憲司「縮小する社会と社会権」公法研究八二号（二〇二〇年）一〇九頁、岡田順太「社会における〈公共〉」憲法問題三一号（二〇二〇年）三四頁、朱穎嬌「人間の尊厳と社会連帯の規範的意義に関する考察」憲法理論研究会編『市民社会の現在と憲法』（敬文堂、二〇二一年）所収九三頁、奥忠憲「フランス公務員参加法における基本原理（二）」法学論叢一八四巻一号（二〇一八年）五四頁、六八‐六九頁。

（18）中村睦男『社会権の解釈』（有斐閣、一九八三年）四四‐四五頁、同「社会権再考」（初出二〇一〇年）、同『人権の法理と統治過程』（信山社、二〇二一年）所収一八七頁、一九九頁。

（19）諸富・前掲注（1）『資本主義の新しい形』一五七頁、一八〇頁以下、同・前掲注（1）「経済成長を通じて平等な社会を築く」九八‐九九頁。

（20）*See* ANTON HEMERIJCK, CHANGING WELFARE STATES 36 (2013). さらに参照、濱田江里子「知識基盤型経済における社会保障」思想一一五六号（二〇二〇年）一五〇頁、三浦まり＝宮本太郎＝大沢真理「『社会への投資』に向けた総合戦略」三浦まり編『社会への投資』（岩波書店、二〇一八年）所収二七七頁。『経済財政運営と改革の基本方針二〇二二』（令和四年六月七日閣議決定）は、「新しい資本主義」に向けた重点投資分野として「人的資本投資」を挙げる（第二章一（1））。

（21）Hemeijk, *supra* note 20, at 37. *See also* Natalie Morel and Joakim Palme, *A Normative Foundation for the Social Investment Approach?* in The Uses of Social Investment 150 (Anton Hemerijk, ed. 2017)。

（22）石川ほか・前掲注（1）一八頁（石川発言）。

（23）「社会的資本投資」の問題点について、宮本・前掲注（8）六八頁以下参照。

（24）宮本太郎「地域共生社会への自治体ガバナンス」ガバナンス二三五号（二〇二〇年）一四頁。

（25）菊池・前掲注（16）『社会保障再考』四四頁、同・前掲注（16）「社会保障法と持続可能性」一三〇頁。

（26）前田雅子「障害者・生活困窮者」公法研究七五号（二〇一六年）二〇四頁、同「個人の自立を支援する行政の法的統制」法と政治（関西学院大学法政学会）六七巻三号（二〇一三年）一頁。支援関係の理論的分析として、遠藤美奈「支援・被支援の関係性と自律に関する覚書」同志社法学七二巻四号（二〇二〇年）七九頁参照。

（27）Will Kymlicka, *Civil Society and Government: A Liberal-Egalitarian Perspective*, in Civil Society and Government 79, 80-81 (Nancy L. Rosenbaum and Robert C. Post, eds. 2002).

（28）Michael Walzer, Spheres of Justice: A Defense of Pluralism and Equality 31-35, 52 (1983).

（29）飯島淳子「地方自治と法理論」総務省編『地方自治法施行七〇周年記念自治論文集』（総務省、二〇一八年）二七一頁、二七五－二七六頁。

（30）以上については、尾形健「『地域共生社会』の理念的基礎」菊池馨実編著『相談支援の法的構造』（信山社、二〇二二年）所収一三九頁を参照されたい。

（31）尾形健「障害者の権利保障」同編『福祉権保障の現代的展開』（日本評論社、二〇一八年）所収一八九頁、二一三頁。

社会のデジタル化と憲法
――最近の諸構想をめぐって――

曽我部　真　裕
（京都大学）

はじめに

本報告では、社会のデジタル化を憲法学としてどう受け止めるべきかという問題について、最近、憲法研究者によって学界の外、現実の政策形成の場に近いところで提示されているいくつかの構想を題材としつつ若干の検討を行うことを目的とする。具体的には、宍戸常寿（以下、「会員」であってもその旨の表記は省略する）及び山本龍彦による、あるいは彼らに由来する議論を取り上げる。

なお、このようなテーマ設定をすることには、次のような報告者なりの問題意識がある。すなわち、いま言及した二名は、もちろん今日の学界を代表する優れた研究者であり、そこで提案されている内容も優れたものであることは疑いない。ただ、特定の研究者の見解が政策形成の場にインプットされるに際しては、（学会ではなく）学界でも十分議論されることが、いわゆるアカデミアと政策形成の場とのあるべき関係としては望ましいと考えられる。また、今回取り上げる提案には、憲法改正案も含まれており、それに資するためにもそうした改正が現実性を帯びてくる前に十分に議論されることが望まれる。

本報告自体は非常に拙いものではあるが、以上のような趣旨の問題提起として、今後、議論が継続されることを期待して若干の議論を提示してみる次第である。

具体的には、本報告では大きく二つの論点を取り上げたい。まず、デジタルプラットフォームに向き合う憲法あるいは憲法論はどのようなものかということを検討する。次に、国家によるデータ利用に関する規律につき、データ基本権の議論、及び関連して「デジタル権利宣言」について考える。

一　デジタルプラットフォームに向き合う憲法（論）

（一）国民民主党「憲法改正に向けた論点整理」

デジタルプラットフォーム（以下、DPFという。）とは多義的であるが、実定法にも用いられている。すなわち、二〇二〇年に制定された特定DPF取引透明化法においてDPFとは、「多数の者が利用することを予定して電子計算機を用いた情報処理により構築した場であって、当該場において商品、役務又は権利（……）を提供しようとする者の当該商品等に係る情報を表示することを常態とするもの（……）を、多数の者にインターネットその他の高度情報通信ネットワーク（……）を通じて提供する役務をいう。」（二条一項）と定義されている。

DPFには、アマゾンマーケットプレイスのような取引DPFや、ウーバーイーツのようなサービスのマッチングを行うDPFも含まれるが、憲法との関係で重要なのは、SNSのような表現の場としての表現DPFや、膨大なパーソナルデータを扱う広告プラットフォームであろう。

また、憲法論上新たな問題を提起しているのは、主として、外国に本拠を置き、グローバルな事業展開を行っているDPFであるから、このことも念頭に置くこととする。

その上で、ここで検討したいのは、ＤＰＦの規律を直接憲法によって行うべきかどうかということである。この点について興味深い提案を行うのが、国民民主党の「憲法改正に向けた論点整理」（以下、「論点整理」という。）[1]である。これは二〇二〇年一二月に公表されたもので、本報告で取り上げる部分については、山本の所説の影響が色濃く感じられる。[2]もっとも、山本説がそのまま取り入れられているわけではないはずであることはもちろんであり、この点はお断りしておきたい。

（二）「憲法改正に向けた論点整理」のＤＰＦ関係の規定

「憲法改正に向けた論点整理」は、ＤＰＦ関係として二つの規定を提案している。まず、憲法二一条の三項及び四項として、次のような規定を置くべきとする。

言論に係るプラットフォームを提供する者は、サイバー空間において、自律的かつ多様な言論を通じた熟議が可能となるよう、必要な措置を講ずる責任を負うこと。

国は、一の措置に関し必要な環境の整備に努めなければならないこと。この場合において、その環境の整備の重要性に鑑み、一のプラットフォームを提供する者との間における協定その他の行為については、法律の定めるところにより、国会の承認又は国会に対する報告その他の適切な国会の関与が確保されなければならないこと。

次に、憲法二二条三項、四項として、次のような規定である。

商品、役務又は権利の取引に係るプラットフォームを提供する者は、その提供を受ける者に対して透明性及び公正性を向上させる責任を負うこと。

国は、一の透明性及び公正性を向上させ、公正かつ自由な競争を実現するために必要な環境の整備に努めなければならないこと。この場合には、上記（多様な言論空間の確保）の二の後段を準用すること。

二一条三項四項が表現DPFに関わるもの、二二条三項四項が取引DPFに関わるものである。そして、それぞれ三項がDPFの責任を定め、四項が国に対して環境整備の努力義務を課すものである。ここで注目したいのは、三項で、憲法が直接DPFの規律を行っている点についてである。この点について「論点整理」は、次のように説明をしている。

プラットフォーム提供者は、形式的には（……）「私人」であり、このような「私人」に対して憲法上の責務を課すことは、従来の憲法観からは異質の構成ではある。しかし、昨今の状況を踏まえれば、「プラットフォーム」は社会経済生活において不可欠な存在であり、もはや国家と同等（それどころか、情報やデータの文脈ではそれ以上）の「社会的権力」を行使している「新たな統治者」となっていると言うべきではないだろうか。このような実態に鑑みれば、そのような「新たな権力者」に対して、国家の基本法たる憲法において、プラットフォーム提供者自身の表現や編集の自由などにも十分に配慮しながらも一定の責務を課すことが、検討されてもよいのではないか。

DPFを「新たな統治者」とみる見解は、アメリカの論者が提唱し、日本でも山本や水谷瑛嗣郎が紹介してきたもので(3)、ここでも学説の影響がみられる。もっとも、学説上の「新しい統治者」論そのものは、新しい統治者だからといって憲法を適用すべきだとしているわけではなく、この点は「論点整理」の立場だと考えられる。こうした立場は、古典的な私人間効力論の学説図式から言えば、直接適用説に類似するが、DPF自身の基本権保障をも考慮して「責務」を課すにとどめている点で、穏健な直接適用説とでも言えるかもしれない。

もっとも、この憲法上の責務がどのような法的意義を有するのかは必ずしも明らかではなく、このことはさらに、グローバルなDPFが国外に本拠を置いていることからすれば、より一層不透明である。また、「新たな統治者」であるというなお一層不明確な理由により、特定の業種の私企業を憲法の名宛人とすることについては、学説上さらに議論が必要かと思われる。私見によれば、一般論として、憲法とは、国民が創設した公共体である国家に関する規範であるという性格を明確にすべきだと考えており、その観点から、私企業を憲法の名宛人とすることについては否定的である。なお、このように考えた場合、現行憲法上、私人間効力があるとされている労働基本権や拷問禁止等の規定についても、私人間効力ではなく国家の保護義務を定めたものと理解される。

もっとも、この点の掘り下げは他日を期すこととし、本報告では、グローバルDPFの規律に関して、国外で若干議論されているが日本では紹介の少ない「デジタル立憲主義」について簡単ではあるが取り上げることとして今後の議論の端緒としてみたい。

(三)　デジタル立憲主義

ダブリン・シティ大学のエドアルド・セレスト（Edoardo Celeste）が二〇一九年に公表した「デジタル立憲主義の新たな理論化」という論文[4]によれば、「デジタル立憲主義」あるいはそれに類する用語・概念は、二〇〇〇年代初頭から様々な文脈、様々な意味合いで用いられてきたという。

まだ調査が不十分な段階で恐縮だが、この論文を見て報告者が理解した限りでは、デジタル立憲主義をめぐる議論は、次のようないくつかの軸をめぐってなされているようである。第一に、規律の対象である。例えば、全世界のドメインネームの配分を行うなどしてインターネットガバナンスの中核にあるICANN（Internet Corporation for Assigned Names and Numbers）のあり方をはじめとするインターネット空間全体のガバナンスを問題にする議論と、本報告と同様にDPFの規律に焦点を当てる議論があるようである。

第二に、規律の法形式をめぐる議論がある。例えば、私法の役割を強調する見解や、国家の憲法に私的な主体を服させるべきとする、先に見た国民民主党「論点整理」のような見解もあるとされる。

第三に、国家の位置づけについてである。一方では、デジタル立憲主義も国家あるいは国家の憲法に媒介されて成立するとする見解があり、他方では、国家なきデジタル立憲主義という主張がある。そこでは、自律的な社会セクターが規範を練り上げ、それが国家機関と社会的文脈の相互影響を通じて、徐々に法的なレベルで制度化されるといった議論がなされる。

このような雑な概観を行った限りでは、このデジタル立憲主義の議論は、これまた近年展開を見せているグローバル立憲主義やグローバル行政法の議論、特に後者と接点があるように見える。そこで、次にこの点についても簡単にみてみたい。

（四）行政法のグローバル化論

グローバル化社会に行政法がどのように対応すべきかという点については、日本でも一定の議論がなされている。興津征雄の整理[5]によれば、大きく三つの見解があり、斎藤誠の「行政法の国際化」論[6]、原田大樹の「国際的行政法」論[7]、そして興津による「グローバル行政法」論であるが、ここでは後二者を見る。

順序が前後するが、まず、グローバル行政法論は、「グローバル・ガバナンスそれ自体を行政法に由来する諸法理（とりわけアカウンタビリティ、透明性、参加などの手続法理）をもって規律しようとする構想」である[8]。

ＥＵのデジタルサービスアクトや、それを受けて、表現ＤＰＦに透明性や説明責任を課そうとする政策動向[9]を見れば、一見、グローバル行政法論とDPFを対象とするデジタル立憲主義とには親和性があるようにも思われる。

実際、探してみると、そのような論文も見つかった。[10] イスラエルの研究者であるオリット・フィッシャマン・アフォーリが国際憲法学会ICONで報告したもののようであるが、オンライン・ジャイアンツすなわち本報告でいうグローバルDPFに対し、透明性、参加、合理的判断、適法性の適切な基準を充たすことを保障し、それに対する効果的なレビューを行うといった内容を持つグローバル行政法の基準を適用すべきことを主張している。

もっとも、そこでは、グローバルDPFに対してグローバル行政法の基準を適用すべき理論的根拠についてては、こうしたDPFの支配的な地位が指摘されているにとどまる。しかし、報告者の不十分な理解によれば、グローバル行政法論はグローバルな主体の正当性（正統性）の問題の克服をその使命の一つとしているのであることからすれば、アフォーリの議論には課題が残るように思われる。

実際、グローバルDPFは、ユーザーとの契約に基づいてサービスを提供しているのであり、正当性の問題は少なくとも前面には表れない。もっとも、グローバルDPFの影響力がユーザーとの関係を超えて広く及ぶ点や、ユーザーとの関係においても、例えばヘイトスピーチの規制を求める声があってもそれをDPFのポリシーに反映させる手続がないなどその意向が必ずしも十分に反映されない点を捉えれば、ユーザーとの契約だけでは正当性として不十分であるという議論も不可能ではないかもしれない。この点は今後の課題であろう。

以上からすれば、グローバル行政法論をデジタル立憲主義の基礎に置き、もってグローバルDPFの規律を図ろうとすることには理論的な課題が残るということになる。

他方、「国際的行政法」論についてはどうだろうか。この考え方は、あくまでも国家を中心としてグローバル化現象に対処しようとするものであり、具体的には、二国間および多国間の協力関係を想定する。結論として、本報告は、DPFの規律に関しては、このアプローチが適切だと考える。

DPFは、グローバルに事業を展開する企業であっても、サービス内容が完全に世界共通なわけではなく、国ごとに異なる内容とすることが可能である。したがって、国ごとの規律ができないわけではない。ただし、各国政府と当該DPFとの力関係によって、その規律の実効性は左右される。例えば、当該DPFにとってマーケットとして重要ではないとみなされた国が過剰な規制を行えば、その規制が遵守されないか、あるいは当該の国から撤退するといった結果を招く可能性がある。[11]

こうした事情を踏まえれば、各国ごとの規制が意味を持つ一方で、国際的な協調によってグローバルな規律を調和させるという二正面作戦が現実的であろう。

(五) 小括

以上からすると、グローバルDPFに対しても、「国際的行政法」論的観点から、主権国家を通じての規律を中心とする構想が適切であるように思われる。

残る問題は、このことと憲法との関わりである。一つの考え方としては、DPFの規律は法政策的な次元の問題であって、憲法次元のものではないとすることもありうる。[12] 他方で、憲法次元で、表現の自由の客観法的な効果として解釈上読み込んだり、あるいは憲法改正を通じて、国家の作為義務あるいは責務を規定する選択肢もありうる。

ただ、憲法改正による場合には、国民民主党の「論点整理」のようにDPFを憲法によって直接規律することは、先にグローバル行政法論との関係で述べた通り、国家とは正当性原理を異にする点において異質の存在であるDPFを憲法によって直接規律することには慎重であるべきかと思われる。

二　データ基本権とデジタル権利宣言

(一) これまでの議論

社会のデジタル化に対する憲法的な対応として最近しばしば言及されるもう一つのテーマが、「データ基本権」あるいは「デジタル権利宣言」である。なお、西土彰一郎が紹介しているように、ドイツ連邦憲法裁判所の判例では、「デジタル基本権」が認められているとのことであるが、これは「情報技術システムの機密性に対する権利」と「情報技術システムの完全性の保障に対する権利」に関わるものだということであるので(13)、日本の最近の議論においては、プライバシー権の範疇で捕捉可能ではないかと思われる。

また、例によってEUの例であるが、二〇二二年一月に、欧州委員会から、「デジタル時代のためのデジタル権利・原則に関するヨーロッパ宣言」が提案されている(14)。これはこれ自体注目すべき存在であるが、その紹介や検討は他日を期したい。

さて、データ基本権に言及する例を挙げてみると、まず、前述の国民民主党「論点整理」がこれにも触れている(15)。そこでのデータ基本権は、情報自己決定権と同義だとされており、また、情報自己決定権は、自己情報コントロール権と同視されている。そして、一八条の二として、次のような条文イメージが提示されている。

何人も、自己に関する情報の取扱いを自ら決定する権利を有すること。また、何人も、自己に関する情報の自動的な処理のみによって自己に関する重要な決定が行われない権利を有すること。

個人に関する情報の適正な取扱いを確保し、一の権利の保障を十全ならしめるため、特別の機関を置くこと。この機関の組織及び権限は、法律でこれを定めること。

この条文イメージには、情報自己決定権のみならず、プロファイリングに対抗するための自動処理による決定を受けない権利も含まれており、データ基本権という概念は、情報自己決定権に限定されず、それと関連する権利の総称として用いられているようである。

このような総称としてのデータ基本権の概念は、宍戸も採用するところである。政府のデジタル臨時行政調査会（デジタル臨調）に提出された資料において、「個人が急速なデジタル化に取り残されるかもしれないという不安を解消し、デジタル社会に参画していけるようにするためには、主観的な個人の権利利益についても、考えていくべきである」とし、「そのうち基本的な権利の例としては、デジタル社会における人格権、デジタル手続による適正な処遇を受ける権利、データ基本権（データによる自由、データからの自由、データへの自由）、生涯を通じたキャパシティ・ビルディングの保障がある。人権保障の発展形として、これらの権利を『デジタル権利宣言』としてまとめることも考えられる。」としている。(16)

いまの資料では、データ基本権は、データによる自由、データからの自由、データへの自由という三類型の総称だと位置づけられているように見えるが、この三類型は、別の論考(17)では「データの自由」という名称のもとでまとめられている。

それはさておき、この三類型の説明を見ると、データからの自由には、古典的なプライバシーや通信の秘密（憲法二一条二項）、住居の不可侵（憲法三五条）といったものが含まれるという。このほか、プロファイリングやスコアリングの規律、忘れられる権利も、自分の存在のあり方が深いレベルでデータ化されたり、自分に関する新たなデータがつくられたりすることを排除するという点で、データからの自由に含まれるという。

次に、データへの自由には、データへのアクセス・管理の自由のことであり、自己情報コントロール権のほか、データ・ポータビリティや利用停止権も含まれる。

最後に、データによる自由については、情報銀行あるいは情報信託機能が挙げられ、これらは、データの取扱に対する本人のコントローラビリティを高めることを通じて、利用者の追求したい利益の享受を可能にする、データによる自由の実現を補完するものとして構想されているという。

ところで、宍戸によるデータの自由の三類型は、いま見たような個人の権利であるだけでなく、より広い視野で問題を整理しようとするものであることにも留意が必要である。すなわち、これらの各自由は、個人が社会や政府に対して要求・主張する場面だけでなく、その個人の集合体としての社会が政府に対して要求する場面の双方を含むものであり、データへの自由の例で言えば、議会制度における政府の説明責任や、報道機関の取材の自由、さらには情報公開制度といったものも含まれるのだとされる。

（二）検討

これまでみてきたところを踏まえて、データ基本権の理解やデジタル権利宣言の是非やあり方について考えてみたい。

第一に、データ基本権の権利の内容については、これが複数の権利の総称であることはこれまでの議論からうかがえる。そこに含まれるのは、従来のプライバシー権、すなわち伝統的プライバシー権及び自己情報コントロール権に加えて、プロファイリングやスコアリング、データ・ポータビリティに関する権利等を含むものであるという点では大まかな一致が見られるようである。

他方、宍戸によるデータ基本権ないしデータの自由論では、政府の説明責任など、個人ではなく公衆の「権利」も視野に入っている点でより広範である。

第二に、データ基本権の構造についてである。データ基本権が複数の権利の総称であることからすれば、そこに含まれる諸権利のそれぞれの構造を問題にしなければならないため、ここでは十分に議論することはできない。

点描的に少しだけ述べるすると、まず、自己情報コントロール権については、報告者はかつて、自己情報コントロール権説について「少なくとも名称においてミスリーディングである」[18]としたところ、山本から批判を賜ったので[19]、この機会に少しこの点について述べておきたい。

報告者が問題にしたかったことは、憲法上の、つまり対国家関係における現代的なプライバシー権の構造の問題である。現代的なプライバシー権は、自己情報コントロールだけから成り立っているわけではなく、むしろ、パーソナルデータの適正取り扱いを求める権利が基本である。そこで、ネーミングとしては、プライバシー権イコール自己情報コントロール権だという定式はミスリーディングであるという指摘をしたところである。

パーソナルデータを取り扱う段階でひとまず制約が観念され、正当化を要する。同意があれば正当化されるが、このことを自己情報コントロールとあえて呼ぶ必要はないのではないか。同意があれば制約が正当化されるのはあらゆる権利について同様のことだからである。

自己情報コントロールとは、それ以上の内容のものを言うのが適当で、開示請求権だとか、違法な取扱いがない場合にも任意に利用停止を求めることができるとか、それらも含めてプライバシーダッシュボードでいつでも設定変更ができるとか言ったものを指すのだと思われるが、これらの一部は憲法上のものだと考えられるが、立法政策によるものもあるだろう。

実は、自己情報コントロール権の論者も、こうした権利内容についてまったく異なることを言っているのではないと思われ、相違に見えるものは、現代的なプライバシー権の理念を強調するか、憲法上の権利の構造の明確化に着目するかという問題関心の違いや、権利の主たる主張先として国家を想定するのかＤＰＦを想定するのかといった力点の違いに由来するのではないかと考えるところである。報告者の議論は、現行憲法上の権利を念頭に置くものであるから、デジタル権利宣言を構想する際には、自己情報コントロール権論者の問題関心がより反映されることになるだろう。

もう一点、ＧＤＰＲ二二条一項の、プロファイリングを含む個人に対する自動化された意思決定の対象とされない権利についてである。先に見た国民民主党の「論点整理」にも含まれている通り、このような権利を日本でも確立すべきだとする主張もあるところである。ただ、自動化決定を制限する趣旨について、個人的にはもう少し議論が必要であるように感じる。すなわち、自動化決定に関する技術はいまだ未完成であることによる決定の質を問題にするところからこうした規定が設けられているのか、より本質論的な理由、すなわち、機械によって人間の運命が左右されることがいわば人間の尊厳に反するといった考え方によるのか、といった問題である。

第三に、デジタル権利宣言に関しても一言述べておきたい。デジタル権利宣言に関しては、先ほど見たようにＥＵではこの種の取組が見られるわけであるが、そもそもこういった宣言が日本でも必要なのか否か、必要だとしてどのような法形式によるべきか、憲法以外の形式であるならば、憲法との関係をどのように定めるかといった大枠に関する諸問題のほか、具体的にどのような権利を盛り込むべきか、といったことも当然問題となる。

まず、権利宣言の必要性との関係で言及すべきは、二〇二一年に制定されたデジタル社会形成基本法である。同法の第二章で一〇か条に渡って基本理念が挙げられており、デジタル技術へのアクセスの確保ないし格差是正、それを通じた個人の自由や選択肢の拡大、安全の確保等々といった、デジタル権利宣言に含まれるべきものと共通する要素が含まれている。しかし、この基本理念が、国の政策にどのような方向づけ効果を及ぼすのかは明らかではない。実際、同法を受けて策定されている「デジタル社会の実現に向けた重点計画」(二〇二一年一二月二四日)でも、同法所定の基本理念と個々の政策との関係性は明らかにされていない。基本理念方式との比較についてはなお議論の余地はあるだろうが、権利宣言の形をとることにより、権利主体の主体的な法形成の契機が生じるということは言いうるかと思われる。

次に、仮に権利宣言を明文化すると言っても、憲法改正によるべきだということにはただちにはならない。データ基本権として想定されるものの中には、既存の基本権の具体化と目されるものもあるし、技術の進展によって求められる権利も変化する可能性がある。こうした変化を見越して憲法に抽象的な規定を置くだけでは具体的な変革へのインパクトを欠くことも否めない。こうしたことからすれば、明文化の主要部分は憲法以外の形式で置くことが望ましい。他方、権利宣言としての格式、民間事業者や裁判所への影響を考えれば、政府限りの計画とすることも不適切で、国会の関与が不可欠であるように思われる。

最後に、宣言に盛り込むべき権利としては、データ基本権には限られない。この点は、もちろん、データ基本権の範囲をどのように考えるかにもよる。ちなみに、前述のEUの権利宣言は、六つの章からなっており、「人々をデジタルトランスフォーメーションの中心に置くこと」「連帯と包摂」「選択の自由」「デジタルパブリックスペースへの参加」「安全、セキュリティとエンパワメント」「持続可能性」の項目ごとに個人の権利及び政府のとるべき施策が定められている。

おわりに

以上、生煮えの議論で恐縮だが、社会のデジタル化に対応する憲法論に関して若干の検討を行った。グローバルなルール形成レベルと国内法レベル、国内法でも憲法改正レベル、憲法解釈レベル、憲法のもとでの具体化レベルのそれぞれにおいて、相互関係も意識しながら議論を進めることが求められている。

（1）国民民主党憲法調査会「憲法改正に向けた論点整理」（二〇二〇年一二月四日）。
（2）山本龍彦「デジタル化と憲法」ＰＨＰ「憲法」研究会『【提言報告書】憲法論三・〇令和の時代の「この国のかたち」』（二〇二一年）（https://thinktank.php.co.jp/policy/7380/）五五頁など。
（3）水谷瑛嗣郎「オンライン・プラットフォームの統治論を目指して デジタル表現環境における『新たな統治者』の登場」判例時報二四八七号（二〇二一年）一一〇頁。
（4）Edoardo Celeste, Digital constitutionalism: a new systematic theorization, International Review of Law, Computers & Technology, 33 (1): 76-99.
（5）興津征雄「グローバル化と法の変容」法律時報八八巻二号（二〇一六年）七九頁。
（6）斎藤誠「グローバル化と行政法」磯部力ほか編『行政法の新構想（一）行政法の基礎理論』（有斐閣、二〇一一年）三三九頁。

（7）原田大樹「グローバル化時代の公法・私法関係論　ドイツ『国際的行政法』論を手がかりとして」浅野有紀ほか編『グローバル化と公法・私法関係の再編』（弘文堂、二〇一五年）一七頁。

（8）興津・前掲注五）八三頁。

（9）日本につき、総務省「プラットフォームサービスに関する研究会中間とりまとめ」（二〇二一年九月）。

（10）Orit Fischman Afori, Taking Global Administrative Law One Step Ahead: Online Giants and the Digital Democratic Sphere, forthcoming International Journal of Constitutional Law.

（11）実際、例えば、二〇二一年二月、Facebookは、オーストラリアにおいて、大手ＤＰＦのニュースサービスに対して媒体社への対価支払を義務付ける法案に反対して、一時的にニュースの提供を停止したことがある（その後再開）。

（12）曽我部真裕「『不寛容な社会』とコミュニケーション空間の変容、表現の自由」公法研究八二号（二〇二〇年）一九五頁。

（13）西土彰一郎「インターネットにおける基本権保障のあり方」情報通信政策レビュー九号（二〇一四年）五五頁。

（14）European Commission, European Declaration on Digital Rights and Principles for the Digital Decade, COM (2022) 28 final, 2022/1/26.

（15）「論点整理」九頁、一〇頁。

（16）デジタル臨時行政調査会（第一回、二〇二一年一一月一六日）資料五（https://www.digital.go.jp/councils/54yivy_u/）。

（17）宍戸常寿「データのガバナンス／自由とデータによるガバナンス／自由」自治実務セミナー七〇八号（二〇二一年）六五－六六頁。関連する論考として、宍戸常寿「Society五・〇における立憲主義と法の支配」ＰＨＰ「憲法」研究会・前掲注二）一七頁。日本経済団体連合会「ＤＦＦＴ推進に向けたデータ流通政策」（二〇二一年一一月一六日）五－六頁。https://www.keidanren.or.jp/policy/2021/104.html

（18）曽我部真裕「自己情報コントロールは基本権か？」憲法研究三号（二〇一八年）七七頁、曽我部真裕「憲法上のプライバシー権の構造について」毛利透（編）『人権Ⅱ（講座・立憲主義と憲法学第三巻）』（信山社、二〇二二年）七頁。

(19) 山本龍彦「自己情報コントロール権について」憲法研究四号（二〇一九年）四三頁、曽我部真裕・山本龍彦「（誌上対談）自己情報コントロール権をめぐって」情報法制研究七号（二〇二〇年）一二八頁、山本龍彦、プラットフォームビジネス研究会「ＡＩと憲法（上）アルゴリズム、プライバシー、デモクラシー」法律時報九四巻五号（二〇二二年）九四頁など。

民主主義のデジタル化――可能性と課題

湯浅墾道
（明治大学）

一　民主主義とデジタルトランスフォーメーション

この数年、「社会のデジタル化」「デジタルトランスフォーメーション」が声高に叫ばれるようになっている。法制度の面でも、デジタル社会形成基本法が二〇二一年に施行され、ちょうど二十年前の二〇〇一年に施行された高度情報通信ネットワーク社会形成基本法が廃止されたほか、一連のデジタル関連立法によって行政手続も大きく変革されつつある。

このようなデジタル化の潮流は、民主主義に対してはどのような影響を与えるのであろうか。本稿では、その可能性と課題について若干の検討を試みることにしたい。

二　民主主義のデジタル化の含意

（一）議会のデジタル化

立法、司法、行政という三権の中で、従来デジタル化が遅れていたのは立法と司法であったと思われる。

司法については、新型コロナウィルス感染症の蔓延の前から民事訴訟等のＩＴ化の検討が進められてきたが、(1)立法（議会）のデジタル化を促すきっかけとなったのは、新型コロナウィルス感染症の蔓延により強力な感染防止策の実施が求められることになり、物理的な場所への参集や同一空間における討議など、立法機関の主要な機能のうち少なくとも公的な議事手続に対しても大きな制約が課せられたことであろう。もともと東日本大震災などを契機として危機的な状況における立法とそれに関連する制度・手続のあり方については多くの議論が行われていたところではあったが、(2)立法とそれに関連する制度・手続が制約を受ける事態が現実のものとなったのである。

日本の場合、各国で行われたような法的強制力を伴う強力なロックダウンは実施されず、緊急事態宣言や各地方公共団体の独自の要請により、学校の休校、飲食店等の営業時間短縮や休業、不要不急の移動の自粛等が求められるにとどまった。しかし、それでも議員やその家族が感染したために隔離を迫られたり、物理的に「密」となる環境の創出やそこへの滞在を避けることを迫られたため委員会室や議場に議員や事務局職員が参集することが問題視されたりするなど、議会活動全般に大きな制約や支障が生じた。諸外国においては、いち早く委員会等をオンラインで開催するところもあったが、日本においては「出席」の解釈が壁となり、(3)国会審議のオンライン化は進まなかった。

このような状況の中で、議会の内部から議会のデジタル化とは何かを問う動きが出現してきたことは注目に値する。全国都道府県議会議長会は都道府県議会デジタル化専門委員会を二〇二一年一月に設置し、その報告書を六月に公表した。(4)地方議会のデジタル化とは、本会議や委員会のオンライン開催にとどまるものではないとしていることが注目される。報告書は、議会のデジタル化の意義は、平時・災害時・コロナ禍にかかわらず議会機能を十分に発揮し、住民とのコミュニケーションを確保すること、住民との関係を再構築することにあるとする。前者は、デジタルトランスフォーメーションの視点により議会・議員活動を見直し、危機に強い議会を構築すると共に、デジタル・インクルージョンを実現して議会に何らかの制約で出席できない議員をできるだけ減らし民意を反映することをオンラインで実現することが重要であるとする。後者は、議会報告会やこども議会等の双方向のコミュニケーションをオンラインで開催することで協働性が高まり、広域自治体である都道府県では空間的・地理的制約からも解放されるとする。

報告書の中では手続のデジタル化やオンライン化を阻んでいる法律上の壁(5)についても具体的な例が指摘されているが、都道府県議会議長会はいわゆる地方六団体の一つとして地方自治制度に関し一定の影響力を行使しうる団体であり、今後、デジタル化に向けた法改正が実現する可能性がある。

(二) 技術的に困難とされていた制度の導入や精緻化

選挙制度や投票制度において、理論的には導入可能ではあるが、技術的に実施や管理が困難であるために、ほとんど普及していないというものは少なくない。たとえば、単記移譲式(単記移譲式比例代表)投票は、特定候補者への票の集中による不利益や票割れ、乱立による不利益を緩和する投票方式として利点があるとされ、一九世紀から二十世紀初頭にかけてイギリス及びその植民地等で国会議員選挙に採用されたためイギリス式比例代表法とも呼ばれる(6)。しかしその後は、デンマーク等でも採用された例はあるものの、開票の際に票の移譲を管理する手続が煩雑となることから(7)、英語圏以外ではほとんど普及していない。

しかし、デジタル化によって複雑な票の移譲計算は簡単に行うことができるようになり、その計算方法等についても専門知識を持たない有権者でも容易に理解できるように可視化することが可能となる。「液体民主主義」[8]に基づくプラットフォーム上での移譲式投票の実装[9]は、その一例であるといえよう。

また精緻化の例としては、民意の内容と分布の可及的正確な数量的把握が可能となり[10]、数量的に把握された民意の内容と分布が議会における議論の動向へ反映されているか、数量的に把握された民意の内容と分布が政策決定と予算額へ具体的に変換されているかも可視化されるようになってきたことが挙げられる。現在、議会の本会議や委員会の議事録をインターネット上で公開している例は多いが、単に発言内容が文字にされているだけのものが多く[11]、民意と議論の動向との関係は簡単には可視化できない。しかし、取手市議会の会議録視覚化の試みのように、会議の全体像が全文表示の会議録よりも把握しやすいようにできることも、デジタル化の一つの利点であるといえよう。

(三) 参政権を具現化する行使手段の多様化

選挙は、国民が参政権を行使する上での重要な手段であることは事実であるが、それ以外にも具体的に参政権を行使する方法は存在する。

また近時は、選挙の持つ民意反映機能を過度に重視することがその他の民意反映機能の導入を阻んでいるという懸念や、選挙を通じて国民が代表を選出する代表民主制自体への懐疑から代表民主制を相対化しようとする議論がある。「民主主義的実験の理論に触れながら、僕個人が日本の民主主義について感じている疑問の一つは、どうしてこんなに民主主義が投票箱に集約されてしまっているんだろう[12]」という見解は前者からの視点ということができ、くじ引きによる議員選任制度(抽選民主主義[13])の提唱は後者に立つものといえる。

近年、民意を表出する機能を有するさまざまな制度をデジタル化によって導入する動きがある。その一例は、参加型民主主義プロジェクトのためのツールであるDecidim(14)であろう。日本でも、加古川市をはじめとして市民参加型合意形成プラットフォームとしてDecidimの活用が始まっている。Decidimは、参加型民主主義のためのデジタルプラットフォームとしてフリーソフトウェアで構築されており、スペインのバルセロナで本格的に導入されて以来、現時点では約三〇の都市で活用されている。

ただしこのようなデジタルプラットフォームは、そもそも政治に無関心である市民や政治参加に否定的な有権者の関心の向上や政治参加の促進という効果を有しているのかという点について疑念も存在する。政治や行政に関心があり、政治参加を望んでいる市民や有権者にとっては参加機会の拡大と参加コストの低下をもたらすことになるが、そもそも関心を持たないものに対してデジタルな環境を提供しても特に効果はなく、結局オンライン上の政治参加機会への参加度合いは政治的関心とインターネットスキルによって規定されるという指摘も少なくないからである(15)。このことは、インターネット選挙運動の解禁の後にも指摘されていた点であった(16)。

三　デジタル化と民意

(一)「民意」の前提

代表制民主主義は、民意を選挙によって議席に変換することを通じて政治に反映させるものであるが、これまではその過程に参加する権利としての選挙権や被選挙権の保障、公正かつ効果的な代表のあり方が議論されることが多かった。しかし、選挙制度に関する議論においては、一定(17)の政治的認知能力・判断能力を有し選挙権や被選挙権を行使する身体的・精神的な障害を持たない有権者と候補者による選挙、という所与の前提があったことは否めない(18)。

この点で、かつての公職選挙法は選挙権を行使する上での政治的認知能力・判断能力を重視し、旧一一条一項で選挙権と被選挙権を有しない者として成年被後見人を挙げていた。このため、成年後見人が付くと選挙権を自動的に失うことになっていたのである。この問題は、成年被後見人は選挙権を有しないとする公職選挙法の規定は憲法一五条一項及び三項、四三条一項並びに四四条ただし書に違反し無効であるとする東京地方裁判所の判決(19)の影響により、平成二五年に成年被後見人の選挙権の回復等のための公職選挙法等の一部を改正する法律が公布・施行されたことにより解消され、平成二五年七月一日以後に公示・告示される選挙について、成年被後見人であっても、選挙権・被選挙権を有することになった。

しかし、判断能力が不十分な有権者が投票を行うには多くの問題がある。判断能力が不十分な人への意思決定の支援を憲法上の要請とする議論もあるが(20)、選挙の場合は投票の秘密や自由投票の原則との兼ね合いから各地の選挙管理委員会は対応に苦慮しているのが実情である。

(三) 人工知能による支援の可能性

人工知能については、憲法学の領域ではプロファイリングに利用されることによるプライバシー侵害や差別の恐れ、刑事裁判手続で活用されることによる被疑者の権利の侵害の恐れなど、多くの懸念が指摘されている。他方で、民主主義のデジタル化という観点からは、可能性にも注目する必要性がある。

たとえば前述の成年被後見人の投票に関し、公職選挙法は「心身の故障その他の事由により」本人が投票所に出向いていって自ら投票を行うことができない場合、代理人によって投票を行うことを認めている(四八条)。現時点では代理人は自然人であるが、自然人を人工知能等によってデジタルなものに置き換えることは技術的には不可能ではない。

自然人以外のものが、自然人の政治的判断を手助けする技術は、ボートマッチなど、すでに存在している。(21)人工知能を利用した支援装置を投票所に設置することにより、成年被後見人のように自力で判断して投票することが難しい有権者を支援することの可能性は十分にあると思われる。ただし、その場合にはサイバー攻撃によるプログラムの改変等の技術的な危険性が存在することも事実である。

四　デジタル化と統治過程

（一）自然人と人格代表

民主主義において統治過程の主体は自然人に限定されるべきであるという見解は、八幡製鉄所判決に対する批判的検討等を通じて定着している観がある。また、代表民主制における人格代表の観念も、選挙権行使を通じて自然人のみが統治過程に参加する権利を享有するという見解を補強するであろう。

しかし、人工知能やさまざまな情報通信技術の発展は、このような自然人による人格代表という前提にもゆらぎを生じさせている。

人格は自然人の肉体の中に存在し、その肉体的な死と共に人格が消滅するというのがこれまでの一般的な理解であり、それゆえに個人情報や個人データを人格権的な権利として保護するEUの一般データ保護規則は、権利保護の対象を原則として生存する個人に限定している。(22)これに対してアメリカの法制では、近時死者に関するデータを財産権的に解し、パブリシティの権利として保護したり特別な法的保護を与えたりする例が増えてきている。(23)

人工知能による個人の推論、判断、意思決定過程の正確な学習と再現が可能になれば、人格は必ずしも自然人の肉体の中に存在するとは限らないようになるであろう。また、人工知能が学習して再現する個人の判断を、架空または現実の自然人を模したロボットを通じて再現する「サイバネティック・アバター」[24]技術により、自然人が表現しようとしている内容を同時にアバターから音声として出力したり動作を表現したりすることが可能となる。他方、過去に記録したデータから音声として出力したり動作を表現したりすることも可能であり、この場合は故人のデータを利用することもできる。故人のデータを利用したり架空の人物を想定したりする場合は、アバターからの音声やアバターの動作は、現実の自然人の意思に基づくものではなく、他人の創作によって出力されるという場合もありうる。つまり、人格とそれが化体する自然人の肉体との分離可能性が生じているのである[25]。

このような身体の「拡張」としてのメディアや意識を持つ人工知能の出現は、マーシャル・マクルーハンによって一九八〇年代に予測されていたことではあったが[26]、それが現実化しつつある現在、統治過程の主体は生存する自然人に限定されなければならないのか、人格を持つ生存する自然人がその肉体と共に同時に統治過程に参加する権利を享有するべきであるのかという点の再検討が必要になるように思われる。特に後者は、生存する自然人がその肉体と共に同時にではなく、サイバネティック・アバター等を通じて統治過程に参加する権利の是非についても検討すべきであろう。それによって、特に選挙権や被選挙権の行使にあたって多くの制約を課せられている障害者の権利行使に大きく寄与することになる[27]。

(二) デジタル化と民意形成

ソーシャルネットワーキングサービス（ＳＮＳ）をはじめとするインターネット上の新たなデジタルメディアの勃興とマスメディアの衰退により、フェイクニュースの流布とその規制、ＳＮＳを通じた世論誘導と選挙干渉等は各国で問題となっており、法規制も始まっている[28]。その法規制が新たな表現の自由の抑圧や検閲を生んでいるという問題もあるが、本稿では紙幅の制約もあるので、デジタル化と民意形成との関係を考察する上での論点を指摘するにとどめたい。

まず、自由な民意の形成とは何かという問題がある。自由な民意の形成の射程を個人のレベルで理解するとき、我々はフェイクニュースやディスインフォメーション等の意図的な世論誘導手段に誘導されない自由（世論誘導からの自由）を有しているのであろうか、それとも誘導される自由を有しているのであろうか。誘導された民意は自由に形成された正統な民意とは言えないのであろうか、それともそもそも政治的意思決定においては外部からの影響を完全に排除すること(29)は不可能なのであるから、それも正統な民意なのであろうか。また、世論誘導からの自由を持っているのであるとすると、それは民意形成の自由の保障としてナラティブの次元にまで知る権利や表現の自由に関する従来の理論を具体的に展開することが必要となるのであろうか。これらの論点には、通信の秘密や検閲に関する解釈も大きくかかわってくると思われる。

四　民主主義のデジタル化の今後

急速に進化しかつ変化しつつあるインターネット環境や情報通信技術の利活用にかんがみると、本稿における検討内容が陳腐化するのもおそらく時間の問題である。また本稿における雑駁な検討が指摘した法的な問題点や課題については、さらに精緻な理論的分析が必要とされると思われるが、かつて第五世代コンピュータの開発の際に研究が進んだ法律人工知能や法律エキスパートシステム等では実現すること(30)ができなかった精緻な法的推論を人工知能によって行うことが現実的になってきている現在、理論的に精緻な法的分析それ自体が自然人の営為として行われる必然性にも、あるいは疑問が生じているといえるかもしれない。

ただ、選挙以外の民意表出・反映機能をデジタル化によってどの程度導入するか、民意形成にあたってSNS等の影響をどの程度受容するか、民意表出にあたってどの程度民意の分布と政策決定や予算決定とを比例させるか等については、民意誘導によって民意がゆがめられる危険性が生じているとはいえ、今のところは自然人に最終決定が委ねられている点は救いである。民主主義をどの程度デジタル化するかについては、自然人が判断して決定するということ以外に、正統性を求めることはできないであろう。

（1）司法のＩＴ化の経緯については、法律時報九一巻六号（二〇一九年）「特集　民事司法のＩＴ化」所収の各論文、法とコンピュータ三九号（二〇二一年）「特集　司法のＩＴ化」所収の各論文、山本和彦編『民事裁判手続とＩＴ化の重要論点』（有斐閣、二〇二一年）などを参照。
（2）たとえば危機における選挙のあり方を論じるものとして、只野雅人「危機と国民主権―基盤のゆらぎと選挙」奥平康弘・樋口陽一編『危機の憲法学』（弘文堂、二〇一三年）二二九頁以下を参照。
（3）小林祐紀「リモート国会―物理的な出席は憲法が求めるものなのか」大林啓吾編『コロナの憲法学』（弘文堂、二〇二一年）二五二頁。
（4）全国都道府県議会議長会「都道府県議会デジタル化専門委員会報告書」。
http://www.gichokai.gr.jp/kenkyu/pdf/report_030625.pdf
（5）地方公共団体の議会の場合、総務省「新型コロナウイルス感染症対策に係る地方公共団体における議会の委員会の開催方法について」（総行行第一一七号・令和二年四月三〇日）が本会議については議員の出席が必要であり、委員会のみ「各団体の条例や会議規則等について必要に応じて改正等の措置を講じ、新型コロナウイルス感染症のまん延防止措置の観点等から委員会の開催場所への参集が困難と判断される実情がある場合に、映像と音声の送受信により相手の状態を相互に認識しながら通話をすることができる方法を活用することで委員会を開催することは差し支えないと考えられる。」と解釈を示していることから、各地方公共団体は委員会のオンライン化を可能とする条例改正を行うにとどまっている。

（6）林田和博『国会法』（有斐閣、昭和三三年）五一頁。

（7）ただし森口繁治は「投票を分数価値で取扱って行くと云ふことと、何故にかかる取り扱ひをしなければならぬかと云ふ説明に少しだけ複雑な点があるために、此方法自体が複雑なやうに考へられがちであるけれども、事実は簡単な計算に問題に属し、実際の事務は困難ではない」（原文は旧漢字）と指摘している。森口繁治『選挙制度論』（日本評論社、一九三一年）三四四－三四五頁。

（8）近時の液体民主主義とその評価については、五野井郁夫「代表制民主主義と直接民主主義の間—参加民主主義、熟議民主主義、液体民主主義」社会科学ジャーナル八五号（二〇一八年）五頁以下、浜本隆志『海賊党の思想—フリーダウンロードと液体民主主義』（白水社、二〇一三年）などを参照。

（9）Guido Boellaetal. “WeGovNow: A map based platform to engage the local civic society”. In Companion Proceedings of the The Web Conference 2018. 1215–1219 (2018).

（10）もとより、完全な民意の内容と分布の数量的把握が可能になっているわけではない。しかし、民意の内容と分布の数量的把握は、インターネット上での行動履歴情報の収集と分析を通じて、むしろ世論に影響を与えて誘導し、選挙結果にも与えようとするディスインフォメーションの文脈でさまざまな手法が開発され、利活用されているというのが実態である。

（11）取手市の議会会議録視覚化システムは、全文テキスト化した議会の内容から、自然言語処理技術を用いて単語の重要度や単語同士の関係性を解析し、議会の頻出語や特徴語を抽出して、マインドマップのような形式で見えるようにするものである。
https://www.city.toride.ibaraki.jp/gikai/shise/shicho/shigikai/topics/202205kaigiroku-shikakuka.html

（12）羽深宏樹・稲谷龍彦・小塚宗一郎・山本龍彦・宍戸常寿（稲谷発言）「座談会　ガバナンス・イノベーションの

あるべき姿を考える」情報法制研究一〇号（二〇二一年）。

（13）抽選民主主義については、岡崎晴輝「選挙制と抽選制」憲法研究五号（二〇一九年）八七頁以下を参照。

（14）Ismael Peña-López, *Technopolitics, ICT-based participation in municipalities and the makings of a network of open cities. Drafting the state of the art and the case of decidim.barcelona.* 3 ICTLOGY WORKING PAPER SERIES 4 (2016). http://ictlogy.net/articles/20161029_ismael_pena-lopez_technopolitics_ict-based_participation_decidim-barcelona.pdf

（15）Tom P. Bakker and Claes H. de Vreese, *Good News for the Future? Young People, Internet Use, and Political Participation*, 38 COM. RESEARCH 451 (2011), Filipe Campante, Ruben Durante, and Francesco Sobbrio, *Politics 2.0: The Multifaceted Effect of Broadband Internet on Political Participation*, 16 J. OF THE EUROPEAN ECONOMIC ASSOCIATION 1094 (2018) などを参照。

（16）山崎　新「インターネット選挙運動と有権者の情報接触行動」選挙研究三一号一巻（二〇一五年）一〇二頁以下などを参照。

（17）精神障害者の選挙からの排除は日本だけではなく、ドイツにおいても二〇一九年に連邦選挙法改正法が施行されるまでは、刑法第六三条（精神病院における収容）の規定による命令に基づき精神病院にいる者を選挙権から排除していた。各国における状況については、Dinesh Bhugra, Soumitra Pathare, Chetna Gosavi, Antonio Ventriglio, Julio Torales, Joao Castaldelli-Maia, Edgardo Juan L Tolentino Jr, and Roger Ng, *Mental illness and the right to vote: a review of legislation across the world*, 28 INT. REV. PSYCHIATRY 395 (2016) などを参照。

（18）選挙権と能力について論じるものとして、葛西まゆこ「選挙権と能力：成年被後見人の選挙権訴訟を手がかりに」大東法学二三巻一号（二〇一三年）三頁以下。

（19）東京地判平二五・三・一四判例タイムズ一三八八号六二頁。

（20）さしあたり織原保尚「判断能力が不十分な人への意思決定支援と個人の尊重」別府大学紀要五九号（二〇一八年）四三頁以下参照。

(21) ボートマッチは、選挙に関するインターネット・サービスの一種であり、有権者と立候補者または政党の考え方の一致度を測定するものである。佐藤哲也「争点投票システムの提案とその評価—二〇〇一年参院選を対象として—」選挙研究一八号（二〇〇三年）一四八頁以下、上神貴佳・堤英敬「投票支援のためのインターネット・ツール—本版ボートマッチの作成プロセスについて」選挙学会紀要一〇号（二〇〇八年）二七頁以下参照。

(22) 死者の権利に関する原則は、英米法系と大陸法系とで異なり、前者においては actio personalis moritur cum persona（個人の行為は死によって消滅す）の法理の下で死者の権利については一般に否定的であるとされる一方、大陸法系においては死後も一定の範囲で権利性を認める傾向にあるとされる。しかし、もともとEUの個人データ保護法制は人格権的なアプローチを採っており、人格が生存する自然人に帰属することから、GDPR制定前の状況においては数カ国を除いて個人データ保護の対象は生存者に限定するというのが一般的であった。EUデータ保護指令（95/46/EC）等の下で活動を開始した第二九条作業部会（Article 29 Working Party）は、死者は原則として個人データの保護対象とはしないという従来の姿勢を維持した。Article 29 Data Protection Working Party, Opinion 4/2007 on the Concept of Personal Data, 01248/07/EN WP 136, at 22. GDPR の第四条は、個人データの定義として「識別された又は識別され得る自然人（以下「データ主体」という。）に関するあらゆる情報」としており、「生存する」という限定を付していないが、GDPRの前文（Recital）第二七条は「この規則は、死亡した者の個人データについては適用されない」と規定し、ここでいう自然人には死者は含まないとしている。このため、GDPRの規制対象は、原則として生存する個人に限定されることになり、死亡者の識別につながるデータおよび死亡者の識別につながり得るデータは、いずれもGDPR上の個人データには該当しないとする理解が一般的である。詳細については、湯淺墾道「死者の個人情報の保護」ガバナンス研究一八号（二〇二二年）一七頁以下参照。

(23) 湯淺、前注参照。

(24) アバターの法的位置づけについては、さしあたり新保史生「サイバネティック・アバター」の存在証明—ロボット／AI／サイバー・フィジカル社会に向けたアバター法の幕開け　人工知能三六巻五号（二〇二一年）五七〇頁以下を参照。
(25) 湯淺墾道「インターネット選挙運動に関する近時の論点」月刊選挙七五巻二号(二〇二二年)一一頁以下参照。
(26) マーシャル・マクルーハン、栗原裕・河本仲聖訳『メディア論』(みすず書房、一九八七年)。
(27) 他方で、デジタル化により障害者の権利行使の制約を小さくすることについては、必ずしも憲法上の議論を必要とするではなく、公職選挙法改正によって実現しうるともいえる。しかしこれまでの公職選挙法の改正経緯にかんがみると、何らかの憲法違反という主張が行われ、裁判所の判決がそれを是認しないかぎり、改正が実現するのは現実的ではないと思われる。
(28) Tomoko Nagasako, *Global disinformation campaigns and legal challenges*, 1 INT. CYBERSECUR. LAW REV. 125 (2020) などを参照。
(29) この点に関連し、これまで憲法学説の多くは定住外国人の選挙権や外国人に対する表現の自由の保障に親和的であったと思われるが、デジタル化の進展によって外国政府による民意誘導を通じた選挙干渉が現実化している今日においても、外国政府の公務員である者やその影響下にある者も含めた外国人の表現の自由の保障に従来と同様の議論を展開することが可能であろうか。この点でアメリカでは、選挙に関するディスインフォメーションは、サイバー攻撃を通じた選挙に対する介入であり、広義の国家・政府に対するサイバー攻撃の一つであるとみなされるようになってきており、言論の自由は外国人には保障されないという理解の下に外国政府が関与するフェイクニュースがディスインフォメーションを規制することは合憲であるとする議論が増えているように思われる。Jonathan K. Sawmiller, *Fighting Election Hackers and Trolls on Their Own Turf: Defending Forward in Cyberspace*, 56 IDAHO L. REV. 281 (2020) などを参照。
(30) 司法試験の解答の自動化は、その一例といえる。林隆児・狩野芳伸「司法試験自動解答における論理型言語――PROLEGルール生成のための過去問分析と設計」二〇一九年人工知能学会全国大会論文集(二〇一九年)などを参照。

第二部　現代の司法と裁判的救済

現代家族の変容と個人の尊重(1)
――フランスとの比較を中心に――

辻村みよ子
（東北大学名誉教授・弁護士）

はじめに

現代家族の変容に関する研究には、①歴史学・憲法史学・比較憲法学からの歴史的・比較法学的視点、②憲法学・民法（家族法）学からの理論的視点、③社会学や男女共同参画政策学的な視点など、広範な視点からの多面的分析が必要となる。別著でそれを試みたこともあり(2)、本稿では、①の視点からフランスの近代家族から現代家族への展開を検討して日本との比較を試みる。そのうえで最後に②の視点から日本の民法七五〇条違憲訴訟（夫婦別姓訴訟）第三次訴訟や同性婚訴訟の争点にかかる理論的課題を提示することにしたい。

一　近代家族から現代家族・二一世紀家族への展開

（一）近代家族の特徴

まず近代国民国家形成時の家族の二つの機能を確認しておく。それは一八世紀末のフランス革命期など、いわゆる近代国民国家が成立する際の家族は、一面では、国家による国民統合の装置であるとともに、他面では、国家権力の介入を防ぐ防波堤の機能を果たしていた点である。国家対個人の二極構造の中間団体として、一方では国家によってひとつの公序として法的に保護され、他方では、私的領域への権力不介入を確立した公私二元論によって、二つの面をもった家族が存立しえた。そして私的領域に定礎された「近代家族」の内部では、(家長個人主義の下で)家長が家族を代表し、(寡婦を除いて)多くの場合、家父長が女・子供を支配する家父長支配が確立された。

さらに資本制の進展によって、女性は、家父長支配(性支配)と階級支配の二重のくびきの下におかれることになり、しかも家族の問題が私的領域に押しこめられて女性の隷従が固定化し、隠蔽された。これらのことは、フェミニズムが批判したとおりである[3]。

(二) 現代家族から二一世紀家族へ

近代に確立された家父長制の本質は現代まで基本的に変わらず、女性が家父長制と資本制の二重の拘束下におかれる構造が維持された。しかし、二〇世紀後半以降、国連の諸条約や各国の現代憲法下で国家による家族の保護と男女平等が確立され、個人主義化傾向が進展した。この過程で「家族の公化・憲法化」と「家族の解体(私化・個人化の徹底)」という二つの局面が出現し、しだいに家族の変質がおこった。

フランスでも、近代家長個人主義に支えられてきた家族制度を解体する意味をもつ民事連帯契約法(通称パクス法)が一九九九年に制定され、婚姻関係以外の異性間および同性間の民事連帯契約による家族形成が認められた。同性カップルに婚姻類似の効果を及ぼすことをパートナーシップ法であるパクス法で定め、さらに二〇一三年には同性婚法を認め、同性からなる親権(homoparentalité)も認めるに至った。

このように、「公序としての家族から、幸福追求の場としての家族へ」という「現代家族の変容」の検討にとって非常に特徴的な例を示しているのがフランスであり、日本の今後を占う意味でも注目すべき進展を見せている。そこで以下では、フランスの家族論の展開をみておくことにする。(4)

二　フランスにおける家族論の変容

（一）革命期の家族論（ナポレオン法典）とその後の展開

フランス革命期には、自由・平等とともに世俗性（laïcité）が、新たな家族法の基本原理となり、アンシャンレジーム下の家族制度が崩壊した。さらに一七八九年人権宣言などが個人の自由・平等を確立したはずであったが、その近代個人主義人権論の本質は、家族の外に対する自由・平等にとどまって、内に対する不平等を内包した家長個人主義にすぎないという限界を持っていた。実際、人権宣言には、すべての人は自由・平等で、市民の権利が保障されているとされていたが、その内実は、白人・ブルジョア・男性の権利にすぎなかった。

このことを最初に批判したのが、オランプ・ドゥ・グージュの「女性及び女性市民の権利宣言」である。この宣言でとくに有名なのは、精神的自由に関する第一〇条で、「女性は、処刑台にのぼる権利をもつ。同時に女性は、……演壇にのぼる権利をもたなければならない」として女性の政治参画の権利を要求した条文である。グージュは、一七九三年にジャコバン独裁を批判し、共和制にするか君主制にするか国民投票で決めようという主張をしたために反革命容疑で逮捕され、同年一一月三日にギロチンにかけられてしまう。処刑台にのぼる権利と言っていた彼女が、本当に処刑されてしまったことは皮肉な結果であった。グージュは、単に男性の権利を女性にも与えよというリベラルフェミニズムの主張をしただけではなく、子どもがどのベッドから生まれようとも平等であるとして婚外子の権利に注目し、女性にとっての表現の自由は子の父親を明らかにする権利が含まれるからであると指摘して、ラディカルフェミニズムの先駆ともいうべき主張をしていた(5)。

フランス革命期には、最初の成文憲法である一七九一年憲法が民事身分に関する法制化を明記したのち、一七九二年九月二〇日のデクレにより婚姻の儀式が聖職者から取り上げられ、一七九二年九月二〇日には離婚等の手続きを含めた家族関係を定めるデクレや法律が制定されて夫婦間の平等や協議離婚の自由が確立された。家族の氏については、一七九四年八月二三日法によって「いかなる市民も出生証明書記載以外の姓名を名乗ることはできない」とされた(6)。これらの多くの法令は一七九五年ころまでに廃止され、一八〇四年のナポレオン民法典では妻の無能力と夫権への従属、貞操義務等の不平等を内容とする規定が確立された(ただし、氏の規定は存在せず、「氏名不変の原則」が慣習法として存続した)。ナポレオン民法典では、「夫は妻に対する保護を与えなければならず、妻は夫に対して従属しなければならない(同二一三条)」、「妻は自己の家族の後見から離れると同時に夫の後見に服する」とされ、夫の同意がなければ裁判への出頭、債務の負担等の行為もなしえないとされた(同二一五―二一七条)。貞操義務についても、夫は妻の不貞を理由に離婚請求できた(同二二〇条)が、妻のほうは、夫が相手の女性を夫婦の共同生活に引き入れない限り離婚の訴えを提起できないとされた(同二三〇条)。

(二) 第五共和制までの展開――一九七〇年代からの家族法改革

一九世紀初頭には、王政復古に伴ってカトリック教が革命前に逆戻りして国教になり、一八一六年五月の法律によって、一八八四年まで離婚が禁止されるなどの反動期を経験した。第三共和制末期の一九四〇年ヴィシー政権では、共和国の語にかえて「フランス国」、「自由・平等・友愛」にかえて「労働、家族、祖国」のスローガンが掲げられ、出生率向上の要請とあいまって家族の血族的団結が求められた。ここでは、家族が、国民統合の重要な機能を果たすことが明らかにされた。

一九四四年の解放後、一九四六年憲法（第四共和国憲法）前文で社会権が保障され、男女平等規定が置かれた(7)。一九七〇年代には、第二波フェミニズムの影響もあって家族法改革が進行した(8)。憲法院の展開によって家族についても憲法判例が蓄積され「家族法の憲法化（constitutionnalisation du droit de la famille)」現象が認められた。一九九四年には生命倫理法が制定され二〇〇四年に改正された。

（三）パクスと同性婚法（mariage pour tous）

一九九九年一一月一五日法（loi n°99-944）によって民事連帯契約（PACs, Pacte civil de solidarité パクス）の制度が導入された。憲法院も合憲判決をくだし、留保つきで同法の憲法適合性を認めた。パクス法によって、同性カップルに法的な承認と保護が与えられたことにより、個人には、法律上の婚姻、パクス、事実婚（同棲、concubinage）の三つの選択肢ができることになった。その結果、法律婚以外の関係から生まれた婚外子（enfants naturels）の比率が五〇％を超えたが、パクスでは生殖補助医療の利用、共同親権の行使などが認められなかったため、これらが次の課題となった。とくに同性間の婚姻が認められるのかという問題と並んで、同性カップルが養子によって親となれるかどうかという homoparentarité（同性の両親による子の養育）問題が大きな議論を呼んだ。嫡出子（enfants légitimes）と自然子（enfants naturels：婚外子）の区別が廃止され、二〇〇六年の相続法改正によって事実婚が事実上保護された(9)。

他方、二〇〇八年七月二三日憲法改正と二〇一〇年三月一日の組織法律によって導入されたＱＰＣ

（Questions prioritaires de la constitutionnalité 合憲性優先問題）の判決[10]で二〇一一年一月一八日に同性婚禁止合憲判決が下された[11]。（二〇一一年六月二二日には憲法院が立法裁量の枠内で婚姻の自由を認める判断を下した）。

そこで二〇一二年五月の大統領選挙によって社会党のオランド大統領が選出されると、二〇一三年五月一七日に「同性の個人にも婚姻を可能とする法律（loi ouvrant le mariage aux couples de personnes de même sexe）」（loi n° 2013-404）が成立した。「mariage pour tous」（すべての人のための婚姻）を定めたと通称されるこの法律（以下、同性婚法）は、民法一四三条を改正して「婚姻は、異性又は同性の両当事者間で締結される」と定義した（同性婚法第一条）。養親子関係等についても、同性婚カップルも婚姻を要件に共同で養子縁組をし（民法三四三条）、配偶者の子の養子縁組（民法三四五条の一）をすることができるようにした。

（四）生殖補助医療と homoparentalité（filiation pour tous）

一九九四年の生命倫理法および民法では、代理母（merès-porteuses）、代理出産（ＧＰＡ）については「代理出産・妊娠の契約は無効」と定められ、斡旋や売買については重い刑が科せられていた。その後二〇一一年七月七日の生命倫理法改正では、民法六―七条の代理出産契約の無効規定が維持され配偶子匿名原則は維持された。反面、出生前・着床前診断の活用可能性がなど拡大され、次の改正までに七年の猶予が与えられた。

前述の二〇一三年五月一七日の同性婚法でも、代理出産無効規定の維持が確認された反面、代理出産契約以外の生殖補助医療については許容対象を拡大することが示された[12]。二〇一三年八月六日の生命倫理法改正でも代理出産無効規定の変更はなかったが、反面、女性カップルや未婚女性に対する生殖補助医療利用が二〇一七年の大統領選挙の争点となった。勝利したマクロン大統領は、この法制化を進め、憲法院二〇二一年七月二九日の合憲判決を経て、同年八月二日に生命倫理法改正法が公布された[13]。ここでは、女性カップルと未婚女性の生殖補助医療利用（人工授精による出産）が可能となった（第一条）。そのほか配偶子の自己目的による保存（第三条）、子どもの出自を知る権利（第五条）も明示された。さらに、海外の代理出産で出生した子供は、フランス法に沿って（一方の親による登録もしくは依頼カップルによる養子縁組により）処遇されることとされた[14]。

（五）氏の変更（changement de nom）

上記のような法改革の結果、同性カップルや未婚女子にも子を持つ権利が認められたことにより、家族の姓（氏）の在り方も変更される必要が生じた。フランスではもともと「氏名不変の原則」が慣習法として存在し、法律上は夫婦別姓が基本であったが、実際には、夫の姓に統一する例が多かった。そこで一九八五年一二月二三日法で通称（nom d'usage）の使用が認められ、婚姻の際に、各人の氏のほか、これと配偶者の氏を結合する結合氏を届けることが認められた。二〇一三年五月一三日法では、婚姻の際は夫婦のそれぞれの旧姓の利用も結合性も可能とされ、離婚後も裁判官の許可を得て継続使用も可能とされている。

子の氏についても第一子出生の際に家族の氏（nom de famille）を選択することになっている。実際には子の氏を父の姓に統一する例が多く八五％以上が父姓を名乗っていたが、二〇〇二年以降の法改正（二〇〇五年一月施行法）で、子の氏も、父母のいずれかの姓のほか結合性も可能とされた。その後、不明の時は父の氏と定めていた規定が二〇一三年法で改正され、父母の選択が一致しない場合は身分吏への申告で結合姓となることとされた[15]。

ところが二〇一四年の調査で婚姻カップルでも九五%が父の氏を選択していたことから、マクロン政権与党は議員立法で二〇二一年一二月一九日に家族の氏の変更手続を簡略化する改正法案を提出し(16)、二〇二二年三月二日に成立した(17)。この法律は同年七月一日から施行されている。これにより従来の裁判手続等を要せずに、一八歳以上の者は一生に一度、市役所・区役所等に届け出ることによって容易に氏を変更し、出生時に親から受けついだ姓を、父・母・結合姓のいずれかのなかから選び直せるようになった。また、離婚等によって複雑になった場合を考慮して、これとは別に、通称(nom d'usage)を登録することが認められた。

(六) 今後の課題

二〇二二年四月の大統領選挙では代理出産の是非は直接の争点にはならなかったが、フェミニストを自称するマクロン大統領が再選されたことにより、個人の自己決定権(選択権)を優先させる政策が続くことが予想される。上記の展開から推察すると、男女別や性的指向に関わらず、個人の選択権や幸福追求権を優先させる政策要求の次に来るのは、男性同士のカップルのための生殖補助医療、すなわち、代理出産(GPA)のための改革案であるように思われる。今後の議論の進展が注目される。

このようにフランスでは、パクス、同性婚法、homoparentalité の承認に続いて生殖補助医療が問題となり、女性同士のカップルや未婚女性のための人工授精・体外受精の承認、家族の氏の自由な変更と選択のように、次第に自由の範囲が拡大されてきた。これに比して、改革が遅々として進んでないのが日本である。そこで、紙幅の許す限り、日本国憲法下の現状と課題——夫婦別姓訴訟、同性婚訴訟、代理出産等の立法論的課題について、見ておくことにしよう。

三　日本国憲法二四条の意義と課題

(一)　憲法制定過程時の家族像——「柔軟性」と「先取り性」

日本では、ナポレオン民法の影響をうけて起草された一八九〇（明治二三）年の民法人事編において、戸主権や家督相続制を基礎とする「家制度」が構築された。この旧民法草案が施行延期された後、一八九八（明治三一）年に制定された「民法　親族・相続編（いわゆる明治民法）」で「家制度」が強化され妻の「無能力」が確立されたが、この制度は、大日本帝国憲法の天皇主権原則と結びついて天皇を頂点とする天皇制家父長家族を形成し、国家による国民統合の装置として家族を機能させた。

第二次大戦後一九四六（昭和二一年）年の憲法制定過程において、個人の尊厳と両性の平等原理を世界で初めて明記したのは、「ベアテ・シロタ草案」である。GHQ草案作成の九日間（一九四六年二月四〜一二日）に人権条項が彼女によって起草された事情が最近明らかになっている。日本政府はマッカーサー草案の「家族は、人類社会の基礎であり……国全体に浸透する」の一文を削除して家族保護の色彩を払拭することに主眼をおいたため、その規定は婚姻中心のものに変化した。そして、一九四六年六月からの帝国議会審議の過程では、一方で保守派議員から日本型家父長家族（「天皇のお膝元に大道が通じている」という日本国の国体としての天皇制家父長家族制度）擁護論、他方では社会党などの左派議員からワイマール憲法型の家族保護論が主張され、結局、左右両派の攻勢に対する妥協として、個人尊重主義を基礎とした画期的な憲法二四条が成立したということができる(18)。

最近では、憲法一三条の自己決定権の保障が認められているが、憲法学では理論化は必ずしも十分ではなかった。しかし、二〇一三（平成二五）年九月四日の婚外子差別違憲判決、二〇一五（平成二七）

年一二月一六日の再婚禁止規定一部違憲判決にともなって関心が高まり、憲法一三・一四・二四条との適合性が議論の焦点になってきた。[19]

(二) 民法七五〇条違憲論の展開

二〇一五(平成二七)年一二月一六日の(第一次)夫婦別姓訴訟合憲判決に対しても、多くの学説が批判論を展開しており、いわゆる第二次夫婦別姓訴訟[20]の二〇二一(令和三)年六月二三日最高裁決定においても、宮崎・宇賀裁判官ら四名の反対意見など、違憲論の著しい展開が認められた。とくに宮崎・宇賀反対意見が憲法一三条の人格的利益侵害から憲法二四条一・二項違反、婚姻届受理と救済論に踏み込んだことは重要である。[21] ただし私見では、第二次訴訟弁護団が木村草太説に依拠して「別姓選択カップル」と「同姓選択カップル」間の差別(憲法一四条の信条による差別)として理論構成し、基礎にある人格的利益侵害の論点を主張しなかったことの是非は、今後の課題であろう。二〇一五(平成二七)年一二月一六日最高裁判決が(上告人が新しい人権の根拠として主張した)憲法一三条違反ではないと判断しつつ、氏についての人格的利益を肯定して理論構成していることからしても、また、上記宇賀・宮崎裁判官反対意見の説得的な理論展開からしても、今後の第三次訴訟において、憲法一三条および二四条二項の個人の尊重原則に含まれる氏についての人格的利益が重視されることを期待している。婚姻の自由や夫婦同権原則の侵害であることが明らかな現行法制度を改訂して、より権利侵害の少ない制度(選択的夫婦別姓制)を選ぶことが合理的な選択であろう。[22] 今後の司法府の賢慮と同時に、LRAの原則等に依拠して、立法府が選択的別姓制導入を速やかに実現することを願いたい。

(三) 同性婚訴訟およびLGBTQ問題への立法的対応

近年の憲法学説は、憲法二四条が「両性」という語を用いているとしても当事者の意思を重視する意味であり、同性婚を明示的に禁止しているわけではないと解するようになった。ただし、通説はいわば許容説であり、[23]同性婚を法制化すべきという強制説は少数であると思われる。訴訟では、二〇二一（令和三）年三月一七日札幌地裁判決が憲法一四条違反として　初の違憲判断を示して注目された。ここでは「同性愛者に対しては、婚姻によって生じる法的効果の一部ですらもこれを享受する法的手段を提供しない」ことが合理的根拠を欠く差別取扱いに当たると解しているが、憲法二四条違反や婚姻の自由の論点を明示しておらず、理論的にも課題が残っている。

また、性的マイノリティ（ＬＧＢＴＱ）の権利保障の点では、同性婚を認めた国が二〇二一年までに世界で三〇か国、日本国内でもパートナーシップ制度を設けている自治体が一〇〇を超えている。これに対して、二〇二〇年に議員立法で起案されたＬＧＢＴ理解促進法案が自民党内の保守派の反対で廃案になったことは問題であり、早期の全国的な法制化が求められる。

（四）生殖補助医療・嫡出推定制度等の立法論的課題

①生殖補助医療とりわけ代理懐胎の許否に関しては、二〇〇七年に日本学術会議から報告書が答申されている。[24]ここでは原則的禁止、例外的試行という方針が示されたが、[25]その後立法化の動きはなかった。その後二〇一五年に自民党内で生殖補助医療法案を調整し、二〇二〇年一二月四日に「生殖補助医療の提供等及びこれにより出生した子の親子関係に関する民法の特例に関する法律（令和二年法律第七六号）」が成立（一二月一一日公布、原則として二〇二一年三月一一日、民法特例は二〇二一年一二月一一日施行）した。この法律では、基本理念・国の責務、民法の特例（分娩者母ルール、同意した夫の嫡出否認不可）等が規定されたものの代理懐胎や子の「出自を知る権利」の規定は盛り込まれなかった。二〇二一年三月七日には、生殖補助医療の在り方を考える超党派の議員連盟が、第三者から提供された

精子や卵子を使う不妊治療に関する新法の骨子案に合意した。ここでは「出自を知る権利」を一律には保障しないが、提供者が同意した場合にはこの権利を保障するため、情報の一〇〇年間保存などを含めている。

②戸籍・嫡出推定制度等の民法改正案については、法務省法制審議会親子法部会が二〇二二年二月一日に要綱案を作成し、法制審議会から法相への答申（二月一七日）を経て、国会に近く上程される予定である。ここでは民法七七四条等違憲訴訟（「三〇〇日問題」）に対応して民法七七四条が改正され、再婚後は再婚男性の嫡出子となるほか、民法七三三条自体の削除なども盛り込まれているため、早期の法改正が待たれる。

おわりに――現代家族のあり方と課題――日本とフランスの比較

本稿で見たフランスでの改革は、家族についての憲法規定をもたない状況下で起きていることであり、憲法二四条に世界に類を見ない規定として「個人の尊厳と両性平等」を同時に掲げた日本との比較が興味深い。個人の尊重原則からすれば、ほんの初歩的な改良にすぎない選択的夫婦別姓制導入さえも実現し得ていない日本の現状を思う時、フランスとの格差に愕然とする思いである。

ナポレオン法典と日本の旧民法（ボアソナード民法）との類似性と一九六〇年代までのフランス民法における女性の権利保障の遅れなどを考慮に入れるならば、何故に日本国憲法二四条の実現が妨げられてきたのか、その理由をさらに検証する必要があろう。この点では、フランスにおける生命倫理法、パクス、同性婚法の展開は、いずれも大統領選挙等の公約となり、政治問題として全国的な大論争をへて進展してきたものであり、日本の政治における議論の貧困さが痛感される。女性の政治参画が世界最低水準（二〇二二年の政治分野のGGIが一四六か国中一三九位）[26]にあることや、フランスのパリテ政策が多大な成果を上げていることと対比しても、[27]日本の保守政治のマイナス面を反省し、今後は憲法一三・一四条・二四条の原則に沿った早急な立法的・司法的対応が望まれる。

（1）本稿は、二〇二一年一二月一八日に憲法理論研究会で行った「現代家族の変容と個人の尊重」と題する報告のうち、日本の夫婦別姓訴訟については別稿（辻村「憲法と姓―民法七五〇条違憲論の諸相」浅倉むつ子＝二宮周平責任編集『ジェンダー法研究』八号信山社、二〇二一年、三五‐五〇頁、辻村著作集第五巻『家族と憲法―国家・社会・個人と法』信山社、二〇二二年、三三二頁以下⑯所収）で検討したため、フランスにおける現代家族の展開を中心にまとめている。また、本稿は同著作集第六巻『比較憲法の課題』（二〇二三年近刊）に収録予定である。
（2）辻村『憲法と家族』（日本加除出版、二〇一六年）、前掲辻村著作集第五巻第一・三章も参照されたい。
（3）フェミニズムからの公私二元論批判は、女性が多く家事やケアなどの役割を担い、男性が公的な役割を担うという旧来の性別役割分業論に対する批判をこえて、近代家族の本質（近代家父長制のもとで女性が性支配をうけ、内なる差別が内包されていた特質）を明らかにするものであった。辻村前掲注（2）『憲法と家族』二頁注（7）上野千鶴子『家父長制と資本制』（岩波書店、一九九〇年）参照。
（4）日仏会館教養講座（二〇二二年一～二月四回連続）「一七八九年人権宣言から現代を診る」を実施し、その第四回で家族の変容について検討した。資料等はジェンダー法政策研究所ウェブサイト https://www.gelepoc.org を参照されたい。
（5）辻村監訳（O・ブラン著）『オランプ・ドゥ・グージュ―フランス革命と女性の権利宣言』信山社（二〇一〇年）三五六頁以下解説、辻村著作集第二巻『人権の歴史と理論』第二章六～八節、巻末資料参照。
（6）Loi du 6 fructidor an II (23 août 1794) portant qu' aucune citoyen ne pourra porter ni de prenom autres que ceux explimés dans son acte de naissance, https : //legilux.public.lu/eli/etat/leg/loi/1794/08/23/nl/jo

参照。

（7）一九五八年制定の現行第五共和制憲法には家族に関する規定はないが、前文で一七八九年宣言と一九四六年憲法前文を援用したことから、これらも現行憲法規範として存在している。

（8）一九七〇年六月四日親権に関する法律（父権の廃止、父母の親権行使承認）、一九七二年一月三日親子関係に関する法律（嫡出子と自然死の区別の廃止）、一九七五年一月一七日人工妊娠中絶法（ヴェイユ法）、一九七五年七月一一日離婚に関する法律（相互同意離婚・破綻離婚・有責離婚）、一九八五年一二月二三日夫婦財産制に関する法律（夫婦平等の権利行使）、一九八七年七月二二日　親権行使に関する法律（父母親権行使の事実婚への拡大）、一九九三年一月八日　共同親権等に関する法律（共同親権の一般原則化等）などの改革法案が成立した。

（9）フランスでは、二〇〇二年三月四日や二〇〇五年の民法改正によって嫡出子と婚外子の差別が撤廃された後、同性カップル間の子の扱いが訴訟でも争われることが多くなった。実際、同性カップルの家庭で、三万人から四万人の子が養育されていたことから、この問題が大統領選挙の争点になった。

（10）ＱＰＣの概要は、フランス憲法判例研究会編（辻村編集代表）『フランスの憲法訴訟Ⅱ』信山社（二〇一三年）、辻村『フランス憲法と現代立憲主義の挑戦』有信堂（二〇一〇年）第Ⅴ章参照。

（11）この事例は、女性の同性カップルでパックス登録もしている当事者が、異性婚を前提とした民法の諸規定（民法七五条最終項と、「男性と女性は、一八歳になるまでは結婚することができない」と定める一四四条）が憲法上の権利を侵害しているとして提訴されたものである。憲法院は、一九五八年憲法前文によって憲法規範に加えられた一七八九年人権宣言の二条と四条によって、婚姻の自由が保障されていることを認めたうえで、民法七五条最終項と一四四条は同棲もしくはパクスの法的枠組から利益をうける権利を妨げるものではないとした。

（12）Loi n° 2018-814 du 7 juillet 2011 relative à la bioéthique、元老院では同性カップルの生殖補助医療利用が認められたが、国民議会で否決されていた。二〇一一年法施行後も引き続き改革案や報告書が提出され、二〇一五年六月六日の公衆健康法（Code de la santé publique）改正などにともなって生命倫理法も多くの規定が修正されている。

（13）Loi du 2 août relative à la bioéthique, さらに、海外の代理出産（ＧＰＡ）で出生した子供は、フランス法に沿って（一方の親による登録もしくは依頼カップルによる養子縁組）処遇されることとされた。（同年九月二九日に改正）。
（14）建石真公子「生命への介入、その法的課題一七、生殖補助医療と法における「尊厳」とは（三）」時の法令二一二七号（二〇二一年）五八－六六頁参照。
（15）フランスでは、イタリア・スペイン等のローマ法系の国と同様に（出生時の）姓の不変が原則であり、身分登録上のほか使用上の姓（nom d'usage）も可能である。床谷文雄「比較法からみた姓」前掲注（1）『ジェンダー法研究』八号二一－三四頁、国会図書館調査及び立法考査局・レファレンス八四八号（二〇二一年）九八頁参照。
（16）"Proposition de la loi relative au choix du nom issu de la filiation" https://www.vie-publique.fr/loi/283482-proposition-loi-simplification-changement-de-nom-dusage-et-de-famille
（17）Loi du 2 mars 2022 relative au choix du nom issu de la filiation, https://www.vie-publique.fr/loi/283482-loi-2-mars-2022-implification-changement-de-nom-dusage-et-de-famille
（18）ベアテ・シロタ・ゴードン（平岡訳）『一九四五年のクリスマス』柏書房（一九九五年）参照。原典は、犬丸秀夫監修『日本国憲法制定の経緯』第一法規（一九八九年）一二五頁以下、篠田光児「憲法第二四条の成立過程について」白鷗法学第八号（一九九七年）六九－九四頁。辻村『個人の尊重』と家族――憲法一三条論と二四条論の交錯」法律時報増刊号『戦後日本憲法学七〇年の軌跡』日本評論社（二〇一六年五月）〔前掲辻村著作集第五巻一七六頁以下⑩所収〕参照。
（19）辻村『憲法と家族』をめぐる理論的課題」阪口正二郎他編『憲法の思想と発展（浦田一郎先生古稀記念論集）信山社（二〇一七年）二八七頁以下〔前掲辻村著作集第五巻二六九頁以下⑭所収〕参照。
（20）第二次訴訟につき、榊原富士子「別姓訴訟の争点と今後」前掲注（1）『ジェンダー法研究』八号五一－六九頁参照。
（21）前掲注（1）辻村「憲法と姓――民法七五〇条違憲論の諸相」四七－四八頁〔前掲辻村著作集第五巻二三四－

三三六頁〕。

（22）婚姻の自由に対する制約について、佐々木くみ「夫婦同氏原則の憲法二四条適合性審査に関する覚書」辻村責任編集『憲法研究』一〇号、二〇二二年、八七頁以下、蟻川恒正「『婚姻の自由』のパラドクス」法律時報九四巻六号（二〇二二年）一四頁以下が重要である。

（23）長谷部恭男編著『註釈日本国憲法二』有斐閣（二〇一七年）五〇九頁以下（川岸令和執筆）参照。

（24）日本学術会議対外報告「代理懐胎を中心とする生殖補助医療の課題—社会的合意に向けて」二〇〇八年四月八日（日本学術会議ウェブサイト参照、前掲辻村著作集第五巻『家族と憲法』第五章㉕、巻末資料に抄録）参照。

（25）例外的試行には、子宮摘出者等、非営利的なものに限り、特定の病院で実施することなどが含まれる。内容につき、辻村『代理母問題を考える』岩波書店（二〇一二年）参照。

（26）世界経済フォーラムが二〇二二年七月に公表したジェンダーギャップ指数（GGI 2022), https://www3.weforum.org/docs/WEF_GGGR_2022pdf.、内閣府男女共同参画局『共同参画』二〇二二年八月号一一頁、二〇二一年度につき辻村＝糠塚＝谷田川『概説　ジェンダーと人権』信山社（二〇二一年）三五、五六頁（辻村執筆）参照。

（27）「パリテ」の問題は二〇二二年国際女性デー記念シンポジウム、および日仏教養講座で報告した。辻村みよ子「パリテ法の理念と課題」日仏女性研究学会『女性空間40号』（二〇二三年一二月）前掲辻村著作集第六巻所収予定参照。パワーポイント資料、録画等は、ジェンダー法政策研究所ウェブサイト https://www.gelepoc.org. を参照されたい。

憲法二四条の「個人の尊厳」原理の存在意義
――現代社会にそくした予備的考察――

川口かしみ
（宮城学院女子大学）

はじめに――従来の憲法二四条解釈の問題点

憲法二四条の「個人の尊厳」と「両性の本質的平等」は、戦後の日本社会におけるジェンダー平等を達成するための車の両輪のようなものである。その両原理が不可欠に生かされることが、ジェンダー平等達成の鍵を握るといっても過言ではない。これらの両原理のうち、「個人の尊厳」原理の現代社会における存在意義を明らかにするにあたっての前提的考察を行うことが、本稿の目的である。

本稿が、「個人の尊厳」原理にあえて焦点を合わせる理由は、憲法二四条で規定された「両性の本質的平等」が、性別に基づき男女が異なる役割を担うことを賞賛する、いわゆる身体的特性論（以下、便宜的に「特性論」という）に基づく平等と理解されてきたと考えられるからである。個別具体法においても、その「平等」理解が反映され、その役割以外を担うライフスタイルの自由などは、尊重されにくい社会構造が存在していたのではなかろうか。言い換えれば、特性論的な「平等」理解は、私的領域における個人の尊重に対する制約としても作用し、同条における「個人の尊厳」と「両性の本質的平等」

の原理が併存している意味を発揮しきれていない状況をもたらしてきたのではなかろうか。

たしかに、戦後、性別によって差別されないことを保障した日本国憲法の下で、民法をはじめとする個別法は、ジェンダー平等を反映したものになっていった。しかし、たとえば、育児・介護休業法では男女労働者に育児休業取得を保障しているが、実際に育児休業を取得したのは男性よりも圧倒的に女性が多い(1)。このような状況に鑑みると、戦後から現在に至るまで、婚姻後に性役割にとらわれない個人のあり方が尊重されたかといえば、そうであるとは言い難い。

従来の憲法二四条研究では、これまで多様な解釈がなされてきた(2)。しかし、現在では、憲法二四条を平等権と解するのが通説的見解とされている(3)。この通説的見解は、さらに、平等の具体化とする平等権の特別則であるとする見解(4)と、平等権であるという理解を基軸としつつ、二四条を一三条と一四条の二つの特別則とする見解(5)に分類できる。

従来の見解に関して、日本の憲法学、ひいては法学界においてジェンダー研究を牽引してきた辻村みよ子によれば、憲法二四条に個人の尊厳が置かれたのは、憲法制定過程で家族主義よりも個人主義が重視されて、個人の尊重に重点を置いた改革が志向された結果である。したがって、憲法同条は「個人の、人間としての尊厳」の趣旨である(6)。憲法二四条の法的性格に関していえば、同条は「憲法一三条・一四条の原則を家庭生活の場面に具体化したものである」。それを踏まえて、憲法二四条と一三条の関係に関して、「憲法理論上は、家族領域での実質的平等の保障は二四条に委ねられているという原則を確認し」て、「二四条と一四条の保障内容を明らかにすること、さらにこれらの平等規定と一三条の関係を明らかにすることが課題」である(7)。

辻村と同様に、憲法学におけるジェンダー研究の進展に貢献してきた若尾典子によれば、憲法二四条が、日本国憲法の掲げる個人主義の基本的性格と結びつくものとして、同条の目的である「家制度からの解放が、憲法の個人主義の出発点であるとすれば、それは一三条の『個人の尊重』が規定されると同時に、二四条において家族関係は『個人の尊厳』と『両性の本質的平等』によらなければならない」(8)。

このように、憲法二四条の「個人の尊厳」と「両性の本質的平等」の二つの原理の関係について、辻村説と若尾説は憲法二四条の「個人の尊厳」の意義について検討している。しかし、それと「両性の本質的平等」の関係については、直接的には検討されていない。同条の法的性格について、平等権であると解されているこれまでの先行研究の知見を踏まえれば、憲法二四条が平等を重視していたと解釈するのであれば、同条のなかの「個人の尊厳」と「両性の本質的平等」の原理のうち、後者の解釈のみでよいと考えられる。また、日本国憲法がその基本原理として「個人の尊重」を掲げているのであれば、憲法二四条にあえて「個人の尊厳」の原理を書き込まなくても、「個人の尊重」の原理が憲法全体の基底をなしているということで十分であると考えられる。

しかし、なぜ家庭生活における憲法一三条と一四条の原則である「個人の尊厳」と「両性の本質的平等」の二つの原理が、憲法二四条の一つの規定に併存しており、同条にあえて「個人の尊厳」原理を置いているのであろうか。本稿では、この問いに対して、家庭内で特定の役割に縛られない個々人のあり方、すなわち性別役割分業以外のあり方も保障するために、二四条にあえて「個人の尊厳」の原理が置かれていると解答するための考察を行う。

以下では、まず、検討の手掛かりとするフェミニズムの「平等」概念を確認する（一）。次に、憲法制定過程と憲法制定当時の「平等」の解釈について検討する（二）。その後、個別具体法により整備された諸制度のもとで、「両性の本質的平等」原理が特性論に基づく平等として解釈されてきたことで、「個人の尊厳」原理の意義が相対的に軽視されてきたことを考察し（三）、それを踏まえた検討を行い（四）、最後にまとめとする。なお、本稿は、拙稿「憲法二四条の解釈について」『早稲田政治公法研究』第一一四号（二〇一七年）の検討をさらに深めて展開させたものである。

一　手掛かりとしてのフェミニズム

本節では、「平等」解釈の問題性をより明確化するべく、本稿で手掛かりとして用いるフェミニズムの「平等」概念を確認していくことにしたい。

近代憲法に影響を与えた自然権思想は、リベラリズムの伝統を個人の権利と人間の平等を基礎としている。しかし、その主体である「個人」は、家父長制的家族における男性家長であった。[9] そのリベラルな法の主体として女性が排除されていたことを批判してきた思想にフェミニズムがある。[10]

（一）法学研究におけるフェミニズムの視座の位置づけ

第一波フェミニズムは、男性がもつ公的権利を、女性へ拡大することを要求した。このフェミニズムは、一七八九年のフランス革命による思想的変動に由来し、主に古典的リベラリズムを源流としたリベラル・フェミニズムを指す。[11] リベラル・フェミニズムは男性と同様の参政権などの法的権利を求めることから始まり、女性が男性の基準に合わせることによって達成される平等を要求したものである。

しかし、女性に公的権利が与えられてもジェンダー平等は達成されなかった。それは、私的領域におけるジェンダー差別が強固だったからである。その私的領域における女性の抑圧構造を告発したのが、「個人的なことは政治的なこと（The Personal is Political）」をスローガンに、一九六〇年代にアメリカで始まった運動に端を発した第二波フェミニズムである。

本稿では、特に、第二波フェミニズムに注目して検討を行う。もっとも第二波フェミニズムの議論を手掛かりとして憲法条文について検討するというアプローチは、一見すると無謀と思われるかもしれない。なぜなら、私的領域におけるジェンダー差別の是正を唱える第二波フェミニズムは、リベラルな公私二元論を前提として、公的権利の保障を本旨とする近代憲法とは緊張関係にあると位置づけられるからである(12)。

しかしながら、憲法の下で税制度や戸籍制度など諸制度が制定され、これらの制度が私的領域における家庭内の個々人の関係に強い影響を及ぼしてきたことを考慮すると、第二波フェミニズムと憲法学は相容れないものだと直ちに切り捨てることは、単純素朴の感が否めない。むしろフェミニズム思想は、個別具体法が示してきた「平等」概念の検討を通じて、憲法二四条の意味を問い直す際の導きの糸として考えられる。

また、法学研究にフェミニズムを用いる方法は、次のような動向からも、それは可能であるといえる。一九六二年にニューヨークで開催された「法と女性」会議においてフェミニズムによって法が取り上げられ、一九七〇年代には、フェミニスト法学（Feminist Jurisprudence）が提唱された。その後、一九八〇年代には、批判法学の系譜を引きつつもそこから独立した理論潮流として、独自のフェミニズム法理論が展開されるようになった。このフェミニズム法理論には、ラディカル・フェミニズムによって方向づけられるものもあった(13)。

このように、アメリカの例ではあるが、フェミニズムを用いた法学研究の基盤が開拓され、日本においても、フェミニズムの視座を用いる法学の研究方法が整備されていった。こうした動向も踏まえ、本稿ではフェミニズムを手掛かりに憲法二四条の「平等」を考察する。

㈡　第二波フェミニズムから

第二波フェミニズムの代表格であるラディカル・フェミニズムは、公私二元論の下で、個人的なこととしてこれまで問題視されることのなかった私的領域に女性の抑圧の原因（男性支配）があると暴いた。(14)すなわち、このフェミニズムは、政治的、経済的不平等だけではなく、セクシュアルな私的な個人（男女）関係のなかにも権力関係があり、それを覆そうとする流れを生み出したのである。(15)また、このフェミニズムは、女性を男性と異なった存在であることを前提とし、女性のもつ特質とされる母性や女性らしさを称揚し、かつ擁護することを要求する特性論に基づく平等を主張したのである。

このラディカル・フェミニズムを評価しながら、私的領域におけるジェンダー差別構造が公的領域における生産関係の効果であると問題提起をしたマルクス主義フェミニズムは、女性が担う無償の家事労働こそが女性の抑圧の原因であると説いた。たしかに、専業主婦は賃金労働者ではなく、剰余価値も生み出さないので、女性の家事労働は非生産的である。しかし、家事労働は夫の労働力を作るという価値生産的労働であるとして、マルクス主義フェミニズムは、家事労働の無償に異議を唱え、家事労働に経済的評価を求めたのである。(16)

㈢　日本のフェミニズム

日本のフェミニズムも上記の欧米のフェミニズムと同様の潮流をたどっていった。

まず、第一波フェミニズムとして、次の歴史的事実がそれに該当するだろう。一九一九年に女性参政権の獲得を目的として、フェミニストらによって新婦人協会が創設され、戦後の一九四六年の総選挙で女性が初めて参政権を行使し、同選挙で女性議員が誕生した。

次に、私的領域のジェンダー差別を問題として、日本でも第二波フェミニズムと位置づけられる動きが生じた。本稿が着目する家庭内における「平等」について、同フェミニズムと関連する論争に、第二次家事労働論争があげられる。この論争は、性別役割分業において女性が主に担った家事労働に対して市場価値を問うことで、女性解放を目指したものである。

この第二次家事労働論争は、高度経済成長期を通じて定着した主婦労働者化を背景としている。すなわち、主婦労働者たちは、家庭外において短期労働者や非正規雇用労働者として労働に従事していた。そこで市場労働では有償であるのに対して、なぜ家事労働は無償であるのか、家事労働も市場で売れば有償であるという主張がなされたのである。

この論争は、一九六〇年の磯野富士子の論文「婦人労働論の混迷――婦人週間にあたっての提言(17)――」で口火が切られた。この論争では、家事労働有償論が争点となり、磯野は、女性解放の必要条件である経済的自立を問題としたのであった。

また、同年に水田珠枝も家事労働の尊重を求めるべく、家事労働が社会的に有用であることを理由として主婦年金制を提案した(18)。

ここまでフェミニズム思想における「平等」概念をめぐる解釈を概観してきた。この解釈を手掛かりとして、以下では本稿の焦点である憲法二四条の「平等」へと検討を進める。

二　憲法二四条の背景

憲法二四条の「両性の本質的平等」の解釈をめぐっては、憲法制定過程における帝国議会での審議や制定直後の学界においてもその解釈は一致していなかった。本節では、憲法制定過程や学界において、同条の「平等」がどのように解釈されていたのかを確認したい。

（一）憲法制定過程における「平等」の解釈――帝国議会の審議から――

憲法二四条の「平等」をめぐっては、一九四六年六月からの帝国議会でも幅広く解釈されてきた。それは、不平等を平等と解釈する見解、特性論を平等であると解釈する見解、そして性別の特性によらずに普遍的な平等と解釈する見解に分類できる。

まず、不平等を平等と解釈する見解に関しては、廿日出厖（日本自由党）が次のように発言していた。「差別其の儘平等である。女は女としては本質的に男とは何処までも違ふ。けれども其の本質的に違つて居る所を何処までも之を表現するならば、全体から見ましてそれが其の儘調和ある平等になる[19]」。同様に、木村篤太郎司法大臣も次のように述べていた。「……無差別が必ず平等でもありませぬ。差別の中に平等もあるのです」。「……夫婦間にも自ら体質、或はその他に付て差異があるのであります。これを全面的に何もかも平等にすると云うようなことは絶対に出来ぬことであります[20]」。

次に、特性論を平等と解釈する見解に関しては、三浦寅之助（日本自由党）の次の発言から性別役割分業を前提としていたことがうかがえる。「男女平等と申し、同権ではありますけれども、一つの家庭に於きましては各々その職分があると存じます。女は家庭内に於ての主婦としての仕事がある、男は男としてのやはり仕事がある[21]」。河合良成国務大臣もまた、次のように同旨を発言していた。「此の二二条（憲二四条）の両性の本質的平等と云うのは……やはり人格的平等と云うことを申して居ると存じます」。「それで母子と云うものに対しまして、主として経済面或いは生活面から見まして、特殊の負担がある」。「併しそう云う意味に於きまして、又男子にもそれと全く違った意味に於て、……肉体上と云わなくても、いろいろ慣習其の他の面から勤労面に最も進出しなければならぬと云う自然的の役廻りもあります[22]」。同様に、林平馬（協同民主党）も、次のように言及していた。憲法二四条の「……第一項に於て既に『夫婦が同等の権利を有する』と云ふことで、ここで両性の権利を同等に認めて居る訳でありますから、後の方は其の両性の異つた本質を現はして置いた方が、尊重して行く上に於て宜いのではないかと思ひます」。「……やはり婦人は婦人として男子の及ばない尊さを持つて居る」[23]。

さらに、性別の特性によらずに普遍的な平等と解釈する見解として、金森徳次郎国務大臣は、次のように、憲法二四条の「平等」を解釈していた。「……男女各職分を異にすると云うことは、……何等の進展なくして古い時代に固定せられたる考えに依って今現にある姿が男女の正しき職分の分配であると誤解し易い嫌いも持って居ります」。「この第二十二条（憲二十四条）は本当に問題を深く掘下げて両性の本質的平等——……根本に於て平等であると云うことを基礎とし、又人間そのものの人格の尊重と云うことを基に考え、……封建制度風の遺物をも綺麗に掃除して、現代の人々が満足するように持って行かなければならぬ。斯う云う風に考えて居ります」[24]。また、北昤吉（日本自由党）も、次のように発言していた。「……本当ならば『両性の平等に立脚して』と云ふのは、一番初めの性別に依つて差別待遇してはならぬと云ふ一三条から来るのでありますから、『両性の平等』で沢山です」。「……法律は個人の権威即ち尊厳、両性の本質的平等に立脚して、其の個人の権威と云ふ所は家族主義を捨てて、寧ろ個人主義をとると云ふことがハッキリして居る。個人主義を取る場合でも両性で区別してない。それが本質的平等と云ふ立場である」[25]。

(二)　学界における「平等」の解釈

同様に、男女が平等であると規定する日本国憲法が制定された、当時の学界においても、その解釈は論者によって一致されてはなかった。それは、特性論として平等と解釈していた見解と性別の特性にはよらずに普遍的な平等として解釈していた見解に分類できる。

まず、特性論として解釈していた見解では、美濃部達吉は次のように検討していた。「夫婦同権と言っても……妻は出産及び育児についての天賦の責任を有する」[26]。したがって、「夫と（妻が）対等に自己の職業を得て自活することを要求することは不可能」[27]（括弧内筆者）である。また、宮沢俊義は、憲法二四条の規定による家制度の否定と国民大衆の生活の関係を次のように分析していた。「『民法出でて忠孝滅ぶ』の標語に表れたような『忠孝』が、もし今日もなおいくらかでも日本の法制に残っているとすれば、それは新憲法によって全部否定されなくてはならないことはたしかである。しかし、いままでの法律制度としての『家』の制度が決して国民大衆における家族生活を法律的に表現するものでなかったという現実を考えるならば、そうした『家』の否定は……決して国民大衆の生活のうちに現に生きている家庭生活を否定することにならないことはあまりに明瞭である」[28]。

これらの見解に対して、次に、性別の特性によらずに普遍的な平等であると解釈していた見解として、中川善之助は次のように、夫婦の共同について述べていた。「……妻の独立ということは、孤立ということでないことはいうまでもないから、妻は先ず独立し、しかる後に夫と共同しなければならないはずのものである」[29]。つまり、「今までのように、夫に従属することによつての共同ではなく、夫から独立することによつての共同にならなくてはいけない」[30]。

ここまでみてきたように、帝国議会の憲法審議過程においても当時の学界においても、憲法二四条の「平等」の解釈は決して一致したものではなかった。それは、「平等」の解釈が、厳密に一つだけではなく、いくつかの解釈を可能にさせることを示唆していたともいえる。

しかしながら、戦後の個別具体法の運用のあり方に目を向けると、多様な解釈の可能性を備えているはずの「平等」の意味が、特性論的な平等と解釈され、方向づけられてきたことがうかがえる。そこで次節では、個別具体法において前提とされてきた「平等」解釈を制度面から批判的に検討することにしたい。

三　戦後の法制度が導いた一つの平等

日本国憲法の下で、個別具体法においてもジェンダー平等について徐々に整備されていった。しかし、その「平等」とは、男女の特性論に基づいた平等であったと考えられる。それはたとえば、税制度における配偶者控除制度や配偶者特別控除制度、国民年金の第三号被保険者制度などにうかがえる。

戦後の民法改正によって夫婦別産制度が導入された。それは、民法七六二条一項に規定され、婚姻前に夫婦財産契約（民法七五六条）を締結しない場合、婚姻が成立する前に夫婦各自が築いた財産については、その各自の財産とみなすものであった[31]。その後、「内助の功」や「妻の座権」など労働に対する評価が議論されるようになり、一九五八年の臨時税制委員懇談会（現在の税制調査会）で配偶者控除の制度が考えられた。その理由として、妻は家事や育児を行うことを通じて夫の所得稼働に貢献しており、それゆえ夫婦の所得は一体とみることが自然であると考えられたからである[32]。それを踏まえ、一九六一年に配偶者控除制度が導入され、配偶者（妻）の所得金額が一〇三万円以下である場合には、夫が三八万円の所得控除を受け、妻も課税所得金額がゼロになり税制上優遇されていった。

加えて一九八五年には、国民年金の第三号被保険者制度が導入され、専業主婦である妻に税制度上の優遇を与えるものとして位置づけられた[33]。さらに、一九八七年には、専業主婦の世帯の税軽減となる配偶者特別控除制度が導入され、夫婦が共に働いている世帯と比較し、夫のみが稼働している世帯の税負担が軽減されていったのである。

専業主婦の配偶者に対する税制優遇措置として導入されたそれらの制度は、多くの妻が労働を行うとしても控除範囲内の収入内で働くように動機付け[34]、性別による役割分業を助長する機能を有していた。このことから、それらの制度の導入が意味した「平等」は、男性とは異なる特性を備えた女性の役割に対する肯定的評価を前提とした「平等」である。つまり、配偶者控除や配偶者特別控除は、性別役割分業構造を固定化し、妻が家事や育児を担う専業主婦であることを賞賛するものとして機能したのである。

家族を単位として捉えることは、「それ以下の小さな単位である『個人としての女／男』自体は問題とさえならないということであり[35]」、また、家族を単位として見ることは、「家族共同体内部での差別や不平等を隠してしまう[36]」のである。

配偶者控除制度や第三号被保険者制度などが、性別役割分業を固定化し助長するように機能してきた一つの重要な要因は、個人ではなく家族を基礎単位としてこれらの制度が構築されてきたという点に求められる。家族が団体として捉えられることで、明治民法下の家制度の慣習の根強さから、戦後の改正民法の下で夫婦を中心とする家族の構造は、夫を「主人」としてみる家父長意識が重ねられていった[37]。その影響で、夫が支配力を持ちそれに妻が従うというように夫婦間で差別的に機能した[38]。つまり、家族を団体と捉えることで、その団体のなかで性別による役割を配置していったのである。

団体とする家族像を裏付けるものとする個別具体法としては、六条で「夫婦およびこれと氏を同じくする子」と規定し、夫婦を中心とした家族を基本的な単位としている戸籍法や、婚姻時に夫婦別氏を認めていない夫婦同氏制度（民法七五〇条）などがあげられる。

このような個別具体法が家族を団体と捉え、さらに、税制度や年金制度で配偶者を優遇してきたことで、家庭内の性別役割分業が固定化するように機能していった。つまり、法や政策が、夫婦間で性別役割分業を行うという特定の家族像を誘引してきたということである。その特定の家族像内での平等が、特性論に基づいたものなのである。

四　検討

以上のような、フェミニズム――特に第二波――の視座からは、憲法ならびに個別具体的な法制における「平等」の意味について次の洞察を導き出すことができるだろう。配偶者控除などの税制度や国民年金の第三号被保険者制度は、家事労働に直接的に賃金を支払うものではないが、専業主婦を税制上優遇したものである。つまり、これらの制度は、主婦が行う家事労働を税金や国民年金に関する制度上評価してきたのである。この点で、家事労働に対する経済的評価を要求するマルクス主義フェミニズムの主張は、ある意味で認められてきたと解釈できる。しかし、こうした家事労働に対する経済的評価はあくまで特性論的な「平等」解釈にもとづくものであったという点に問題を見出すことができる。

たしかに、性別役割分業に基づく家族（夫婦）像を望む人々にとっては、配偶者を優遇する税制度などは歓迎すべきものかもしれない。また、その性別役割分業を賞賛する特性論的に基づく平等も憲法二四条の「本質的平等」で保障してきたものである。

しかし、他方で、性別役割分業は次のような問題がある。性別役割分業の固定化は、（既婚）女性の社会進出や男性の家事・育児の参加を困難にさせてきて、現在においてもジェンダー平等の課題を残してきたと指摘できる。それは、たとえば、女性の管理職の割合、議員の割合の低さ、一方で、男性の育児休業取得率の低さなどに見出せる。それに関連して、性別役割分業の下で妻が家事や育児を行うことで、妻のキャリア形成が妨げられる。すなわち、妻が主に家事や育児の役割を担うことから、妻の就労が非正規雇用になり、妻の経済的な自立が困難となるのである[39]。

さらに、現在、出産後も就労を続けたい女性や専業主夫になることを望む男性など、性別役割分業に基づく夫婦以外のあり方を望む者たちも存在する[40]。憲法二四条は本来、この彼／彼女らの望む家族のあり方も性別役割分業にもとづく夫婦という家族モデルと同様に保障の対象としているはずである。それにも関わらず、現状として、性別役割分業にもとづく夫婦という形態とは異なる家族形態に対する制度的な保障が十分になされているとは到底言い難い。

このように、性別役割分業に基づく家族（夫婦）像を誘引してきた個別具体法こそが、憲法二四条の「平等」をめぐる解釈を特性論に基づく平等へと方向づけてきたと考えられる。要するに、憲法二四条の「平等」の意味が先行して確定され、それが個別具体法に反映されたというよりも、むしろ個別具体法が示して、導き出してきた「平等」の意味が、憲法二四条の「平等」として解釈されてきたと見受けられるということである。その意味で、憲法と個別具体法の間には逆転現象的な関係が生じているといえる。

個別具体法である税制度上などから誘引されてきた性別役割分業に基づいた特定の家族像は、全ての家族（夫婦）の構成員の「個人の尊厳」にかなった家族のあり方ではない。日本では戦後、憲法二四条の下で「個人の尊厳」と「両性の本質的平等」の原理を置きながら、「本質的平等」は特性論に基づく平等と解されて、「個人の尊厳」が十分に尊重されてこなかったといえる。したがって、今後はさらに、特定の家族像以外の家族のあり方を望む人々の家庭生活における「個人の尊厳」が実現するような法政策が求められている。

おわりに

本稿は、憲法二四条の一つの規定に「個人の尊厳」と「両性の本質的平等」の原理が併存しており、なぜ、あえて「個人の尊厳」原理を置いているのであろうか、と問題を設定した。それに対して、本稿では、家庭内で特定の役割に縛られない個々人の望む家族のあり方を保障するために、その原理が二四条に置かれていると解答するための一つの前提的考察を行った。

憲法二四条は、「近代家族に内在する家父長制的な性差別などの限界を克服して、個人の尊厳と両性の本質的平等を基調とした点で先進性をもって」[41]いる。同条は、「両性の本質的平等」原理だけでは達成し切れない、家庭内で性別に縛られない個人のあり方を実現させるために、あえて「個人の尊厳」原理も置かれたと考えられる。

現在においてもなお、日本の性別役割分業構造は変わっていない。こうした現状に鑑みるに、憲法二四条の先進性を発揮させるには、税制度や年金制度、戸籍制度の見直しなど多くの政策的な問題が残されていると言わざるを得ない。これらの問題に関する具体的な検討は、今後の課題としたい。

(1)　たとえば、厚生労働省「令和二年度雇用均等基本調査」(二〇二一年)によれば、二〇二〇年度に育児休業を取得した女性は八一・六%で、男性は一二・七%である。

(2)　たとえば、制度的保障と解する見解、自由権と解する見解、社会権と解する見解、自由権と社会権の二つの性格を併合するものとして両者を並行的に含意させると解する見解、国務請求権と解する見解、公序と解する見解、特殊の権利及び機会と解する見解などがある。

（3）君塚正臣「日本国憲法二四条解釈の検証」『関西大学法学論集』五四巻一号（二〇〇二年）一、一六頁以下、阿部照哉＝野中俊彦『平等の権利』（法律文化社、一九八四年）一四四頁、戸波江二＝松井茂記＝安念潤司＝長谷部恭男『憲法（二）人権』（有斐閣、一九九二年）〔安念潤司執筆〕一二四頁など参照。

（4）芦部信喜『憲法〔第七版〕高橋和之補訂』（岩波書店、二〇一九年）一二七頁、浦部法穂『憲法学教室〔全訂第三版〕』（日本評論社、二〇一六年）一〇九-一一〇頁、内野正幸『憲法解釈の論点〔第四版〕』（日本評論社、二〇〇五年）五〇頁など参照。

（5）佐藤功『日本国憲法概説〔全訂第五版〕』（学陽書房、一九九六年）一八八頁、浦田賢治＝大須賀明編『新判例コンメンタール・日本国憲法二』（三省堂、一九九四年）〔大山儀雄執筆〕五五頁、小林孝輔＝芹沢斉編『基本法コンメンタール〔第五版〕憲法』（日本評論社、二〇〇六年）〔武田万里子執筆〕一八四頁、芹沢斉＝市川正人＝阪口正二郎編『新基本法コンメンタール憲法』（日本評論社、二〇一一年）〔武田万里子執筆〕二一一頁、辻村みよ子『憲法と家族』（日本加除出版、二〇一六年）一二一-一二五頁、同「憲法からみた家族の動向と課題」『月刊司法書士』五四三号（二〇一七年）八-一〇頁、同『憲法〔第七版〕』（日本評論社、二〇二一年）一七〇頁以下、辻村みよ子＝糠塚康江＝谷田川知恵『概説　ジェンダーと法〔第二版〕』（信山社、二〇二一年）一六六-一六七頁など参照。

（6）辻村・前掲注（5）『憲法〔第七版〕』一七〇頁以下など参照。

（7）辻村・前掲注（5）『憲法〔第七版〕』一七〇頁以下など参照。

（8）若尾典子「『女性の人権』をめぐって」『公法研究』第六一号（一九九九年）一〇九頁、同「自己決定と女性」『法の科学』第二八号（一九九九年）一〇九頁。

（9）See, Susan M. Okin, *Justice, Gender and the Family* (New York: Basic Books, 1989) pp.14-15, 山根純佳＝内藤準＝久保田裕之訳『正義・ジェンダー・家族』（岩波書店、二〇一三年）一八頁参照。

（10）現在にいたるまで、フェミニズムは第四波まで存在する。本稿では扱わない第三波フェミニズムは流動的で定まっていないが、ポストモダン・フェミニズムがそれに該当するという見解がある。江原由美子＝金井淑子『フェミニズム』（新曜社、一九九七年）一七五‐一七七頁参照。第四波フェミニズムは、二〇一〇年頃から、SNSを活用したMe Too運動やKu Too運動などに同調した新たな動きを指すが今後も拡大していくだろう。

（11）細谷実「リベラル・フェミニズム」江原＝金井・前掲注（10）三九頁以下参照。

（12）中里見博「平等」大石眞＝石川健治編『ジュリスト増刊　憲法の争点』（有斐閣、二〇〇八年）三六頁など参照。また、公私二元論に関する憲法学の研究として、中山道子は、ロックの公私二元論における公的領域と私的領域の分離の根拠として両者の関係を検討している。中山道子『近代個人主義と憲法学』（東京大学出版会、二〇〇〇年）八七頁以下など参照。本稿も近代憲法が基調とする公私区分を否定するものではない。本稿は、家庭内の「個人の尊厳」原理を十分に生かすことを可能とする公私両領域の相互の関連性の考察を目指すものである。

（13）神長百合子「アメリカにおけるフェミニズム法理論の外観」日本法社会学会編『法の解釈と法社会学』（有斐閣、一九九三年）二五六‐二六〇頁など参照。

（14）本稿のこれ以降のラディカル・フェミニズムの流れは、伊田久美子「ラディカル・フェミニズム」江原＝金井編・前掲注（10）一五頁以下などを参照。

（15）詳しくは、Kate Millett, *Sexual Politics* (New York: Columbia University Press, 1970), ケイト・ミレット著、藤枝澪子訳『性の政治学』（ドメス出版、一九八五年）を参照。

（16）マリア・ローザ・ダラコスタ著、伊田久美子＝伊藤公雄訳『家事労働に賃金を』（インパクト出版会、一九八六年）参照。

（17）一九六〇年四月一〇日号の『朝日ジャーナル』に掲載された。

（18）水田珠枝「主婦労働の値段――わたしは〝主婦年金制〟を提案する」『朝日ジャーナル』（一九六〇年九月二五日号）、拙稿「憲法二四条の解釈について」『早稲田政治公法研究』第一一四号（二〇一七年）四〇頁以下なども参照。

（19）衆議院帝国憲法改正案委員小委員会（一九四六年七月二九日）、国会図書館帝国議会会議録検索システムから引用。本稿以下の帝国議会での各発言部分については同システムから引用している。

(20) 衆議院帝国憲法改正案委員会（一九四六年七月一七日）。

(21) 衆議院帝国憲法改正案委員会（一九四六年七月五日）。

(22) 衆議院帝国憲法改正案委員会（一九四六年七月六日）。

(23) 前掲注（19）。

(24) 衆議院帝国憲法改正案委員会（一九四六年七月五日）。

(25) 前掲注（19）。

(26) 美濃部達吉『新憲法逐条解説』（日本評論社、一九四六年）八五頁。

(27) 美濃部・前掲注（26）八五頁。

(28) 宮沢俊義「国民の権利及び義務」蠟山正道編『新憲法講座上巻』（国土社、一九四九年）二四五頁。

(29) 中川善之助『新憲法と家族制度』（国立書院、一九四八年）一〇三頁。

(30) 中川・前掲注（29）一〇三頁。

(31) 民法の夫婦別産制に関して、我妻榮が述べるように、税制については夫婦の財産が実質的には共有のものであり、「民法上の形式に拘束される必要はない」という見解もあった。それは、当時、夫婦の財産は共有のものであり、この観点から配偶者控除制度導入に対する肯定的な見解も導き出せるだろう。我妻榮「夫婦の財産関係下」『ジュリスト』第四九〇号（一九七一年）九九頁。

(32) 武田昌輔監修『DHCコンメンタール所得税法』（第一法規出版、一九七九年）四八七一－四八八八頁など参照。

(33) 日本年金機構ホームページ（https://www.nenkin.go.jp/service/jukyu/kyotsu/jukyu-yoken/ 最終閲覧：二〇二一年六月四日）、拙稿・前掲注（18）四〇頁以下など参照。

(34) 遠藤みち『両性の平等をめぐる家族法・税・社会保障』（日本評論社、二〇一六年）一二五頁参照。

(35) 二宮周平「家族法と性別役割分業」高橋和之編『ジェンダーと法』（岩波書店、一九九七年）一六一頁。

(36) 二宮・前掲注（35）一六一頁。

(37) 二宮周平『家族と法』（岩波書店、二〇〇七年）四二－四三頁参照。

(38) 二宮・前掲注(37)四三頁参照。
(39) 中里見・前掲注(12)五三頁参照。
(40) たとえば、内閣府「男女共同参画社会に関する世論調査」(二〇一九年)によれば、女性の就労に関する意識は、「子どもができても、ずっと職業を続けるほうがよい」が六三・七%、「子どもができたら職業をやめ、大きくなったら再び職業をもつほうがよい」が一九・七%である。また、ITツール比較サイトのSTRATEが行った「専業主夫願望に関するアンケート」(二〇二一年)によれば、婚姻後(既婚者は将来的に)、専業主夫になりたいかという質問に対して最も多かった回答は、「相手や経済事情が許すならなりたい」の四九・五六%であり、「絶対なりたい」も九・七八%だったと報告されており、専業主夫になりたい男性も増加している。
(41) 辻村・前掲注(5)『憲法と家族』六一頁。

平等判例における救済判断の再検討

松原俊介
（東北学院大学）

はじめに

近年、違憲審査の活性化が指摘され、憲法一四条一項に違反するか否かが問題となった事件において違憲判断に至ることが増えてきている。しかしながら、憲法一四条一項違反となった場合の救済に関する理論的検討が十分になされているとは言い難い[1]。

一般に、憲法一四条一項は不合理な別異取扱いを禁止しており、これに違反した場合の救済方法は、同一取扱いをすることである。しかし、どのような同一取扱いが要請されるかは平等条項から自然と導き出されるものではない[2]。また、ある別異取扱いそれ自体を違憲とするのではなく、その別異取扱いの程度が違憲とされる場合の救済方法としては、同一取扱いをすることのほかに、合理的根拠を認めることができる程度の区別にすることも考えられる[3]。

では、裁判所は、ある法律が設けた別異取扱いを平等条項違反と判断した場合に、いかなる救済判断をすることができるのか。また、その救済判断はいかなる基準で決するのか。本稿では、平等判例における救済方法に関して、アメリカ合衆国連邦最高裁の判例法理を紹介・検討した上で（一）、日本における いくつかの平等判例の救済判断を再検討したい（二）。

一 アメリカの判例法理

（一）Morales-Santana 判決

連邦最高裁の平等判例における救済方法について、ここでは先例を踏まえた上で一般論を比較的詳細に述べる二〇一七年の Morales-Santana 判決(4)を概観したい。この事件では、一方の親が合衆国市民、他方が外国人である場合の、外国で出生した子どもの国籍取得に関して、合衆国市民の未婚の父親（及び婚姻している父母）には合衆国での長期の居住要件を、合衆国市民の未婚の母親には合衆国での短期の居住要件を課すという性に基づく区別が問題となった。

ギンズバーグによる法廷意見は、上記区別を平等条項違反とした上で、「『行使される権利が平等取扱いに対する権利』であるときに、適切な救済は、平等取扱いの命令であり、その結果は、除外された集団に利益を拡張するだけではなく、優遇された集団から利益を取り上げることによっても達成できる」が、「どのように平等が達成されるかは、憲法が沈黙している問題である」と述べた。その上で、救済選択は、「立法者の意思（legislature's intent）」を基準に判断されるとした。すなわち、憲法上の瑕疵を知らされていたとしたら、連邦議会が選択したであろう救済の方向を採用しなければならない。

この「立法者の意思」の判断に当たっては、①問題となっている（残された）政策に対する立法者のコミットメントの強さ、②（廃止ではなく拡張することによって生じる）制定法体系の潜在的破壊の程度を考慮することになる。本件では、議会がより強い結びつきを示すものとしての長期の居住要件を重視していること（①）、短期の居住要件を未婚の父親に拡大すれば、未婚の父母から出生した子と比べて婚姻関係にある父母から出生した子を不利益に扱うこととなり不合理であること（②）を考慮し、当座の間、未婚の父親に適用されていた長期の居住要件を未婚の母親に適用すると判示した。

（二）検討

このように、連邦最高裁は、平等条項違反の救済方法に関して、不利に扱われている集団の取扱いを有利に扱われている集団まで引き上げる「レベリングアップ」も、有利に扱われている集団の取扱いを不利に扱われている集団まで引き下げる「レベリングダウン」もできるとし、この両者の選択については、「憲法が沈黙している問題」であることを前提に、「立法者の意思」を基準に判断するという枠組みを示している。Fish（Eric S. Fish）によれば、連邦最高裁は、ほとんどの事件では制定法への文言の追加を許さないものの、平等条項に関する事件では、立法者の意思に合致すれば制定法に文言を追加してレベリングアップをしている。(5)

では、レベリングアップとレベリングダウン以外の中間的な方法を採用することはできるのだろうか。ここでは、当時の社会保障法が、父親の失業のために扶養を受けられない子の家族に給付を認める一方で、母親の失業のために扶養を受けられない子の家族に給付を認めないという区別が平等条項違反とされたCalifano判決(6)が参考になる。五人の法廷意見と四人の一部同意一部反対意見はともに、「主たる稼ぎ手」が失業した場合に給付すべきであるという中間的な救済提案が、議会の実際の意図を捉えていることを認めながらも、裁判所が引き受けるべきではない法の再構成（政策の問題）を伴うことを理由に採用しなかったのである。そのため、裁判所による救済策としてはレベリングアップとレベリングダウンの二つの選択肢と基本的に考えていると思われる。

このような二つの選択肢からの救済選択を左右する「立法者の意思」については、制定時の立法者が意図したであろうことを確実に証明する手段は通常存在しないため、Morales-Santana判決で述べられていた①②の考慮事項を検討しながら(7)、裁判所が事後的に判断しなければならない(8)。この救済選択に関する裁判所の役割を、ギンズバーグは一九七九年の論文において、「短期間の議会の代理」と位置付けていた。すなわち、裁判所がある制定法を違憲と宣言すれば残りの仕事は本質的には立法府の仕事であるが、議会をすぐその場で召集するのは不可能であるため、裁判所が「当座の（interim）解決」をしなければならないとするのである(9)。

ところで、Morales-Santana判決以前には連邦最高裁において、レベリングダウンによる救済を採用した判決はなかったとされる。レベリングダウンは当事者に何らの利益を与えないばかりか利益を得ていた他者からその利益を剥奪する内容を含んでいる。別の言い方をすれば、レベリングダウンは、不平等を裁判所に訴えれば他者の状況を悪化させる危険に直面させ、不平等を訴えなければ違法な差別を受け続けさせるという、ジレンマを発生させるのである(10)。そうすると、実はMorales-Santana判決においても「通常は、無効よりも拡張が適切な方向である」との一般論が述べられていたことを踏まえれば、レベリングアップの救済を原則とし、レベリングダウンは立法者の意思が明確な場合の例外として捉えるべきであろう(11)。

二　日本における不平等の救済

（一）国籍法違憲判決

以上のようなアメリカの判例法理を前提にしながら、日本の平等判例における救済判断を再検討したい。まずは、平成二〇年改正前国籍法三条一項を憲法一四条一項違反とした国籍法違憲判決[12]における救済判断である。多数意見は、国籍法三条一項を全部無効とする方法（レベリングダウン）があり得るという前提に立った上で、そのような方法は「血統主義を補完するために出生後の国籍取得の制度を設けた同法の趣旨を没却するものであり、立法者の合理的意思として想定し難いものであって、採り得ない解釈である」とする。そして、「父母の婚姻により嫡出子たる身分を取得したことという部分を除いた」国籍法三条一項の要件が満たされる場合に国籍取得の効果を認める解釈（レベリングアップ）が「合憲的で合理的な解釈」であり、「本件区別による不合理な差別的取扱いを受けている者に対して直接的な救済のみちを開くという観点からも、相当性を有する」とした。このように、多数意見は、不平等の救済はレベリングアップによってもレベリングダウンによっても達成され得るとする前提に立った上でレベリングアップの方法を選択したのである。

では、国籍法違憲判決のいう「立法者の合理的意思」はいかに判断されるのであろうか。調査官解説は「立法者の意図を具体的にどのように把握するかは困難な問題である」としながら、「当該法令の立法理由ないし立法趣旨をはじめ、法令全体の基本理念、他の規定等との関係その他法令全体の体系的な整合性、残余の規定の持つ意味、効果等を総合考慮した上で、残部のみをもって有効な規定と解することの客観的合理性の有無によってその可否を判断すべき」と指摘しているが[13]、Morales-Santana 判決の考慮要素に照らしたとき、本件でレベリングアップの選択は、それほど自明ではなかったともいえる。たとえば、①問題となっている政策に対する立法者のコミットメントの強さについては、別件の東京地裁判決[14]が、国籍法「三条一項における中核的な要件は、……日本国民である父又は母から認知された子という部分（条文の文言としては、『認知により…（中略）…身分を取得した子』と同項後段の部分）

であって、……準正要件は、重要ではあるものの、中核的なものではないと解するのが相当である」としていたように、国籍法三条一項のうち日本国民である父又は母から認知された子という部分に対する立法者のコミットメントの強さを認めることができるとしても、②の制定法体系の潜在的破壊の程度についてはは評価が難しい。たとえば、子の国籍取得については、出生時において父又は母が日本国民であることが大原則であり（国籍法二条）、それ以外の者が日本国籍を取得するのは帰化によることが原則である（同法四条）とすると、国籍法三条一項の廃止による国籍法体系の破壊の程度はそれほど大きくないと評価することもできるからである。しかしそうすると、法廷意見が指摘する通り、日本人である父に胎児認知された非嫡出子や日本人である母から出生した非嫡出子との不平等をどう処理するのか、という問題が出てくることになる。

（二）　堀木訴訟

次に堀木訴訟について、憲法一四条一項違反を認めた第一審判決(15)を主に取り上げながらその救済方法に関して検討したい。第一審判決は、⑴障害福祉年金を受給している父・健全な母A・児童という世帯では母Aに児童扶養手当が支給されるのに対し、⑵障害福祉年金を受給している母B・児童という世帯では母Bに児童扶養手当が支給されないという区別を問題としていた。同判決は、併給禁止条項は、「何ら合理的な理由がないにも拘らず、国民年金法別表記載の一種一級の視覚障害者として、障害福祉年金を受給している者であつて、児童を監護する母であるという地位にある女性を、一方において、同程度の視覚障害者である障害福祉年金受給者の父たる男性と性別により差別し、他方において、公的年金を受給し得る障害者ではない健全な母たる女性と社会的身分に類する地位により差別する結果をもたらす」とし、「被差別者である右女性の経済的な生活環境は、極度に悪いのであつて、法律によつて手当の支給を拒否されている当該女性の被差別感は、極めて大なるものであることが容易に感得されるとともに、その被差別感は、一般社会人をしてたやすく首肯させ、同感させるに至るであろうと思料するに足る健全な感覚であって、理由がある」として憲法一四条一項に反するとし、その上で、「本件条項中の『公的年金給付』の内から、『国民年金法別表記載の一種一級の障害者として受給している障害福祉年金』を除外しない限り、その限度において、本件条項は前記憲法の条項に違反し、無効なもの」であると判示した。

第一審判決の(1)と(2)の比較対象が適切であるか否かをひとまず措くとすれば[16]、救済方法は、前記ABの両方に児童扶養手当を支給する（レベリングアップ）か、ABの両方に支給しない（レベリングダウン）かの二つの選択肢となり、第一審判決はレベリングアップの救済方法を採用したと評価できる[17]。なぜ二つの救済のうちレベリングアップを採用したのかについて、判決では支給を受けられない女性の「被差別感」を理由としているようにも読めるが[18]、ここでは、Morales-Santana 判決の考慮要素に照らしながら立法者の意思を基準に検討する。以下で述べるように、ここでもレベリングアップの救済はそれほど自明ではないともいえる。

まず、①問題となっている政策に対する立法者のコミットメントの強さについて、第一審判決は、併給禁止規定に対する立法者のコミットメントが強いとは考えていないようである。それはたとえば、「国民年金法の併給禁止規定自体も、特段の合理性を有するわけのものではなく、主として財政上の理由によって存在しているに過ぎない」とする判示――直接は国民年金法の併給禁止規定について述べた部分であるが――からも窺うことができる。

しかし、②制定法体系の破壊の程度については評価が難しい。第一審判決は、児童扶養手当法が児童の福祉を目的とする児童手当法類似の独自の意義および機能を持っていることから、単に国民年金法を補完するに過ぎない趣旨のものとは考えられないとして、「国民年金法……において、公的年金相互の併給を避けているのであるから、同法の補完作用を営むに過ぎない〔児童扶養―松原注〕手当法において、公的年金との併給を避けるのは当然である」とする主張を首肯し難いと述べていたのであり、レベリングアップによる制定法体系の破壊の程度が深刻であるとは考えていない。しかしながら、制定経緯を踏まえると、最高裁判決[19]が述べるように、児童扶養手当は、もともと国民年金法上の母子福祉年金を補完する制度として設けられたものとみるべきである。すなわち、当時の児童扶養手当は離婚等による所得の減少に対して給付を行う「所得保障」である点で[20]、国民年金法上の母子福祉年金や障害福祉年金と基本的に同一の性格であると制定法体系上位置づけられるのである[21]。そうすると、レベリングアップの救済によれば、基本的に同一の性格である児童扶養手当と障害福祉年金を重複して認めることになり、障害福祉年金と併給を認めていない母子福祉年金との不均衡を生じさせることになるのである。以上のようにここでの制定法体系の破壊の程度に関する評価は、児童扶養手当と国民年金法上の母子福祉年金や障害福祉年金とが同じ性格の給付といえるかどうかという点によって左右されることになるが、この点は、結局のところ、併給禁止規定の合憲性についての判断を左右した点と重なることになる[22]。

(三) 地方公務員災害補償法上の遺族補償年金受給資格に関する男女の区別

最後に、地方公務員災害補償法(以下、「地公災法」とする)三二条一項による遺族補償年金の受給資格要件のうち、死亡した職員の夫(父母又は祖父母)について、死亡した職員の妻には課されていない年齢要件(または障害要件)が規定されていることが問題とされた事件について検討したい。この事件の第一審判決[23]は、遺族補償年金の第一順位の受給権者である配偶者のうち、夫についてのみ年齢要件を定める規定は憲法一四条一項に反し違憲無効であると述べており、夫についても妻と同じように年齢要件を課さない救済方法（レベリングアップ）を採用している。これに対して、最高裁は当該規定を合憲であると判断したが、当該判決の判例時報の匿名コメントが、第一審判決の救済方法に言及した上でレベリングダウンの救済方法も示唆していたことが注目される[24]。すなわち、「違憲とされる格差を是正する方法としては、本件各規定を無効とすることのほかに、妻に年齢要件又は障害要件を課していない部分を無効とすることも考えられる。一審判決の違憲とする理由が、女性の社会進出が進んだ結果、男女間の格差が縮小したことなどを理由とするものであることに照らせば、遺族補償年金の受給資格要件を定める地公災法の規定のうち本件各規定を無効とすることとなるかについては異なる考え方もあると思われる」と述べていたのである[25]。

そこで、Morales-Santana 判決の考慮要素に照らしながら立法者の意思を基準に検討してみよう。まず、①年齢要件に対する立法者のコミットメントの強さに関してであるが、第一審判決は、年齢要件について、「職員の死亡により被扶養利益を喪失した遺族のうち、一般的に就労が困難であり、自活可能ではないと判断される者に遺族補償年金を支給するとの目的の下に、障害要件とともに、そのような者を類型化するための要件として設けられたもの」であるとした上で、このような年齢要件自体は合理的であると判示していたし、地公災法三二条一項の制定経緯においても同様の説明がされていた[26]。そのため、年齢要件に対する立法者のコミットメントをある程度認めることができそうである。

次に、②制定法体系の破壊の程度については、地公災法上は遺族のうち妻以外には年齢要件が設けられていることから、妻にも年齢要件を課すこととなるレベリングダウンの方法によれば、他の遺族の取扱いとも合致することとなり、問題が生じにくい。これに対して、夫にも年齢要件を課さないというレベリングアップの方法によれば、年齢要件を合理的であるとする判示との整合性や、年齢要件が課されている他の遺族との不均衡が問題となり得るのである。

このように、立法者の意思を基準に考えるとすれば、ここでの救済方法はレベリングダウンの方法によるべきかもしれない。

おわりに

本稿では、平等条項違反の救済方法について、レベリングアップとレベリングダウンの選択肢から「立法者の意思」を基準に決定する、というアメリカの判例法理を参考にしながら日本のいくつかの平等判例における救済判断の再検討を試みた。国籍法違憲判決によれば、日本においても「立法者の合理的意思」を基準に救済方法を決定しているが、この「立法者の合理的意思」の判断方法を確立する必要があると思われる。この点で、アメリカの判例法理における考慮事項は示唆を与えてくれるだろう。

今後は、レベリングアップとレベリングダウンとの原則・例外関係をより明確にする必要があると考えているが、その前提として、レベリングダウンの救済が日本の訴訟システムの下でどのように位置づけられるか検討する必要がある。(27) また、一部無効や合憲限定（拡張）解釈、違憲確認判決との関係も分析する必要がある。今後の検討課題としたい。

［附記］本研究は、ＪＳＰＳ科研費（22K01161）の助成を受けたものである。

（1）「ややオーヴァーに言うならば、……学界が真剣に議論すべきなのは、今や……法令が平等原則に違反するか否かの問題自体というよりは、むしろ、違憲であると判断される場合の波及効果とそれへの対処方法如何の問題というべきであろう」という藤田宙靖の指摘には、救済に関する理論的検討の重要性とその必要性が示されている（藤田宙靖『最高裁回想録』（有斐閣、二〇一二年）一五三頁）。

（2）いつの時点から同一取扱いが要請されるか、という問題もあるが本稿では立ち入れない。

（3）京都地判平成二二年五月二七日判時二〇九三号七二頁参照。

（4）Sessions v. Morales-Santana, 137 S. Ct. 1678 (2017). 本稿一の詳細な検討については、松原俊介「裁判所による不平等の救済方法に関する一考察――Sessions v. Morales-Santana 判決を中心に――」法政理論五二巻四号（二〇二〇年）三四頁以下を参照。

（5）Eric S. Fish, *Choosing Constitutional Remedies*, 63 UCLA L. Rev. 322, 350 (2016).

（6）Califano v. Westcott, 443 U.S. 76 (1979). 同判決については、大沢秀介「平等――国籍法違憲判決のインパクト」大沢秀介ほか編『憲法.com』（成文堂、二〇一〇年）一七頁以下も参照。

（7）Morales-Santana 判決の法廷意見を執筆したギンズバーグは、一九七九年の論文において、①②の考慮事項のほかに、当初の制定法で包摂されている集団の規模と比較して拡張した場合に包摂されることになる集団の規模の大小、拡張による政府や私人への経済的負担、救済が利益の要求を求めるのか単に負担の除去を求めるのか、ということも考慮すべきであるとしていた（Ruth Bader Ginsburg, *Some Thoughts on Judicial Authority to Repair Unconstitutional Legislation*, 28 Clev. St. L. Rev. 301, 318–319, 323–324 [1979].)。

（8）Evan H. Caminker, *A Norm-Based Remedial Model for Underinclusive Statutes*, 95 Yale L.J. 1185, 1188–1189 (1986).

（9）Ginsburg, *supra* note 7, at 317-318.

（10）Deborah L. Brake, *When Equality Leaves Everyone Worse Off: The Problem of Leveling down in Equality Law*, 46 Wm. & Mary L. Rev. 513, 516 (2004).

（11）Morales-Santana 判決の原審は、「制定法の文言も……立法経過も特に〔議会の意図を明らかにするうえで〕

有益または明晰ではなく、結局のところ、事態を決定するのは、あいまいな議会の意図に直面したときには利益を縮小するよりも拡張するよう求める拘束力ある先例である。実際に、私たちは、連邦最高裁が分離を通して平等保護違反を是正するときに利益を拡張するのではなく縮小した事例を一つも知らない。」と述べていたことが注目される（*Morales-Santana*, 804 F.3d at 537.）。

(12) 最大判平成二〇年六月四日民集六二巻六号一三六七頁。

(13) 森英明「判解」最判解民事篇平成二〇年度三〇一頁。

(14) 東京地判平成一八年三月二九日判時一九三二号五一頁。

(15) 神戸地判昭和四七年九月二〇日行集二三巻八・九号七一一頁。

(16) 「性別による対比をするとすれば、廃疾の父が児童を養育する場合における同手当の支給の有無をもつてすべきである。そして廃疾の状態にある父が児童を養育している場合、その父は児童の養育者たる資格において児童扶養手当の支給をうけることができる……が、父が障害福祉年金を受給しているときは、児童扶養手当は本件併給禁止条項により支給されないのであるから、性別による差別はない」とする控訴審判決（大阪高判昭和五〇年一一月一〇日行集二六巻一〇・一一号一二六八頁）の判示は正当であり、ここでの比較の対象には問題があると思われる。

(17) 第一審判決は、児童扶養手当の認定請求（児童扶養手当法六条）を却下する処分の取消しを認めながら認定請求を求める請求を否定していたが、現行法の下では申請型義務付け訴訟（行訴法三条六項二号）により認定の義務付けを認め得る。

(18) このことは、立法者の意思によらしめるのではない救済枠組みを示唆するが、本稿ではこれ以上立ち入れない。この点に関連して、救済選択についての手がかりを憲法の中に見出すことはできないのかという問題を検討したものとして、松原俊介「裁判所による不平等の救済方法の可能性」法政理論五三巻一号（二〇二〇年）四九頁。

(19) 最大判昭和五七年七月七日民集三六巻七号一二三五頁。

(20) その後、児童扶養手当法の昭和六〇年改正により、目的規定に「家庭の生活の安定と自立の促進」という文言が付け加えられ、これにより、「児童扶養手当は、母子家庭が抱える経済状況に着目して児童の養育にかかる費用を保障し、もって児童の健全育成を図ることを目的とする、独自の福祉制度に改められた」とされる（笠木映里ほか『社会保障法』（有斐閣、二〇一八年）三五九頁）。

(21) 児童扶養手当と母子福祉年金との①手当額、②加算形式と加算額、③支給制限額を比較した上で、「児童扶養手当は法律制度上は母子福祉年金と基本的に同じ系列に置いたものと解することができる」とする、園部逸夫「判解」最判解民事篇昭和五七年度五三六—五三七頁も参照。

(22) 園部・前掲注21・五四一頁参照。

(23) 大阪地判平成二五年一一月二五日判時二二一六号一二二頁。

(24) 最判平成二九年三月二一日判時二三四一号六五頁。

(25) 判時二三四一号六七‐六八頁。また、嵩さやか「判批」判時二三八号一五一頁も参照。

(26) 地公災法三二条一項改正に関して昭和六〇年四月一六日に行われた参議院地方行政委員会において、出席者から、稼得能力を個別具体的に判断すべきではないかという趣旨の質問がされたのに対し、政府委員ないし説明員は、稼得能力の有無を、年齢要件によって一般的に判断することを強調していた（「第一〇二回国会参議院地方行政委員会会議録第一二号」一〇頁）。

(27) 長谷部恭男『憲法の境界』（羽鳥書店、二〇〇九年）六九頁は、レベリングダウンの『救済』の可能性が、日本の訴訟システムの下で訴えの利益を認めるに足るものかという問題は残る」とする。

裁判を行う主体に求められる「品位」

小西葉子
（高知大学）

はじめに

本稿の目的は、裁判を行う主体にとっての「品位」の意義について検討することである。最大決平成三十年十月十七日民集七十二巻五号八九〇頁は、裁判所法四十九条における「品位を辱める行状」を、「職務上の行為であると、純然たる私的行為であるとを問わず、およそ裁判官に対する国民の信頼を損ね、又は裁判の公正を疑わせるような言動をいうものと解するのが相当」であると判断した(1)。その根拠は、「裁判官は、公正、中立な審判者として裁判を行うことを職責とする者であ」るから、「職務を遂行するに際してはもとより、職務を離れた私人としての生活においても、その職責と相いれないような行為をしてはならず、また、裁判所や裁判官に対する国民の信頼を傷つけることのないように、慎重に行動すべき義務を負っているものというべき」であり、「裁判所法四十九条も、裁判官が上記の義務を負っていることを踏まえて、『品位を辱める行状』を懲戒事由として定めた」からであるという。「公正、中立な審判者として裁判を行うこと」の内容には、少なくとも事実認定・法適用・法解釈のすべてが含まれるはずである。したがって、「国民の信頼を傷つけることのないように、慎重に行動すべき」義務を「公正、中立な審判者として裁判を行うことを職責とする者」が負うとすれば、例えば裁判員制度や弾劾裁判所の裁判員など、独立して裁判を行うすべての主体がこの職責を持つ者に該当し、「国民の信頼を傷つけることのないように、慎重に行動すべき」義務が課せられると評価しなければ論理的に適当でないように思われる。(2)

確かに裁判官は職責として多くの訴訟を担うし、その地位が継続的であるという意味で、裁判員とは異なる存在である。しかし、それぞれの訴訟当事者からすると、その訴訟に関わる裁判体の構成員がすべてであり、裁判員が一部の訴訟に関与するのみであるから「公正、中立な審判者として裁判を行うことを職責とする者」にあたらないと説明することは困難であろう。そうだとすると、裁判所法四十九条の「品位」と裁判員法九条四項の「品位」は、同一の要件であると解釈することが自然である。

しかしここで筆者は、ある疑問に至る。裁判官や裁判員制度の裁判員には「品位」が要求されているが、弾劾裁判所の裁判員には「品位」は要求されていない。「品位」は、裁判を行うことを職責とする者にあまねく求められる要件ではないのだろうか。

一　弾劾裁判所裁判員には、なぜ「品位」が求められていないのか？

（一）弾劾裁判所の法的根拠とその政治性

弾劾裁判所は、憲法七十八条及び六十四条にその根拠を置く。その構成員に関する憲法上の規定は憲法六十四条一項に「両議院の議員で組織する」ことが定められているのみであり、その他の事項については「法律でこれを定める」とする（同条二項）。弾劾裁判手続には、訴追手続／罷免訴追の裁判／資格回復の裁判の三つの段階がある。訴追手続における訴追委員と、罷免訴追の裁判における弾劾裁判所裁判員はそれぞれ、「各議院においてその議員の中から選挙された同数の」者から構成されるが（国会法百二十五条、百二十六条）、訴追委員と裁判員の兼任は認められない（同百二十七条）。

弾劾裁判所は、権力分立における相互の抑制・均衡のための一機能と位置付けられているが、(3) そもそも弾劾裁判は「裁判」であるのか、という点から確認する必要がある。憲法七十六条一項における「司法」は、通説の解釈によれば「具体的な争訟について、法を適用し、宣言することによって、これを裁定する国家の作用」とされる。(4)「日本国憲法の解釈に関するかぎり、（引用者注：「司法」と「裁判」の）両者をとくに区別する必要はない」とする立場を採用するとして、(5) この解釈は、憲法六十四条一項の「裁判」にも妥当するのだろうか。上村千一郎は、憲法六十四条一項における「『裁判』の具体的内容及び性格については、憲法自らは明定していない」が、マッカーサー草案の規定や本項の規定ぶり、弾劾の重要性を根拠として「憲法六十四条一項にいう『裁判』とは、司法裁判所における『裁判』と同質ないしこれに準ずる手続を意味すると解すべきであ」ると主張する。(6) 佐藤立夫は、弾劾裁判は「政治裁判ではなく本質上司法的裁判」の性格をもつために、弾劾裁判には刑事訴訟法の規定が準用されていると理解する。(7)

しかし弾劾裁判所における裁判官弾劾裁判が、専ら司法裁判の機能を担うものであると理解することもまた、適切ではない。そもそも弾劾裁判所における各手続の構成員が国会議員であるということは、当然彼らが政治的に「中立」ではありえないことを意味している。この点について佐藤幸治は、弾劾制度は「国会における政治的動向ないし政党的背景と断絶したものではなく」、「独立機関性の強調は、弾劾制度がそもそももっているそうした政治的性格をみえにくくする側面を有している」と警鐘を鳴らす。(8)

より直接的には、「世論の動向に敏感であり政治的思惑から行動しがちな国会議員で構成された機関が司法部抑制の任にあたっている事実を直視すべき」という土屋孝次の指摘が重要であろう[9]。

両議院の議員が全国民の代表として存在している以上、裁判官の罷免が弾劾裁判所においてしか行いえない（裁判官の罷免権の限定）という意味では、弾劾制度は国民主権の具体化としての公務員選定罷免権に紐づけられているということはもちろんである。ただし、柳瀬昇が主張した「国会が設置し国会議員からなる裁判官弾劾裁判所によって裁判官が罷免される制度は、代表民主主義を前提とすれば、国民の司法参加と位置づけられるべき」という見解[10]に対しては、慎重な精査が必要であると筆者は考える。国会議員としては全国民の代表であり、弾劾裁判所の構成員としては独立しているという相反した立場を持つ弾劾裁判所の裁判員が、主として国民の司法参加の一形態の顕現であると解するのであれば、ここにいう「国民の司法参加」が何を意味するのか、特に問われなければならない。この点について柳瀬良幹は、「弾劾制度の趣旨はいう通り主権者たる国民に依る裁判官の監督にあるのであろうが、しかしその現実に行われる形は決して主権者たる国民自身の行為ではな」い、つまり、訴追委員会や弾劾裁判所の構成員は「単なる国民の代表者で、国民そのものではな」く、それらと裁判官との関係は、「決して主権者と司法権との関係ではなく、立法権または行政権と司法権との関係なのであって、従ってそれには司法権独立[11]の原則は当然に適用がある」と指摘する[12]。

（二）裁判官／裁判員制度の裁判員との比較

「品位」の要件は、冒頭に述べたとおり裁判官の懲戒事由となっているのみならず、裁判員制度の裁判員にも求められている（裁判員法九条四項。「品位」を害する行為をした裁判員は解任請求の対象となる（同四十一条一項四号））。「品位」以外にも裁判官に近い法的義務を負う裁判員制度の裁判員と比べて、弾劾裁判の裁判員は、職権の独立以外の義務をほとんど負わず、その職責に関して個別に責任を問われる規定もない。

司法権の対象となるすべての事件を扱う裁判官、特定の事件を扱うとはいえ刑事裁判に携わる裁判員制度の裁判員、そして専ら裁判官の罷免について判断する弾劾裁判所の裁判員が、それぞれ異なる法的地位にあることは当然である。しかし、冒頭の最高裁決定にいう「公正、中立な審判者」としての「品位」が、弾劾裁判所の裁判員には不要だといえるのか、という点については、弾劾裁判所の裁判員が政治的に「中立」であり得ないということを前提としても、なお裁判の「公正」を保つために「品位」が要求されるべきではないか、という観点から、更なる検討を要する。

（三）国会議員として保つべき「品位」と、裁判を行う者としての「品位」

弾劾裁判所の裁判員は国会議員であるがゆえに、法令上、「議院の品位」の保持を要求されてはいる（衆議院規則二百十一条及び参議院規則二〇七条）。憲法五十八条二項後段は、院内の秩序をみだした議員を懲罰することが出来ると定め、同項但書は懲罰としての議員の除名の要件を明記する。この「院内の秩序」は衆議院規則、参議院規則の中で具体化されている。衆議院規則二百四十五条は、「議院の品位を傷つけ」た場合で特に情状が重い場合、除名がありうることを規定し、また参議院規則二百四十五条は、「品位」という言葉こそ用いないものの「議院を騒がし又は議院の体面を汚し」た場合で特に情状が重い場合、登院停止及び除名がありうることを規定している。森本昭夫によれば、「議院の体面を汚」すという要件は「内外から敬意を受けるに値する参議院の価値を低下させる類いの行為を指す」という[13]。

そうだとすると、国会議員に法律上課せられている「議院の品位」保持義務は、裁判官や裁判員制度の裁判員に課せられている「品位」保持義務とは全く異なるものであり、弾劾裁判所裁判員に対する、裁判を行う者に固有の「品位」保持についての規定は、現状では存在しないといえる。弾劾裁判所の裁判員に対しては、「公正」な裁判を実現するための「品位」を求める必要はないのだろうか。

この問題意識に基づき、次章では、裁判官及び裁判員制度の裁判員に要求されている「品位」の意味から、裁判を行う者の「品位」について更に検討を深める。

二　裁判を行う者の「品位」と「国民の信頼」

（一）裁判官の「品位」

冒頭に示した最高裁決定は、裁判を行う主体にとっての「品位」を、「国民の信頼」と結びつけて広く定義したが、その定義については批判がある。例えば市川正人は、本決定が「品位を辱める行状」を初めて定義した裁判例であり、かつこの定義が学説で考えられてきたもの（例えば「裁判官として国民の信頼を失墜するような醜行を演じたり、裁判の公正を疑わせるような行動をすること」といった定義[14]）に比べ「非常に広い」ことを指摘し、「この定義該当性の判断は予測が難しい」と評価する。[15]

「国民の信頼」の御旗のもとで、裁判官を広く統制しようとする思想は、一九七〇年代の「司法の危機」の時代から、最高裁判所の見解[16]として明確にされてきた。[17] しかし最高裁判所は、「国民の信頼」自体に明確な定義をしておらず、またその信頼の対象も、司法／裁判／裁判官の公正、中立／裁判官／裁判所と一貫しない。

この点、毛利透は、「国民の信頼というのも客観的に測ることが困難な極めてあいまいな概念」であり、「それが失われたとの判断にはやはり非常な慎重さが要求される」し、「裁判官に対する国民の信頼は、一義的には優れた裁判によって勝ち取られるべきものであり、私生活上の行状は、それと直接には関係しない」として、「品位を辱める行状」の限定的解釈を主張する。(18) しかし、「国民の信頼」の内容をこのように解することが、裁判官懲戒（分限）の要件の構成要素としての「品位」の理解として適当なのか。また「品位」と、裁判官弾劾の要件の構成要素としての「威信」（裁判官弾劾法二条二号）は、「国民の信頼」とそれぞれどのような関係があるのか。

この点、司法枢要の関係者による複数の国会答弁(19)は、裁判所法及び裁判官弾劾法の制定当時から近時に至るまで、一貫して懲戒・弾劾を同質のものと理解した上で、裁判を行う者としての品位をどの程度傷つけたかということを、条文上の「品位」と「威信」両者の問題として捉えているように思われる。(20) 職務外の活動についての「品位」の保持は、個々の裁判官の自律的な判断にゆだねられており、自律的な判断を行う判断力は、キャリア裁判官制度の中での先輩・後輩関係において構築されることが想定されているようである。

筆者が強調しておきたいのは、懲戒・弾劾を同質と捉えるかどうかという問題と、「品位」と「威信」を同質と捉えるかどうかという問題は、区別されてしかるべきであるということだ。懲戒と弾劾を同質と捉えるかどうかという問題についての明確な態度決定をなしえないとしても、(21) 少なくとも「品位」と「威信」は同質的であるという考え方には賛同することができる、とするのが筆者の立場である。「品位」と「威信」が一人の裁判官の振舞いという具体的表出と不可分に結びついている、とする国会答弁から垣間見える認識は、各裁判の当事者にとっては経験的な裏付けを持つものと思われるからである。

例えば最高裁判所裁判官であった小林俊三は、裁判所に求められる「威信」の実態について、①「裁判は神の裁きであるという神の権威に由来する時期」、②「帝王の権威から出てくる封建的強権の時期」、③裁判所の権威が「国民の遵法的精神」に拠って立つ「民主主義国家の時代」という三つの歴史的段階を経て展開してきたとし、③の時期の特徴である「国民の遵法的精神」を「国民の信頼と尊敬」と言い換える[22]。同様のイメージは、同じく裁判官であった木谷明の著述からも看取される[23]。筆者が注目したいのは、絶対的権威の存在しない民主主義国家においては、裁判官への信頼がなければ、裁判の当事者が裁判そのものに対して不信感を抱いてしまう、という懸念が、両者の見解から垣間見えることである。この人間的不信は、裁判制度を支える社会的基礎を揺らがせうる重大なリスク因子である。

（二）裁判員制度の裁判員の「品位」

裁判員制度の裁判員にとっての「品位」の問題は、評議の秘密保持（守秘義務）との関係で論じられてきた。裁判員制度の裁判員の義務については別稿で詳しく検討するが[24]、例えば司法制度改革推進本部裁判員制度・刑事検討会第十五回の議論を見ると、裁判員は一事案にのみ関与し、また理由なき解任も認められていることから、義務がどの範囲に要求されるべきか（裁判員の職務中に限定されるのかどうか）という問題に議論の重点が置かれていることが分かる[25]。

ただ裁判員制度の立法過程において、裁判を行う者として持つべき「品位」が、裁判官と裁判員制度の裁判員で異なるという議論は見られなかった。これを裏付けるように、両者に課せられている現行法上の義務は大きく乖離していない。

加えて、先に見たとおり、懲戒（分限）の要件の構成要素である「品位」と弾劾の要件の構成要素である「威信」が同質的であるとすれば、裁判員制度の裁判員に「威信」が求められていない理由は、一事件にのみ関わり、当事者から理由を示さない不選任の請求が可能である上、「品位」を害することによって解任請求をされうる裁判員制度の裁判員には、「品位」とは程度の異なる「威信」を特別求める必要性がないということになろう。

（三）「国民の信頼」と「公正」の外観

裁判官と裁判員制度の裁判員に求められる「品位」の内実について、共通しているのは、司法に対する「国民の信頼」を確保するという目的である。しかし、「国民の信頼」はどのような内実を持っていて、いかなる意義があるのかについては、いまだ明確な解を得られない。

少し視点を変えてみよう。小島慎司は、国民主権と責任政治という視点から、国民と議会と政府の関係を描く中で「現在、病気になったとき、飛行機に乗るとき、専門家の知識と誠実さを信じて任せるほかに素人には選ぶべき道がない。それは政府と議会や国民との関係に似ているのではないか」と指摘し、この関係を「信託と責任の成り立つ関係」と表現する。(26)「信託と責任」が裁判官に問われるのは、「国民が裁判官に与えた負託に背反する行為」が生じた場合の弾劾という局面においてである。(27)

「司法の危機」の時代、「負託に背反する行為」の前提となる「国民の信頼」の意義について、論争が起こっている。最高裁判所裁判官を務めた中村治朗は、「公正の問題は、もともと形式的な性質のものであるために、事柄自体の内在的な、本質的な公正ということよりも、むしろ公正の外観とこれに対する一般的信頼や受けとり方という要素により深く結びついている」という。(28)このような見解に対して小田中聰樹は、法律学や裁判批判に基づく裁判の「内容的公正さ」、訴訟手続や審級などに基づく「手続的公正さ」がそれぞれ制度的に保障されているにもかかわらず、「『政治的中立性』論者は、さらに、司法に対する国民の信頼の問題を媒介として、『裁判官の公正らしさ』を問題とし、『裁判官の政治的中立性』を持ち出そうとするのである」と批判した。(29)

筆者は、「公正」の外観が「国民の信頼」をつくるものではない、ということに躊躇する。多くの市民にとって裁判は生涯縁のないものであるが、それでも「いざとなったら訴えてやる」といえるのは、裁判所が「公正」であろうというイメージに基づいている。それは確かに、「公正」な裁判の積み重ねによって実現されるイメージなのだが、そのイメージは見平典が示唆するとおり、「公正」な裁判の積み重ね以外の方法によって棄損される可能性があり(30)、このイメージの棄損が積み重なることにより、前述した裁判官への不信感というリスク因子は確実に醸成される。

おわりに

本稿では、裁判を行う主体の「品位」について、その意義を検討した。筆者は最終的に、弾劾裁判所の裁判員はその政治性ゆえに本質的に「中立」たりえないが、「公正」の観点では、いまだ裁判を行う者としての「品位」保持の必要性がありうること、そして裁判を行う者の「品位」が、国民が信頼する裁判を行う主体の「公正」の外観と結びついていることを否定する立場に対して懸念があることを示した。おわりに、「公正」の外観の問題に対する筆者の態度を示しておきたい。

筆者は、「公正」の外観の内容について、権力分立と国民主権という観点から、真摯に精査すべきではないか、と考える。それは、一(二)で取り上げた柳瀬良幹の見解に立ち戻れば、最高裁判所裁判官の国民審査(憲法七十九条二項)のように、国民が裁判官を直接審査する場面は、まさしく「公正」そのものの問題を問いうる局面であるが、両議院の議員で構成された弾劾裁判所による裁判官弾劾の局面では、「公正」の外観の問題を審査することしかできないと思われるからである。

「公正」そのものの問題を問うことは、正面から裁判官の職権の独立に抵触するため、国民主権の直接的行使の場面においてしか認められないといわざるを得ない。すなわち、権力分立の中で司法権の独立が認められている趣旨を鑑みれば、裁判所内での懲戒（分限）や弾劾裁判所による弾劾において、対象となる裁判官の裁判の「公正」そのものを問うことは、憲法上、論理的に許されないのである。

裁判を行う者には、少なくとも「公正」たる内実と外観がともに要求されるが、裁判官の独立の重要性に鑑みれば、懲戒（分限）や弾劾において審査に服することができるのは「公正」の外観のみであり、「品位」はまさに「公正」の外観を保つことを求める要件である、というのが本稿の結論である。それゆえ規範論としては、弾劾裁判所の裁判員にも裁判を行う者としての「品位」が要求されるべきだ、と筆者は考える。(31) 弾劾裁判所の裁判員も「裁判」を行う以上は、少なくとも「公正」の外観を保つ必要があるからである。

ただし、「品位」が「公正」の外観を求める要件だとしても、最高裁判所が求めるほどの「公正」の外観が裁判を行う者に要求されるかどうかは、別途慎重な検討を要する。

(1) 当該表現の趣旨について、森英明／三宅知三郎「判解」『最判解民事篇（平三〇）』（法曹会、二〇二一年）二四八頁参照。
(2) この点についての反駁を検討する際、村井敏邦「戦後司法改革と裁判官のあり方」本林徹／石塚章夫／大出良知（編）『市民の司法をめざして』宮本康昭先生古稀記念論文集（日本評論社、二〇〇六年）四〇六頁参照。
(3) 法学協会『註解日本國憲法　下巻（1）』（有斐閣、一九五三年）九六七頁。
(4) 清宮四郎『憲法Ⅰ（第3版）』（有斐閣、一九七九年）三三五頁。なお憲法七十六条二項は特別裁判所の設置を禁じているが、「裁判官弾劾裁判所は、憲法自体が認めた例外」であるとされる（佐藤幸治『日本国憲法論（第2版）』（成文堂、二〇二〇年）六四七頁）。

（5）芦部信喜（著）高橋和之（補訂）『憲法（第七版）』（岩波書店、二〇一九年）三四八頁。
（6）上村千一郎『新訂版　裁判官弾劾法精義』（敬文堂、一九八二年）六六頁以下。
（7）佐藤立夫『新版　弾劾制度の研究』（前野書店、一九七九年）三四七頁。
（8）佐藤幸治「憲法と裁判官弾劾制度」裁判官弾劾裁判所事務局／裁判官訴追員会事務局（編）『裁判官弾劾制度の五十年』（一九九七年）四八頁。
（9）土屋孝次「裁判官弾劾制度再考」近畿大学法学五〇巻二・三号（二〇〇三年）二四六頁。同『アメリカ連邦議会と裁判官規律制度の展開』（有信堂高文社、二〇〇八年）一六二頁以下参照。
（10）柳瀬昇「国民の司法参加の正統化原理」年報政治学二〇一八-Ⅰ（二〇一八年）二七頁。
（11）原文ママ。
（12）柳瀬良幹「弾劾疑義」自治研究二六巻一号（一九五〇年）三三頁以下（一部現代仮名づかいに改めた）。類似の見解を示すものとして、土屋、前掲注9（二〇〇八年）一六二頁。
（13）森本昭夫『逐条解説　国会法・議院規則　参議院規則編』（弘文堂、二〇一九年）四八三頁。
（14）兼子一／竹下守夫『裁判法（第四版補訂版）』（有斐閣、二〇〇二年）二六四頁。
（15）市川正人「判批」民商法雑誌一五五巻四号（二〇一九年）一三〇頁。
（16）最大決平成十年十二月一日民集五二巻九号一七六一頁（寺西判事補事件決定）、最大決平成十三年三月三〇日判時一七六〇号六八頁（古川判事事件決定）。
（17）渡辺康行「『裁判官の市民的自由』と『司法に対する国民の信頼』の間」山元一／只野雅人／蟻川恒正／中林暁生（編）『憲法の普遍性と歴史性』辻村みよ子先生古稀記念論集（日本評論社、二〇一九年）七四二頁参照。
（18）毛利透「意見書」判例時報二三九二号（二〇一九年）一〇八頁。
（19）第一回国会（一九四七年）参議院本会議第四一号　松井道夫（司法委員会理事）発言（https://kokkai.ndl.go.jp/txt/100115254X04119471022）、第一〇二回国会（一九八五年）衆議院法務委員会　櫻井文夫（最高裁判所長官代理）発言（https://kokkai.ndl.go.jp/txt/110205206X00319850220）、第一九六回国会（二〇一八年）衆議

院法務委員会　堀田眞哉（最高裁判所長官代理）発言（https://kokkai.ndl.go.jp/txt/119605206X01020180509、以上すべて最終閲覧日二〇二二年五月二十六日）。
(20) 佐藤（立）、前掲注7、三〇七頁参照。
(21) 懲戒と弾劾の性質について、山元一「岡口基一裁判官に対する弾劾裁判についての意見書」（https://okaguchi.net/?page_id=1386、最終閲覧日二〇二二年五月二十六日）八頁以下は、現実の問題との関係で自説の位置づけを明示する。
(22) 小林俊三「裁判所の威信について」判例時報一一号（一九五三年）二頁。
(23) 木谷明「『裁判官の品位』とは何か」前掲注18、一〇二頁以下。
(24) 小西葉子「裁判員の権限と義務」法律時報94巻11号（二〇二二年）収載予定参照。
(25) https://www.kantei.go.jp/jp/singi/sihou/kentoukai/saibanin/dai15/15gijiroku.html（最終閲覧日二〇二二年五月二十六日。なお校正段階で、同頁はインターネット上より削除されていることが確認された）。
(26) 小島慎司「国民主権の原理」南野森（編）『憲法学の世界』（日本評論社、二〇一三年）四八頁。
(27) 上村、前掲注6、六二頁。
(28) 中村治朗『裁判の客観性をめぐって』（有斐閣、一九七〇年）二一〇頁。なお中村の態度を概観するものとして、笹田栄司「求道者―中村治朗」渡辺康行／木下智史／尾形健（編）『憲法学からみた最高裁判所裁判官』（日本評論社、二〇一七年）一七一頁以下参照。
(29) 小田中聰樹『現代司法の構造と思想』（日本評論社、一九七三年）二五一頁以下。
(30) 見平典「ツイッター上の投稿内容をめぐる裁判官分限裁判」論究ジュリスト二九号（二〇一九年）一一九頁。
(31) 鈴木忠一「裁判官弾劾法の諸問題（下）」法曹時報三三巻八号（一九八一年）四五頁以下参照。なお自説の展開は、柳瀬、前掲注10、二九頁の問題意識を念頭に置く。

第三部　比較憲法の現代的課題

アメリカ合州国における Bostock 判決の意義とその影響

大野友也
（鹿児島大学）

はじめに

二〇二〇年六月、合州国最高裁は、雇用領域における性的指向・性自認に基づく差別が公民権法第七編の禁止する性差別に該当すると判示した（Bostock v. Clayton County, Georgia, 140 S.Ct. 1731 (2020)）。本判決は射程が第七編に限られることを示唆したが、下級審ではその射程を拡大する傾向が見られる。そこで本稿は Bostock 判決の理論を紹介し、さらに下級審で同判決の射程が拡大されている状況を概観する。その上で日本法への示唆を得たい。

一　Bostock 判決以前

Bostock 判決以前にも、雇用領域における性的指向・性自認に基づく差別が第七編で禁止される性差別だとして争われた事例がある。以下、主な事例を紹介する。

Voyles v. Ralph K. Medical Center, 403 F.Supp. 456（N.D. Cal. 1975）は、医療機関に勤めるトランスセクシュアルの原告が性別再指定手術を受けると上司に報告したところ、手術が同僚や患者に悪影響を及ぼすとして解雇されたため、第七編違反を主張して提訴した事案である。連邦地裁は、第七編は性別を理由とする差別を禁止しているが、条文自体や立法時の審議に際し性別の変更や性的嗜好（sexual preference）への言及はなく、性的嗜好を第七編に追加する修正案が下院で否決されていることから、こうした差別に第七編は及ばないとした。

Holloway v. Arthur Andersen and Company, 566 F.2d 659（9th Cir. 1977）は、トランスセクシュアル女性が上司に対して性別再指定手術を受けることを報告し、ファーストネームを女性名に変更したところ解雇されたため、第七編違反で提訴した事案である。第九控訴裁は、控訴人が解雇された理由はトランスセクシュアルであることではなく、性別再指定手術を受けることであって、それを理由とする差別は第七編の禁止するところではないとした。

Ulane v. Eastern Airlines, Inc., 581 F.Supp. 821（N.D. Ill. 1983）は、航空会社に勤めるトランスセクシュアル女性が性別再指定手術を受けたと社に伝えたところ、精神病でありフライト業務に適さないとして解雇されたため、第七編違反で提訴した事案である。合州国地裁は、性別は染色体から判断できるとする言説が医療界で否定されつつあり、また「性別」という文言に「性自認」が含まれるという解釈は医療界で受け入れられてきているなどとして性差別を認定した。だが控訴審（Ulane v. E. Airlines, Inc., 742 F.2d 1081（7th Cir. 1984））は、議会意図を理由に原審を破棄した。

Spearman v. Ford Motor Co., 231 F.3d 1080（7th Cir. 2000）は職場でセクハラを受けた同性愛者が第七編違反を訴えたものである。第七控訴裁は議会の意図からして「性別」に「性的嗜好」や「性的指向」は含まれないとして訴えを斥けた。

Smith v. City of Salem, Ohio, 378 F.3d 566（6th Cir. 2004）はトランスセクシュアルであることを理由にオハイオ州セイラム市の消防局を解雇された原告が第七編違反を主張し提訴した事案である。第六控訴裁は最高裁が Price Waterhouse v. Hopkins, 490 U.S. 228（1989）で示したように、第七編の禁止する性差別は性別ステレオタイプに基づく差別も含むとし、トランスセクシュアルであることに基づく差別は、性別ステレオタイプに基づく差別であり第七編違反だとした。

Etsitty v. Utah Transit Authority, 502 F.3d 1215（10th Cir. 2007）は、トランスセクシュアル女性が上司の許可を得て女子トイレを使用していたところ、人事部長らがこれを問題視し、トイレでのトラブル防止などを理由に彼女を解雇したため、第七編違反を主張して提訴した事案である。第一〇控訴裁は、Price Waterhouse 判決と違い本件は生物学上の男性が女子トイレの使用をすることに関する事案であり、生物学上の男性に男子トイレを使用するよう求めることは性別ステレオタイプではなく、性差別ではないとした。

このように、性的指向・性自認に基づく差別を第七編違反として争う事例は七〇年代から存在していたが、従来は議会の意図などを理由にこれを否定するのが一般的であった。しかし近年、性差別を認める判決が何件か登場しはじめた。

雇用における性的指向・性自認に基づく差別は性差別だとの流れを決定づけたのが Baldwin v. Foxx, EEOC Appeal No. 0120133080, 2015 WL 4397641（July 15, 2015）である。(1) これまでいくつか例のあった性別ステレオタイプ理論による性差別認定に加え、「比較方法論」と「関係性の理論」も採用して性差別を認定したからである。

本件はマイアミ国際空港の管制塔に勤務する申立人が、臨時採用から終身雇用への転換が認められなかったのは自身がゲイであることが理由であり第七編違反だとして雇用機会均等委員会（ＥＥＯＣ）に申し立てた事案である。ＥＥＯＣは三つの理論を用い、性的指向に基づく差別は第七編が禁止する性差別であるとした。その理論は次のようなものである。

まず「比較方法論」は、同性愛者に対する差別は、例えば男性が女性パートナーの写真を机に飾っても問題視されないのに対し、女性が女性パートナーの写真を机に飾って解雇されたとなれば、それはまさに解雇された当人が女性であったからということであって、男性であれば解雇（＝差別）されていないわけだから、まさに性別が考慮された結果の解雇であり、性差別だとするものである。

「関係性の理論」は、異人種婚の禁止が婚姻相手の人種に基づく差別であるのと同じように、同性パートナーがいることに基づく差別は、相手方の性別に基づく差別、すなわち性差別だとするものである。

「性別ステレオタイプ理論」は、性別ステレオタイプに基づく差別は性差別になるとしたPrice Waterhouse判決に依拠する。男性は女性を、女性は男性を好きになるもの、という考えは「性別ステレオタイプ」であり、それに基づく差別は性差別だとするものである。

これら三つの理論のどれを採用しても性差別を認定できるが、Baldwin決定は全て採用し、性差別を認定した。これらの理論が他の裁判例においても採用されていき、Bostock事件最高裁判決でも比較方法論が採用された。

二　Bostock判決(2)

本件は同性愛者・トランスジェンダーらが性的指向・性自認を理由に解雇されたことを第七編違反だ

として争った三事件が併合審理されたものである。

　ゴーサッチ裁判官多数意見は、大要、次の通りである。

「当裁判所は、通常、法を解釈するときに、それが制定された当時の言葉の通常の意味に従って解釈をする。結局、その文書にある文言が、議会によって可決され、大統領によって承認された法を構成する。もし裁判官が、条文以外の資料と自身の想像力によって考えたことに基づき、古い法に何か付け加えたり、改変したり、改訂したり、意味を減じたりできるならば、我々は、人民の代表に留保された立法プロセスの外部で、制定法を修正する危険を冒すことになるだろう」。

「それを念頭に置けば、我々の業務は明確である。我々は、『給与、雇用期間、条件、雇用に関する特権につき、その個人の人種、肌の色、宗教、性別、国籍を理由に、雇用主が従業員の雇用を拒否したり解雇したり、差別したりすることは…違法である』と定める第七編の、通常の公的な意味を判断しなければならない」。

「本件で問題となっている、法で保護された特徴は『性別』であり、これはまた第七編における主要な文言であってその意味について当事者が争っているものである。…我々は、『性別』とは、雇用主側が主張するところの意味、すなわち、男性と女性という生物学的区別のみに関わるものという前提で議論を進める」。

「問題は、『性別』が何を意味するかではなく、第七編がそれについて何を言っているかである。…法は、雇用主が性別『を理由として』一定の行為をとることを禁止している。…法の文言からすれば、第七編の『を理由として』テストは、あれなくばこれなしという因果関係の『シンプル』かつ『伝統的な』基準を組み込むものであることを意味している。この因果関係の形式は、ある特定の結果が、意図された原因『がなかったならば』生じなかったであろう、といえるならば常に成立する。言い換えれば、『あれなくばこれなし』テストは、その当時のなにか一つを変えて、それによって結論が変わるかどうかを検討することを我々に求める。もし結論が変わるならば、あれなくばこれなしの因果関係が認定される」。

「ある者を『差別する』とは、同じ状況にある者たちにつき、一方を他に比べて不利にあるいは有利に扱うことを意味する。…雇用主が性別を理由としてある者を意図的に不利に扱うことは、その者に対する差別であり、第七編に違反する」。

「雇用主が、性別を一つの理由として従業員を解雇したならば、それは第七編違反である。原告の性別以外の他の諸要素が、その決定に影響したとしても、それは重要ではない。また、雇用主がグループとしての女性をグループとしての男性と等しく扱っていたとしても、それは重要ではない。もし雇用主が、従業員の性別を理由の一つとしてその従業員を解雇したならば―言い換えれば、もし従業員の性別が異なった場合、雇用主が異なる判断をしたならば―法が犯されたことになる」。

「性別に基づく差別をすることなしに、同性愛者・トランスジェンダーを差別することは不可能である。たとえば、男性に魅かれる二人の従業員を想定しよう。二人の従業員は、雇用主からすれば、一方が男性、他方が女性という点を除き、全ての点において等しい。もし雇用主が男性に魅かれるという理由でその男性を解雇したならば、雇用主は女性には許されている特徴・行為に対して差別したことになる。言い換えれば、雇用主は、性別を一つの理由に解雇する従業員を選び出したのであり、解雇される従業員の性別には、解雇につき『あれなくばこれなし』の因果関係がある。次に、出生時は男性であったが今は女性と自認しているトランスジェンダーの従業員を解雇した雇用主を取り上げよう。雇用主が、生まれたときに女性と自認している従業員を解雇せず、他方で出生時に男性であった者に対し、女性として生まれた従業員には許容する特徴や行為に対して制裁したとする。この事例も従業員個人の性別が解雇決定に許容できない役割をまさに果たしている」。

以上のように述べ、合州国最高裁は性的指向・性自認に基づく差別が第七編の禁ずる「性差別」に該当するとした。

三　判決の論理とその検討

（一）判決の意義

判決は雇用領域における性的指向・性自認に基づく差別が公民権法第七編の禁止する性差別に該当するとした。公民権法第七編が禁止する雇用領域での性差別の射程については従来から様々な事例で争われ、少しずつその射程が広げられてきた。たとえば先に触れたPrice Waterhouse判決では、性別ステレオタイプに基づく差別が性差別だと認定され、Oncale v. Sundowner Offshore Services, Inc., 523 U.S. 75 (1998) では同性間のセクハラも性差別とされた。

このように第七編の禁止する性差別の射程が徐々に拡大され、議会の意図からすれば射程になかったものがその射程に含まれるようになってきた。さらに近年は、性的指向・性自認に基づく差別も性差別なのかという点が問題となっていた。先に見たように従来はこれが否定する流れが強かったが、二一世紀に入っていくつかの事例でこれが肯定され始め、最高裁も認めるに至った。

（二）判決の構造

判決は第七編にいう「性別」が生物学的な男女の区別を指すことを前提とする。つまり性的指向・性自認に基づく差別が性差別だとすることは第七編に新たな文言を追加修正する立法になるとの批判は当たらないことになる。

判決は法文にいう「～を理由とする」とは、伝統的な「あれなくばこれなし」の因果関係、つまりその時点においてある一つの要素を変更すれば異なる結果になるような要素を指すと述べ、比較方法論の前提となる解釈を示した。そして「性別を理由とする差別」とは当事者が男性／女性でなければ異なる結果になったという事態を指すとし、性的指向・性自認に基づく差別もこのような構造を取るとした。

その立証部分は次のようなものである。まず性別以外、能力等が全て等しい男女の従業員を想定する。この両者はいずれも男性に性的魅力を感じるとする。雇用主が「男性に性的魅力を感じる」男性を解雇し、「男性に性的魅力を感じる女性」を解雇しなかったとすれば、当事者が「女性」であれば解雇されなかった、すなわち当事者の「性別」が解雇理由となっており、性別が「あれなくばこれなし」の因果関係を構成するが故に性差別となる。

なおこの理論は同性婚にも適用できるが[3]、Obergefell v. Hodges, 576 U.S. 644 (2015) では用いられなかった。

（三） 比較方法論と関係性の理論の違い

両者は一見同じ主張に見えるが、異なるものである。違いを端的に言えば、差別される当事者に着目するのが比較方法論、差別される当事者が関係を結ぶ相手方に着目するのが関係性の理論ということになる。

性的指向が男性に向かう男女を比較し、性的指向が男性に向かう「男性」が差別されている、つまり当事者が男性であることが理由で差別されているとするのが比較方法論で、性的指向が女性に向かう男性は差別されないが、男性に向かう男性が差別される、つまり相手方の性別が理由で差別されており、性差別だとするのが関係性の理論である。

いずれの理論が優れているかについては評価が分かれる。前者は差別される「当事者」に着目する点でわかりやすいのに対し、後者は「相手方」に注目する点で迂遠な理論構成であって、従来の「差別」という観念からは違和感も残る。(4) しかしこれは Loving v. Virginia, 388 U.S. 1 (1967) が異人種婚禁止を違憲とした理論でもある。つまり、最高裁としてこの理論を適用した先例がある点にメリットがある。だがこの理論は、「親密な関係を結ぶ相手」が存在しない事例（たとえばトランスジェンダーのトイレ使用）には適用が難しい。

性的指向に基づく差別・性自認に基づく差別は性差別とする理論には、性別ステレオタイプ理論もある。Bostock 判決は比較方法論を採用したわけだが、Price Waterhouse 判決や、性別ステレオタイプ理論で性差別を認定した下級審判決も複数あることを踏まえると、性別ステレオタイプ理論を採用すべきだったようにも思われる。実際、最高裁での弁論において、原告側代理人も性別ステレオタイプに基づいて性差別という主張も展開し、ソトマヨール裁判官もそれを踏まえた質問をした。(5) ただ、この性別ステレオタイプも、トランスジェンダーのトイレ使用には適用できない。というのも、男性は男子トイレを使用すべきというのは性別ステレオタイプとは異なるからである。

それゆえこの三つの理論につき、事案に適した主張をするということになろう。

(四) 判決の射程

この判決の射程がどの程度なのかは、大変重要な問題である。というのも、アメリカにおいては様々な法領域で性別に基づく差別が禁止されているからである。アリート裁判官反対意見では「百を超える連邦法」で性差別が禁止されていると指摘されている。(6) ゆえに、射程が第七編に限定されないとすれば、その影響は甚大である。

それを意識してか、多数意見は判決を第七編の解釈に関するものだと言う。(7) しかしこの理論は、性差別禁止規定一般に適用可能である。実際、何人かの論者がこうした点を指摘しており、(8) 下級審でも射程を拡大する傾向が見られる（後述）。さらにバイデン大統領も Bostock 判決を他の領域にも拡大すべきことを各行政機関に命じている。(9)

また男女別のトイレやロッカールーム、服装規定に及ぶのかが問題となる。しかし多数意見は、本件においてこれらの問題は争点ではないとして判断を回避した。(10) だが後述の通り、Bostock 判決を適用して、性差別を認定した下級審の事案がある。その意味でも本判決の射程は相当に広い。

さらに信教の自由に基づく同性愛者差別との関係が問題となる。この点は Masterpiece Cakeshop, Ltd. v. Colo. Civil Rights Comm'n, 138 S. Ct. 1719（2018）や Fulton v. City of Phila., 141 S. Ct. 1868（2021）でまさに問題になったが、いずれも最高裁は事案に限定した判断のみをし、信教の自由に基づく同性愛者差別の許容性についての判断を回避した。(11)

四　Bostock 判決の影響――下級審における Bostock 判決の扱い

Bostock 判決多数意見は射程が第七編に限定されることを示唆したが、下級審ではすでに様々な領域への拡大が見られる。

（一）服装規定への適用

まず、Bostock 判決が留保した、雇用領域における、男女別の服装規定違反を理由とする不利益行為が性別に基づく差別といえるかが争われたMonegain v. Department of Motor Vehicles491 F.Supp.3d 117（E.D.Va. 2020）がある。本件は、男性として採用されたトランスジェンダー女性の原告が、女性服やメイクをしての勤務をし始めたところ上司から男性装するよう命じられ、さらに同僚らからセクハラを受けたため、こうしたセクハラなどが第七編違反だとして提訴した事案である。ヴァージニア州の合州国地裁は、Bostock 判決等を援用して、服装規定を性別に基づく差別だと認定した。その際、性別ステレオタイプ理論も適用している。

（二）教育改正法第九編（連邦の助成を受ける教育施設における性差別の禁止）への拡大

トランスジェンダーが性自認に一致するトイレの使用を禁止されたため提訴した事件であるGrimm v. Gloucester County School Board, 972 F.3d 586（4th Cir. 2020）では、連邦の助成を受ける教育施設における性差別の禁止を定める教育改正法第九編の解釈にBostock 判決が援用された。

本件は、トランスジェンダー男性であるグリムが男子トイレの使用を求めたが認められず、代わりにオールジェンダートイレの使用を指示されたため、男子トイレの使用などを求めて提訴した事件である。第四控訴裁判所はBostock 判決を援用し、トランスジェンダーに対する差別は教育改正法第九編の禁止する性差別であるなどとした。本事案については最高裁に上訴されたが認められなかったため（Gloucester County School Board v. Grimm, 141 S.Ct. 2878（Mem）（2021））原審が確定した。ただし同種事例で控訴審の判断が一致していることが上訴を認めなかった理由であると推測され、性自認に一致するトイレの使用禁止が性差別だと最高裁が認めたわけではない。(12)

（三）医療改革法（オバマケア）への拡大

Walker v. Azar, 480 F.Supp.3d 417（E.D.N.Y. 2020）は二〇一〇年に制定された医療改革法の一五

五七条（a）が教育改正法第九編を同条に編入する形で性別に基づく差別を禁止しているところ、アメリカ保健福祉省が同法にいう性差別には性的指向・性自認に基づく差別を含まないとする規則を制定したため、トランスジェンダーがこの規則を争った事案である。ニューヨーク州の合州国地裁は Bostock 判決を援用して原告の請求を認めた。(13)

（四）州法への拡大

州法で禁止された性差別にも Bostock 判決が適用された事案もある。たとえば携帯電話会社において性的指向を理由にハラスメントを受けた者らが、ウェストバージニア州人権法の禁止する性差別だとして提訴した Jarrell v. Hardy Cellular Tel. Co., 2020 WL 4208533 (S.D. W. Va. 2020) では Bostock 判決に基づき性差別が認定された。

上司に性的指向を報告して解雇された原告が雇用領域における性差別を禁止したテキサス州人権委員会法違反だとして提訴した Tarrant County College District v. Sims, 621 S.W.3d 323 (Tex. Ct. App. Mar. 10, 2021) でも Bostock 判決に基づき性差別が認定された。

このように Bostock 判決の射程は拡大傾向にある。(14)

（五）違憲審査基準への影響

アメリカでは性差別に対し中間段階審査が適用されるため、(15) 性的指向・性自認に基づく差別が性差別ということになれば、その差別の合憲性審査には中間段階審査が適用される。

従来、最高裁は同性愛者差別についてその違憲審査基準を明確にすることを避けてきた。(16) 同性愛者差別が争われた事例である Romer v. Evans, 517 U.S. 620 (1996) では、合理性審査でも違憲だとして合理性審査が適用されたが、あくまで合理性審査を適用しても結論は変わらないという前提の下での判断であり、同性愛者差別に対する合理性審査を確立したわけではなかった。
その後も最高裁は Lawrence v. Texas, 539 U.S. 558 (2003)、United States v. Windsor, 570 U.S. 744 (2013)、Obergefell v. Hodges, 576 U.S. 644 (2015) など同性愛者差別に対する審査基準を明確にする機会がありながら判断を回避してきた。しかし Bostock 判決で性的指向・性自認に基づく差別が性差別とされたことで、今後この差別の違憲性が争われた場合、中間段階審査が適用されるだろう。(17)

六　日本への示唆

比較方法論を用いて性差別とする理論構成は、日本国憲法の解釈においても適用できるように思われる。この解釈は、法律の構造や立法過程で議論されたといった特徴に基づくものではなく、「性別に基づく差別」という文言の解釈であり、その文言の解釈のあり方について日米で違いはないからである。

（一）同性婚訴訟への適用可能性

全国五地裁で争われている同性婚訴訟につき、札幌地裁は二〇二一年三月一七日、異性カップルと同性カップルとの間の不平等を問題視し、一四条一項違反を認定した。(18) しかし同性婚を認めないことにつき、比較方法論を適用すれば性差別と構成できる。(19)

（二）トランスジェンダーのトイレ使用

トランスジェンダー女性の女子トイレ使用禁止の是非が争われた事案につき、東京高裁は二〇二一年五月二七日、「「経産省としては、他の職員が有する性的羞恥心や性的不安などの性的利益も併せて考慮し、一審原告を含む全職員にとっての適切な職場環境を構築する責任を負っていることも否定し難い」」として、勤務するフロアから二階以上離れた女子トイレの使用のみを認めた経産省の措置を合法とした。(20)

この問題も比較方法論を用いて性差別と構成できる。まず出生時の性別を除き、全て同じA（出生時男性）とB（同女性）を想定する。AもBも、自身を女性と自認しており、両者ともメイクやスカート着用をしての勤務が認められている。しかしBは女子トイレの使用が認められるものの、Aには認められない。これは、出生時の性別に基づくものである。つまり、Aの出生時の性別が女子トイレ使用の障害となっているのであって、これもまた性別を理由とする差別だと構成できる。

おわりに

本稿の結論を示すならば、性的指向・性自認に基づく差別は性差別だと構成でき、この理論は日本国憲法下でも適用可能である、というものである。

（1）石田若菜「一九六四年公民権法第七編における『性別に基づく差別』の解釈」駿河台法学三三巻一号一四八頁（二〇一九年）。
（2）本件評釈として大野・判批・鹿法五五巻二号五七頁（二〇二一年）、中村良隆・判批・比較法学五四巻三号一三三頁（二〇二〇年）。
（3）大野「同性婚と平等保護」鹿法四三巻二号一七頁（二〇〇九年）。
（4）榎透「日本国憲法における同性婚の位置」専法一三五号二八頁（二〇一九年）。
（5）Transcript of Oral argument at 6, 9, 50,65, Bostock v. Clayton County, Georgia, 140 S.Ct. 1731（2020）（No. 1618）.
（6）Bostock, 140 S.Ct. at 1778（Alito, J., dissenting）.
（7）*Id.* at 1753.

（８）*E.g.*, Justin Blount, *Sex-Differentiated Appearance Standards Post-*Bostock, 31 Geo. Mason U. Civ. Rts. L.J. 217 (2021); Amy Post, Ashley Stephensa, & Valarie Blake, *Sex Discrimination in Healthcare: Section 1557 and LGBTQ Rights After* Bostock, 11 Cal. L. Rev. Online 545 (2021).

（９）Exec. Order No. 13988, 86 Fed. Reg. 7023 (Jan. 20, 2021).

（10）Bostock, 140 S.Ct. at 1753.

（11）下級審ではあるが Billard v. Charlotte Catholic High School, 2021 WL 4037431 (W.D. North Carolina, 2021) は信教の自由に基づく同性愛者差別を認めなかった。

（12）Amy Howe, *Justices won't intervene in dispute over transgender rights and bathrooms*, SCOTUSblog (Jun. 28, 2021, 2:50 PM), https://www.scotusblog.com/2021/06/justices-wont-intervene-in-dispute-over-transgender-rights-and-bathrooms.

（13）*See also* Whitman-Walker Clinic, Inc. v. U.S. Department of Health and Human Services, 485 F.Supp.3d 1 (D.D.C. 2020).

（14）*But see* Hennessy-Waller v. Snyder, 2021 WL 1192842 (D. Arizona, 2021).

（15）Craig v. Boren, 429 U.S. 190, 197–99 (1976).

（16）大野「アメリカにおける同性愛者差別立法の違憲審査基準」鹿法四九巻一号一五頁（二〇一四年）。

（17）*See* M.E. v. T.J., 854 S.E.2d 74 (N.C. Ct. App. 2020).

（18）LEX/DB 文献番号２５５６８９７９。

（19）この点につき、大野・前掲注（３）。

（20）LEX/DB 文献番号２５５６９７２０。

偽りの情報の流布と表現の自由
――フランスのフェイクニュース対策を議論の出発点として――

田中美里
（東京理科大学）

一　なぜ「フェイクニュース」が問題になるか

一九九六年、ジョン・ペリー＝バーロウによって、「サイバースペース独立宣言」(1)が出された。ここでは、サイバースペースは、民主的な決定から独立して存在し、そこには実社会とは異なる価値秩序や権利概念が存在することが宣言されている。しかし、この宣言が出された一九九六年から、今日までに、市民社会におけるインターネットの位置づけは、大きく変化したように思われる。現在では、非常に多くの人々がソーシャルネットワーキングサービス（以下、「ＳＮＳ」）を利用しており(2)、さらに、多くのテレビ局、政治家、国家機関などがＳＮＳに「公式アカウント」を開設している。このように、インターネット空間は、今日では、実社会と相当に類似した構造をもつようになっている。

一方、インターネットという存在がいくら身近になろうとも、その本質的な特徴のひとつである、匿名性の高さは残っている。匿名性の高さは、必ずしもインターネットの負の側面になるわけではなく、匿名性の高さゆえに、より多くの人が、より自由に、活発に表現できるようになったという指摘も重要である。[3] しかし、このような議論が前提しているのは、ある個人が、本人として表現している状況であり、他人になりすましたり、本当は存在していない個人が存在しているかのような外観を作出したりすることまでは想定されていないように思われる。しかし、今日では、たとえば、後述の通り、金銭によって、表現を「買収」したり、あたかも当該表現活動をしている個人が沢山いるかのように「偽装」したりして、表現空間全体を操作する場合さえある。

このように、SNS等の表現空間は、いまや、そこで得られる情報をある程度信頼したいと人々が思うような構造を備えるようになっている一方、実社会とは異なる匿名性の高さは維持しているという二面的な特徴をもっており、この二面性が、情報を信頼しようとする人々の認識と、情報の実体的な信憑性との間に、齟齬が生じさせているのではないだろうか。

さて、フランスにおいては、二〇一八年にフェイクニュースに対応するための立法（情報操作対策のための法律二〇一八—一二〇二号、以下「二〇一八年法」）がなされている。本稿では、二〇一八年法の内容や憲法院判決について若干の検討を加え、同法が、フランスの表現の自由観との関係でどのように位置づけられるものであるか考察する。

なお、本稿において「フェイクニュース」は、二〇一八年法の対象と合致させるため、選挙に関連して伝達される、ある候補者に対して有利・不利に働くような、不正確な情報としておきたい。[4]

二　二〇一八年法の内容[5]

二〇一八年法の主な内容は以下の通りである。[6]

まず、第一条で、新たな民事急速審理手続が創設された。これは、総選挙[7]の期間中（投票が行われる月の初日の三ヶ月前から投票日までの間、以下、「期間中」は、同様の期間を指す）に、投票の真正を歪曲するような、不正確なまたは騙すような情報が、故意に、人為的にまたは自動化された方法で、大量に拡散されている場合、利害関係のあるすべての者は、裁判所に対して、当該拡散を止めるための措置を求めることができる、とするものである。提訴がされた場合、裁判所は、四八時間以内に判決を出し、拡散を止めるためのあらゆる措置を命じることができる。[8] [9]

次に、第五条、第六条、第八条によって、視聴覚・デジタルコミュニケーション規制局（Autorité de régulation de la communication audiovisuelle et numérique）の任務や権限が追加された。[10] この視聴覚・デジタルコミュニケーション規制局について、二〇一八年法は、ラジオやテレビにおけるサービスの配信により、人間の尊厳、自由もしくは財産、情報の多元性、青少年保護、公序に重大な侵害が生じるおそれがある場合、または、国益の保護もしくは国防の必要性がある場合、サービス配信のための協定の締結を拒否できるとしている。また、期間中においては、視聴覚・デジタルコミュニケーション規制局は、協定を締結している外国の管理下あるいは影響下にある法人が、投票の真正を歪曲する性質の偽りの情報を拡散していると確認した場合、期間中のサービス配信停止、さらに、当該情報の拡散によって国の基本的な利益を侵害すると判断されれば、外国の管理下あるいは影響下にある法人に対し、協定の一方的破棄を言い渡すことができる。

第三に、第一条、第一一条で、プラットフォーム運営者の新たな義務が課された。ここでプラットフォーム運営者とは、TwitterやFacebookなどのSNSサイトや、通販サイト、検索エンジン、照会サービス（トリップアドバイザーなど）などを指す。[11] 二〇一八年法は、一般利益をめぐる議論に関連するコンテンツの宣伝の対価として報酬を支払う自然人・法人の身元等について、プラットフォーム運営者は、誠実で、明確で、透明性の確保された情報をユーザーに公開しなければならないこと、そして、このコンテンツの宣伝の対価が一定額を超えている時、その報酬額を公開しなければならないことを定めた。また、投票の真正を歪曲するような偽りの情報の拡散に対する通報制度を整え、それがユーザーにも容易に利用可能な状態にすることや、これらの企業努力について、毎年視聴覚・デジタルコミュニケーション規制局に対して報告書を作成し、提出することなどが義務づけられている。

三 憲法院判決

憲法院は、二〇一八年法について、合憲の判断を出している(12)。

まず、憲法院は、判決理由八から十において、プラットフォーム運営者の情報公開義務について判断を示した。憲法院によれば、①この義務の適用期間や対象は相当に限定されている。②この義務は、市民が、いま目にしている情報の価値や射程について理解することを助け、よって、選挙に関連する議論の明瞭性に貢献するものである。それゆえ、企業の自由に対して比例的でない侵害を与えてはいない。

次に、判決理由一五から二六において、二〇一八年法によって導入された新たな民事急速審理手続についての判断が示された。憲法院によれば、表現およびコミュニケーションの自由は、その行使が民主主義の条件であり、かつその他の権利・自由の尊重のひとつの保障となっており、それゆえに一層重要なものである。とりわけ、コミュニケーションサービスの全面的な発展と、それが民主的参加や思想・意見の表現において持っている重要性などからすれば、オンラインの、公開されたコミュニケーションサービスを通して行われる表現の自由の行使は、なお一層重要なものである。

一方、この手続の適用期間は非常に限定的であり、対象となるコンテンツも、客観的な方法で情報の誤りを示せるものに限定されるのであって、意見やパロディ、部分的に誤っているものなどは含まれない。加えて、拡散の方法が、人為的または自動化された方法で、大規模に、故意に行われていなければならない。

なお、憲法院は、選挙において表現の自由が特に重要であることを考慮して、解釈留保をつけている。すなわち、民事急速審理の対象は、拡散された情報が、明白に不正確なものであり、かつ、投票の真正を害する危険性が明白な場合に限定される(13)。また、民事急速審理が実際に提起された場合には、裁判官が介入し、具体的な判断を行うため、その機会に、実際の運用が比例性、必要性の要請を満たすようにすることも可能であると指摘している。

最後に、判決理由三二から八二にかけて、視聴覚・デジタルコミュニケーション規制局に新たに与えられた権限について検討された(14)。これについても、憲法院は、二〇一八年法が新しく与えた権限の範囲は明確に限定されたものであり、適用される期間も限定的であることを示し、また、視聴覚・デジタルコミュニケーション規制局は、独立行政機関であるため、実際の権限行使に問題があった場合には、行政裁判所に訴え出ることが可能であることを示した。その上で、表現の自由の重要性に鑑みて、視聴覚・デジタルコミュニケーション規制局の対象となるのは、配信内容が明白に不正確なものであり、または、投票の真正を害する危険性が明白な場合に限定される、との解釈留保を付した(15)。

以上のように、憲法院は、全体として、その適用期間や対象が限定的であることを主な理由として、いくつかの解釈留保をつけつつも、二〇一八年法を合憲とした(16)。

四　検討

以下では、フランスにおける表現の自由と、メディアの多元性・財政的透明性の観点から、二〇一八年法について、若干の検討を加える。

フランス憲法は、立法者によって果たされるべき責務を三四条に定めており、そこには「メディアの自由、多元性、独立性」の確保が含まれている。つまり、メディアの自由や多元性、独立性についての立法による介入は、憲法が予定しているばかりでなく、むしろ要請しているところであるといえる。そして、憲法院も、従来から一貫して、報道機関における情報の多元性や財政的透明性が、憲法レベルでの保護を受けるべき目的であることを示しているが、その際に示される理由付けには変化が見られる。

理由付けについて、前期にあたる例が、一九八二年判決である。ここでは、一九八二年に制定された「視聴覚コミュニケーション法」が、テレビやラジオなどの視聴覚コミュニケーションについて、厳格な許可制の下で民間放送を導入し、その上で、放送局の監視を行う機関として、視聴覚高等機関(HACA)を設立したことについて、その憲法適合性が争われた。

この一九八二年判決において、憲法院は、「視聴覚コミュニケーションの方法に本質的に伴う技術的な制約」と「視聴覚コミュニケーションの絶大な影響力」とを主な理由として、視聴覚コミュニケーションの方法への立法による介入を正当化している。

一方、後期にあたる例が、一九八六年判決である。この判決は、コミュニケーションの自由について、コミュニケーションと自由に関する国家委員会（CNCL）がHACAに取って代わること、国有の番組作成会社であるT.F.1の私営化などを定めた法律に関して、憲法適合性が争われたものである。

この判決で、憲法院は、「社会文化的な表現の傾向の多元性は、それ自体憲法的価値を有する目的である。そして、多元性の尊重は民主主義の条件である。……決定的なのは、人権宣言一一条に宣言される自由の本来的対象である聴衆や視聴者が、私的利益や公権力によって、自身の決定が取って代わられることなく、または、これが市場原理の下に置かれることなく、自由な選択を行うことができるということである」と示した。

このように、今日、憲法院は、表現の自由を、当該表現の送り手の自由のみでなく、受け手の情報選択の自由を含み、そこから、受け手の情報の自由な選択が市場原理によって妨げられないことが「表現の自由」によって保障されるという論理を示している。

この議論は、もともとテレビ、新聞等のメディアを想定しているものであり、これらの論理を、そのままインターネット上の表現にも適用できるかは、検討を要する。しかしながら、受け手の自由な情報選択が表現の自由に含まれるのだとすれば、インターネット上の表現空間について、多元性や財政的透明性の要請を一切しないと考えるのも、かえって不自然であるように思われる。

二〇一八年法が立法される契機の一つとなったのは、大統領選挙において、外国勢力が多額の金銭を用いてアカウントの買収などを行い、SNSで流通する情報を操作しようとしていたことであった。このように、流通する情報を金で買収することは、市場原理の下に情報の多元性を害することであると考えることができる。そして、憲法院が、二〇一八年法によって創設された民事急速審理手続を合憲と判断した際、その理由の一つとして示されたのは、当該手続の対象が「故意に、人為的あるいは自動化された方法で、大規模に」拡散されたものに限定されていることであった。これらの事情を総合して考えると、二〇一八年法について次のような点を指摘できるように思われる。

第一に、二〇一八年法は、従来の憲法院判決と整合的に理解できるものである。[22] 第二に、二〇一八年法は、個人が、個人として発信する表現活動について規制を及ぼそうとするものというよりも、表現活動を「買収」し、大規模な活動を展開することによって、表現空間を操作しようとすることについて規制を及ぼそうとするものである。[23]

五　結び

これまで述べてきたように、二〇一八年法は、一見したところの印象とは異なり、個人による個人としての表現活動を直接の対象としないものであるといえる。そして、このような対象の限定や、判決の一連の流れからは、表現活動が市場原理によって影響されることは、民主主義を歪める、という表現の自由観を見てとることができるように思われる。

一方、私たちの検討課題は、まだ残されている。その一つが、憲法院が「市場原理」と呼ぶものは、金銭の直接的なやり取りによって、表現そのものが「買収」されるような場合に限定されるのか、という問いである。

プラットフォーム事業者の多くは、ユーザーに対して無償でサービスを提供しつつ、広告等について企業から手数料などを徴収する「両面市場」のビジネスモデルを採用している。[24] このモデルにおいて、プラットフォーム事業者が収入を増やすためには、ユーザーの数や層を拡大する必要があり、そのために、事業者には、多くの人々にとって、「好ましく」「心地よい」表現空間をつくるというインセンティブが強く働く。裏返せば、「人気のない」表現を排除する強いインセンティブがあるということである。問題は、表現空間を「デザイン」しようとするこのようなインセンティブも、突き詰めれば、事業者としてのビジネスモデルから発されるものであり、そうであるとするならば、ＳＮＳという表現空間全体が、「市場原理の下」に置かれていることにはならないのか、ということである。このように、フランス憲法院が示している論理は、その射程を相当に広く理解する余地を残しており、この点についてはより深く慎重な検討が必要であるように思われる。これをひとまずの今後の課題として示し、結びとしたい。

［付記］本稿は、二〇二一年度基金研究活動スタート支援（課題番号「21K20082」）による成果の一部である。

（1）John Perry Barlow, A Declaration of the Independence of Cyberspace, 18 *Duke Law& Technology Review* (2019). https://scholarship.law.duke.edu/cgi/viewcontent.cgi?article=1337&context=dltr より閲覧可能。最終閲覧日：二〇二二年五月十七日。

（2）たとえば、総務省「平成二九年度版　情報通信白書」によれば、二〇一六年の段階で、二〇代の人々のうち、何らかのＳＮＳを利用している割合は、九七・七％にも及ぶ。https://www.soumu.go.jp/johotsusintokei/whitepaper/ja/h29/html/nc111130.html より閲覧可能。最終閲覧日：二〇二二年五月二十二日。

（3）このような議論のひとつとして、毛利透「インターネット上の匿名表現の要保護性について：表現者特定を認める要件についてのアメリカの裁判例の分析」樋口陽一＝中島徹＝長谷部恭男編『憲法の尊厳』（日本評論社、二〇一七）一八七頁以下や、Helen Nissenbaum, "The Meaning of Anonymity in an Information Age," *The Information Society*, vol. 15, pp.141-144, 1999.（https://nissenbaum.tech.cornell.edu/papers/The%20

Meaning%20of%20Anonymity%20in%20an%20Information%20Age.pdf より閲覧可能）など。

（4）この点につき、水谷瑛嗣郎は、「フェイクニュース」という用語の多義性を指摘する。水谷瑛嗣郎「フェイクニュースと立法政策：コンテンツ規制以外の道を模索する」社会情報学第八巻第三号（二〇二〇）四九頁。また、松井茂記は、フェイク・ニュースに関連して、予防接種の危険性を主張する表現、健康増進に関して十分な根拠を欠いた表現、ホロコースト等を否定しようとする表現などを検討対象に含めている。松井茂記『表現の自由に守る価値はあるか』（有斐閣、二〇二〇）二四九頁以下。

（5）本項目の記述に際しては、安藤英梨香「【フランス】情報操作との戦いに関する法律」外国の立法 No.279-1（二〇一九）を参照した。

（6）二〇一八年法は、「マクロンリーク」と呼ばれる一連の騒動をきっかけとして制定された。この「マクロンリーク」は、二〇一七年のフランス大統領選挙において、エマニュエル・マクロン氏についての情報がインターネット上で漏洩した事件であり、報道によると、マクロン氏の個人的な電子メール記録と書類のやり取りが七万以上、インターネットにて公開されるなどした。https://www.radiofrance.fr/franceculture/que-contiennent-les-macron-leaks-6503861 より閲覧可能。最終閲覧日：二〇二二年五月二十二日。

（7）Commentaire : Décisions n° 2018-773 DC et n° 2018-774 DC du 20 décembre 2018, p.2 によれば、「総選挙（élections générales）」は、国民議員選挙、元老院選挙、欧州議会選挙、大統領選挙、国民投票を想定している。

（8）提訴先は、パリ高等裁判所のみとなっている。このように、専門の裁判所が担当することによって、アルゴリズム等、専門的・技術的な問題に対して裁判官が知識を蓄え、専門的な判断が可能になることが期待されている。Romain Rambaud, «Lutter contre la manipulation de l' information», AJDA, 4 mars 2019, p.459.

（9）ここで、措置の対象となるのは、デジタル経済下における信頼性確保のための法律（loi n° 2004-575 pour la confiance dans l' économie numérique）の第六条第二項に規定されるホスティングサーバー（hébergeur）あるいは、より広く第一項に規定されるインターネットアクセス供給者（fournisseur d' accès à internet）である。

（10）視聴覚・デジタルコミュニケーション規制局は、二〇二二年一月に、視聴覚高等評議会（Conseil supérieur de l'audiovisuel）が解体され、その後身として設立された独立行政機関である。視聴覚・デジタルコミュニケーション規制局は、正確には、独立公共機関（autorité publique indépendante, API）であって、独立行政機関（autorité administrative indépendante, AAI）ではないが、APIについては、日本語における定訳や日本法において対応する概念、機関などがないように思われるので、ここでは、「独立行政機関」とした。また、同局は、基本的には、視聴覚高等評議会の活動権限を引き継いでいる。視聴覚高等評議会の活動内容については、新田哲郎「フランスＣＳＡ（視聴覚高等評議会）」放送研究と調査 October 2010、八四頁以下などを参照。

（11）Commentaire 前掲注（7）p.2を参照。

（12）Décision n° 2018-773 DC du 20 décembre 2018.

（13）明白に不正確な情報で、かつ、選挙の真正を害する危険性が明白である、という条件は矛盾しており、このような条件は、パターナリスティックな考慮を入れない限り成り立たないとの批判もなされている。Thomas Hochmann, «Lutter contre les fausses informations : le problème préliminaire de la définition», *Revue des droits et libertés fondamentaux*, 2018, chron. No 16, p.4.

（14）判決文では、「視聴覚・デジタルコミュニケーション規制局」の前身である「視聴覚高等評議会」について述べられているが、本稿では、二〇一八年法の今日における運用と整合させるため、判決文中の「視聴覚高等評議会」を「視聴覚・デジタルコミュニケーション規制局」に読み替えている。

（15）この解釈留保について、なぜ、民事急速審理についての解釈留保とは異なり「または」で結ばれているのか、その理由が不明確であるとの指摘がなされている。Antoine Chopplet et Jean-René Garcia, «Chroniques: Jurisprudence du Conseil Constitutionnel», *Revue française de droit constitutionnel*, 119, 2019, p.725.

（16）なお、判決理由八三以降では、プラットフォームに対して、通報制度を整える等の新たな義務が課されたことについて、二〇一八年法が達成しようとする情報の多元性等の重要性との関係で、表現の自由や企業の自由に対して、比例的でない侵害を与えるものではない、と判断されている。

（17）基本書によれば、「多元性」とは、読者や視聴者などの情報の受け手が自由に媒体を選択できることであり、「透明性」とは、受け手が媒体の身分などについて明確に把握していることを意味している。Louis Favoreu, Patrick Gaïa, Richard Ghevontian et al., *Droit des libertés fondamentales*, 7e édition, Dalloz, 2016, p.305.

(18) 代表的な判例として、Décision n°86-210 DC du 29 juillet 1986 など。この判決において、憲法院は、「日刊紙における政治的または一般的な、情報の多元性は、それ自体、憲法的価値を有する目的である」としている。

(19) 大石泰彦『フランスのマス・メディア法』(現代人文社、一九九九年)六八頁を参照。

(20) Décision n°82-141 DC du 27 juillet 1982.

(21) Décision n°86-217 DC du 18 septembre 1986. 同判決については、曽我部真裕「表現空間の設計構想(フランス):思想・意見の多元性原理をめぐって」駒村圭吾=鈴木秀美『表現の自由:状況へ』(尚学社、二〇一一)一四〇頁を参照。

(22) 憲法院は、二〇一八年判決においては、民事急速審理手続との関係では、「情報の多元性」等には言及しておらず、一方で、プラットフォームへの義務の追加や視聴覚・デジタルコミュニケーション規制局の権限追加については、「情報の多元性」に言及しており、二〇一八年法全体における「情報の多元性」の位置づけは、判決文そのものから明確に理解することはできない。

(23) 二〇一八年法は、法案提出の段階では、その名称を「偽りの情報対策法(Loi relative à la lutte contre les fausses informations)」としていたが、その後、委員会での審議を経て、「情報操作対策法」に名称変更された。この理由について、報告者であるステュデー氏は、「誤って拡散されてしまった偽りの情報は、この法律とは関係がない」としている。Assemblée Nationale, no 799, Proposition de Loi relative à la lutte contre les fausses informations, pp.9 et s. および、Assemblée Nationale, No 990, Rapport par Bruno Studer, p.9.

(24) この点につき、水谷瑛嗣郎「ポスト・トゥルース時代の表現環境:「漂流」する個人と表現の自由」憲法理論研究会『市民社会の現在と憲法』(敬文堂、二〇二一)一四頁参照。

フランスにおける「記憶の法律」の現在

伊藤純子
（茨城大学）

はじめに

戦後、旧植民地支配の被害者や第二次世界大戦下での強制労働者、ホロコーストの被害者に対して金銭的な補償や賠償が行われた。そして、「人道に対する罪」という新たな犯罪の定義化と、それに伴い、その罪の時効の不適用や外国の裁判所での管轄権を可能としたが、この戦後補償の重要な要素の一つとして挙げることができるのが「記憶」である。

「集合的記憶（mémoire collective）」研究で著名なモーリス・アルヴァックスによれば、記憶とは、個人的なものであれ集合的なものであれ、同じ社会に属する他者と共有され、過去を集団的な観点から再構成することだという(1)。そのため、「集合的記憶」について語ることは、公共空間に自らを位置づけることをも意味する(2)。すなわち、「記憶」はアイデンティティを醸成し、社会の結合に仕えるのである。

現代における「記憶」とは、主に被害者のための「記憶」を意味し、フランスにおいては、過去の歴史への言及に際して「記憶の法律（loi mémorielle）(3)」が定められるに至っている。このように、過去を公共的な記憶として一般化し、誤った過去を繰り返さないために「記憶」することもまた戦後補償の重要な側面なのである。しかし、この「記憶の法律」については「国家による歴史の公定」に他ならないとして法学者や歴史家たちからの批判も根強い。したがって、本稿では近年のフランスにおける「記憶の法律」をめぐる議論について述べることとしたい。

一　現行の「記憶の法律」

「記憶の法律」とは、特定の集団の困難または苦しみの追憶を伴う歴史的な出来事につき、公の見解を示すことを目的とした法律である。これは、フランス革命以降に始まった伝統であるが、今日「記憶の法律」として一般に認識されているのは一九九〇年代以降のものである。[4]

二〇二一年三月九日に国民議会に提出された「様々な形態の人種差別の出現と展開に関する報告書」によると、「記憶の法律の規定の多様性は、国により実施された記憶政策はいくつかの柱、すなわち（大学研究によって具体化される）『学術的な記憶』の発展、教育的行為によるその伝達、記念政策の確立または記念遺産政策の発展」にあるという。[5] 現在、フランスでは四つの記憶の法律が施行されている。

一九九〇年七月一三日法は、「記憶の法律」の中でもおそらく最も有名である。[6] 法案提出者である共産党の国民議会議員のジャン＝クロード・ゲソー（Jean-Claude Gayssot）の名から通称ゲソー法（loi Gayssot）と呼ばれる。かかる法律は、ユダヤ人の虐殺の否定といった人種差別的、反ユダヤ主義的、外国人排斥的行為の抑制を目的としており、ホロコーストの否認や人種差別的な言動を禁止している。特筆すべき点は、この法律は他の法律とは異なり罰則を設けているという点にあり、ヘイトスピーチ規制法としての役割を果たしている。[7]

二〇〇一年一月二九日法は、一九一五年に起こったオスマン帝国におけるアルメニア人虐殺の承認に関する法律である。[8] 本法律は人種的、宗教的または文化的な迫害の犠牲となったアルメニア人コミュニティの苦しみを公式に承認するというフランス国民の意思を示すことを目的としている。二〇一二年にはアルメニア人虐殺を否定する表現に罰則を科す法案が議会で可決されたが、憲法院によって表現の自由への抵触を理由として違憲判決が下されている。[9] また、二〇一九年四月一〇日のデクレは、毎年四月二四日にアルメニア人虐殺を追悼することを決定した。[10]

二〇〇一年五月二一日法は、奴隷貿易と奴隷制を「人道に対する罪」として認め、植民地支配の回復を目的としている。[11] 法案提出者のクリスティアーヌ・トビラ（Christiane Taubira）の名にちなんでトビラ法（loi Taubira）と呼ばれる。かかる法律は、差別や名誉毀損に対する民事訴訟の提起を認めている。

二〇〇五年二月二三日法は、「フランスの帰国者のための国の承認と国の貢献に関する法（通称「引揚者法」）であり、アルキ（harkis, アルジェリア戦争時にフランス側と共に戦ったアルジェリア人）の犠牲に対して国家が謝意を示し、恩給を認めることを目的としている。[12] なお、かかる法律の四条は、現在は削除されている。

これら四つの法律のうち、最も大きな論争を引き起こしたのは、「引揚者法」の審議においてであった。本法律の四条は、北アフリカとインドシナからのフランス人帰還者のフランスへの謝意を示すことを目的としており、学校におけるフランスの植民地支配の肯定的な役割の教示や植民地支配を肯定する研究を推進するものであった。そのため、歴史家たちは二〇〇五年三月にル・モンド紙に声明文を寄せ、国家による「歴史の公定」であるとして法の廃止を要求し、[13] その結果として本条項は削除された。

二〇〇八年一一月、ベルナール・アコワイエ（Bernard Accoyer）が代表を務める「記憶の法律」に関する議会の調査団は、その報告書を国民議会に提出した。そこには以下のような記載がある。「記憶の法律は、その内容の違いを超えて、同じ意思から生じているように思われる。すなわち、ジェノサイドや人道に対する罪などの現代の法的概念に依拠することによって、歴史を『語り』、さらに規定する。もう一つは、過去の苦しみを認識して正しい行為を為すことである」[14]。この記述は、歴史家のピエール・ノラ（Pierre Nora）らによって書かれ、その内容は「記憶の法律」は法的に疑念があるために今後は採択されるべきでないこと、そして過去の苦痛の緩和と和解への配慮から、既存の「記憶の法律」は立法府としては改廃しないとされた。その上で、「議会は、とりわけ人種差別や外国人排斥と戦うために、憲法前文によって確認された原則の擁護を目的とした基準または制限を制定するときにその役割を果たしている」と述べている。さらに、決議による議会の意思表明の可能性と事後的違憲審査制の対象とされる可能性についても言及されている。

上述したように、罰則を付したアルメニア人虐殺の承認に関する法律につき、憲法院は二〇一二年二月二八日、表現の自由の侵害にあたるとして違憲判決を下している。二〇一六年にもアルメニアのジェノサイドの否定を抑圧することを目的とした法案が再提出されたが、法案が審議されることはなかった。さらに、二〇二〇年一一月にもアルメニア人虐殺の否定の犯罪化に関する法案が議会に提出されたが、未だに審議されていない。

二〇二一年三月、「様々な形態の人種差別の出現と進化に関する情報の報告書」が国民議会に提出され、それによると「記憶の法律の規定の多様性は、国により実施された記憶政策がいくつかの柱、すなわち、（大学研究によって実現される）「学問上の記憶」の発展、教育的行為の側面によるその伝達、記念政策の確立または記念遺産政策の発展に立脚している」と説明されている。[15]

二　歴史家たちによる批判

（一）「記憶の法律」に否定的な意見

ところで、フランスにおける「記憶」には、大統領などによる演説なども強い影響力を及ぼしている点についても言及しておかなければならない。実際に、第二次大戦中のユダヤ人大量検挙事件であるヴェルディヴ事件（Rafle du Vél' d'Hiv）の記念式典において、シラク（当時）大統領が公にフランス国家の責任を認めたことが、戦時中のユダヤ人迫害につき、戦後一貫してフランス国家の責任を認めてこなかったコンセイユ・デタの意見を大きく転換させる契機となったからである。[16]

シラク（当時）大統領は二〇〇五年一二月九日の声明で、歴史家たちから強い批判を浴びていたゲソー法について次のように述べた。「共和国には、公式の歴史はありません。物語を執筆するのはゲソー法の責任ではありません。歴史を執筆するのは歴史家の仕事です」。

しかし、シラク大統領の演説は国内を二分する大きな議論を呼び、歴史修正主義者はもとより多くの歴史学者や法学者たちからも反対の声が上がった。例えば、マルク・フェロー（Marc Ferro）とピエール・ヴィダル＝ナケ（Pierre Vidal-Naquet）といった歴史家たち一九名が、法律による歴史の規定であるとして厳しい批判を行った。彼らはこれらの法律が「歴史家の自由を制約」しているとして、「歴史のための自由」の名の下にあらゆる「記憶の法律」の廃止を求めたのである。[17] そして、それに呼応するように二〇〇六年一一月二一日、「記憶の法律」の違憲性を主張する法学者五六名によるアピールがなされた。[18] そこでは、①これらの法律は共同体主義の論理である、②表現の自由やとりわけ研究の自由を侵害している、③特定のジェノサイドを優遇しており平等原則に反する等が主張されている。

（二）「記憶の法律」に肯定的な意見

このように、「記憶の法律」は多くの歴史家や法学者たちから批判されているが、肯定的な立場も少ないながらも存在する。ベルナール＝アンリ・レヴィによれば、「歴史を書くのは人ではない」と言われているが、そうではなく「歴史はすでに書かれているのである」。そのために、「立法者がその記憶の消失を防ぐことが不可欠なのだ」とする。[19]

また、民主主義における歴史家の責任について言及する論者も存在する。「歴史の公的使用に対する監視委員会（Comité de vigilance face aux usages publics de l'histoire）」を立ち上げたジェラール・ノワリエルは次のように主張する。「多くの歴史家たちとは異なり、議会が過去に記憶の法律を立法化しているという事実は民主主義に反するようには思われない。なぜならば、民主主義の分野に市民（そして市民の議会の代表）が集合的記憶の領域に参加することができるのは当然のことだからである」。そして、「歴史家たちは、一般市民として諸法律を擁護したり、反対することができる」とする。その上で、ノワリエルは、批判している歴史家たちは中等教育の教諭ではなくグランゼコールの教授たち、つまりエリートであることを念頭に置いた上で、以下の点を指摘する。すなわち、「記憶の法律」は、多くの歴史家たちから「民主主義体制にそぐわない」として批判されているが、守られるべきは「歴史家の自由」ではなく、「歴史研究と歴史教育の自律性」だとして、歴史家たちは、歴史を作るのは自分たちだとする傲慢さがあるというのである。[20]「私たちにとって民主的でないと思われるのは、歴史家としての私たちの資格を理由として、私たちの視点を他の市民に押し付けることである。歴史を執筆するのは記憶の法律ではないが、その法律を制定するのも歴史家ではない[21]」。

三　法学者たちによる批判

「記憶の法律」を批判する論者は数多く存在するが、以下では代表的な論者を紹介する。

（一）マルク・フランジによる批判

「記憶の法律」は、国の歴史の過去に起こったそのような出来事を事実または真実として述べることを唯一の目的とする法律である。(22) したがって、「記憶の法律」は、本来法がもつべき規範ではなく象徴的な意味しかもたない。では、象徴を規定するのは法律の役割なのだろうか。マルク・フランジは、カレ・ド・マルベール（Carré de Malberg）の「形式的な法律の概念は否認されるべきである。なぜならば、何らかの権利や義務に関するものを創出しない法律は、一般法であれ特別法であれ、存在しなかったからである」という言葉を引用しながら、「記憶の法律」は、本来規範性を役割とする法の性質を歪める可能性があることを指摘している。(23)

また、「記憶の法律」は、特定の集団の困難または苦しみの追憶と認識を目的としている。したがって、これは、このような集団が国民の共同体に属しているという感覚を強化せしめ、社会の調和に寄与することを目的としている。(24) この点につき、フランジは第五共和制憲法が一条で「一にして不可分の共和国」を規定しているため、「記憶の法律」が「共同体主義の論理」に基づくものであるとして憲法に抵触すると批判しているのである。(25) さらに、「記憶の法律」はその追憶を目的としているため、立法者が規範性から離れて歴史科学の分野を導出することになるという。フランジは、「記憶の法律」自体が憲法的価値をもつ言論の自由や思想の自由と相容れないとし、(26) 彼によれば、「記憶の法律」は規範的な性質をもつものではなく、事実を確認するにすぎないのである。(27)

（二）バダンテールによる批判

ロベール・バダンテールもまた議会は歴史を語る必要はないとする。アルメニア人虐殺を追悼する二〇〇一年一月二九日法について、「フランスの議会は自ら世界史の法廷となり、一世紀前のオスマン帝国による大量虐殺の罪の委任を宣言することはできない」として批判している。そして、法は規範であるため、歴史的な論争に偏見を持ったり、単に明らかな歴史的事実すら語る必要はないという。さらに、「人道に対する罪」や「ジェノサイド」は第二次大戦から生まれた法概念であるということに着目する。すなわち、これらの概念を用いて、現在、一世紀前のアルメニアで起こった虐殺や一八世紀の大西洋奴隷貿易をジェノサイドだと認定したりすることは一種の遡及効となるというのである(28)。

バダンテールは、ゲソー法の審議に際して六〇人を超える元老院議員と国民議会の議員たちが憲法院の付託の際に用いたジョルジュ・ヴデルの言葉を援用しながら、「法とは一般意思の表現であり、規範の範囲に留まるものである」と述べ、フランスの議会は、憲法から歴史を語る権限を与えられていないとする。「第五共和制下の議会の権限には、憲法によって定められた制限がある。議会がすべてを決定することはできない。とりわけ、権力分立の原則に基づいてジェノサイドが行われたかどうかという判断は、司法府のみが行うことができる」。「フランスによって調印され、ロンドン協定によって創設されたニュルンベルク国際軍事裁判とは異なり、……憲法は議会を歴史の法廷だとは認めておらず、その権限は限定的なものだからである」。人道に対する罪を規定した法は議会の権限を逸脱するだけでなく、表現の自由の原則をも侵害するものであり(29)、「とりわけ権力分立の原則に鑑みると、アルメニア人虐殺が行われたその場所で当時ジェノサイドが行われたと決定するのは、国内または国際的な管轄権しかできないことである。……歴史を語ることができるのは歴史家たちであり、彼らしかいないように思われる[30]」。

バダンテールによれば「記憶の法律」は歴史家ではなく、これは政治の領域に含まれるとする。すなわち、前述のアコワイエ報告書は、議会は憲法の前文によって確認された原則を擁護することを目的とした基準、制限、とりわけ人種差別や外国人排斥との戦いを目的とするときにその役割を果たすとする。バダンテールは、破毀院がゲソー法の憲法院への移送を拒否し、合憲性優先問題（Question prioritaire de constitutionnalité）の対象とならなかったのは、ニュルンベルク裁判でユダヤ人へのホロコーストが立証されているからであり、ゲソー法の法的性質は、他の「記憶の法律」のそれとは異なると論じているのである[31]。

さらに、表現の自由との関係については、バダンテールは反ユダヤ主義や歴史修正主義といったゲソー法が禁じている表現は、民主主義や人権といった諸価値とは相容れず、権利の濫用の禁止を定める欧州人権条約一七条に違反するものであるとする。したがって、これらを表現の自由の範疇と認めることはできないという。その上で、集団、コミュニティに対する憎悪を呼び起こしたいという願望がある場合にのみ、二〇〇八年一一月二八日の欧州連合の枠組み決定をフランスの国内法に置換して起訴の可能性があると述べる。そして、ゲソー法が欧州人権裁判所によって犯罪だと認定された場合にだけ、ネガショニスムの訴追が可能だとする規定が重要であるという。なぜならば、「記憶の法律」がなくとも、ネガショニスムや歴史修正主義については裁判所が民事訴訟によって救済することが可能だからである[32]。

(三) ジャック・ロベールによる批判

バダンテールが他の「記憶の法律」とは異なり、ゲソー法はニュルンベルク裁判の枠組みによって規定されているという理由から肯定的な立場をとっているのに対し、ジャック・ロベールは異なった見解を示している。すなわち、ニュルンベルク裁判が公正な裁判のすべての規則を尊重し、誠実に判断したことは認めつつも「今後、歴史の事実とは何なのか、何がそうでないのかを語る任務をフランスにおいて、かつフランスのために担うのは、ニュルンベルクの裁判官たちなのだろうか」と問いを投げかける。[33]

ロベールは「記憶の法律」のうち、ニュルンベルク裁判に則って制定されたのがゲソー法であり、そのような司法当局の「書記官」に飽き足らず、議会が自ら歴史を記述したのがアルメニアの虐殺を規定した二〇〇一年一月二九日法であるという。そして、これらの法律が「悔悟（repentance）」の要素を含むことについても、ロベールは「国家は教会ではなく、市民は告解者（pénitent）ではない。さらに、告白は個人のものであり、集団のものではない。それはとりわけ自発的に行うもの（volontaire）なのだ」と述べ、そもそも「集合的記憶」という概念自体に疑問を呈しているのである。

おわりに

ゲソー法については、二〇一六年、憲法院で平等原則および表現の自由に反しないとして合憲判決が下されている。[34] しかし、「記憶の法律」は、議会の多数者による歴史の公定ともなりかねず、少数者の権利を保障する場としては、議会よりも裁判所がふさわしいのではないか。すなわち、裁判所とは異なり、一般利益を代表する立法府は過去の出来事を解決する法的または科学的な能力を有していないからである。[35]

これらの法律をめぐるバダンテールとロベールの意見の主な相違点は、ゲソー法をいかに評価するのかという点にある。バダンテールはニュルンベルク裁判でホロコーストが立証されているため、「記憶の法律」のうちゲソー法のみ法として認められるとする。それに対して、ロベールはニュルンベルク裁判の正統性は認めつつも、歴史の事実を判断する上で、フランスにおいてニュルンベルク裁判が現在そして未来においても影響力を持ち続けることについて否定的なのである。確かに、法の規定にあたり、今後も当該裁判に囚われ続ける必要性があるかどうかについては再考の余地があろう[36]。「集合的記憶」という概念を肯定するとしても、それを「法律」として規定することはまた別の問題である。「『記憶』は合意に基づくものでは決してなく、歴史が真実を修正することに成功したとすれば、それは議論があったからなのである[37]」。このように、歴史の議論のみが「記憶」を堅固にし得ると思われ、記憶に関する法律は、過去の補償のためにのみ制定されるべきではないだろうか。

［附記］本稿の執筆にあたり、科研費 22K01152 の助成を受けた。

（1）Maurice Halbwachs, *Mémoire collective*, (La) Bibliothèque de L' Evolution de L' Humanite, par Gerard Namer, Albin Michel, 1997, p.63. モーリス・アルヴァックス著・小関藤一郎訳『集合的記憶』（行路社、一九九九年）一六頁以下。

（2）Henri Rousso, *Face au Passé*, Humesis, 2016, p.22. アンリ・ルソー／剣持久木他訳『記憶と向き合う―現代の記憶についての試論』（吉田書店、二〇二〇年）一七頁。

（3）「記憶の法律」についてはすでにいくつかの先行業績があるが、代表的なものとして、曽我部真裕「フランスにおける表現の自由の現在―「記憶の法律」をめぐる最近の状況を題材に」憲法問題二五号（三省堂、二〇一四年）七五‐八六頁、光信一宏「フランスにおける人種差別的表現の法規制（四）」愛媛法学雑誌四三巻一、二合併号（二〇一六年）四五頁以下、樋口陽一『憲法という作為―「人」と「市民」の連関と緊張』（岩波書店、二〇〇九年）など参照。

（4）https://www.vie-publique.fr/rapport/30202-rapport-dinformation-sur-les-questions-memorielles.
（5）https://www.vie-publique.fr/eclairage/18617-lois-memorielles-la-loi-le-politique-et-lhistoire.
（6）Loi n°90-615 du 13 juillet 1990 tendant à réprimer tout acte raciste, antisémite ou xénophobe, *J.O.R.F.*, 14 juillet 1990, pp. 8333 et s.
（7）一九八七年、国民戦線（当時）党首のジャン＝マリ・ル・ペンが「ガス室は歴史上の瑣末な出来事」と発言したことが本法律の成立の一因となった。
（8）Loi n°2001-70 du 29 janvier 2001 relative à la reconnaissance du génocide arménien de 1915, *J.O.R.F.*, 30 janvier 2001, p.1590.
（9）*Journal officiel* du 2 mars 2012, p. 3988, texte n° 2 Recueil, p.139. https://www.conseil-constitutionnel.fr/decision/2012/2012647DC.htm.
（10）*J.O.R.F.* 87 avril 2019. https://www.legifrance.gouv.fr/jorf/id/JORFTEXT000038365323.
（11）Loi n°2001-434 du 21 mai 2001 tendant à la reconnaissance de la traite et de l' esclavage en tant que crime contre. l' humanité, *J.O.R.F.* 23 mai 2001, p.8175. 海外県の出身者による団体が、ある書籍（上院により受賞するなどの高い評価を得ていた）がヨーロッパ諸国による奴隷貿易とアラブ人やアフリカ内部で行われていた奴隷貿易や黒人交易を並列的に扱っているとして、トビラ法に規定された「人道に対する罪」を理由に著者を訴えた事件（著者名からペトレ・グルヌイユ事件と呼ばれる）がある。詳細については、平野千果子『フランス植民地主義と歴史認識』（岩波書店、二〇一四年）三一〇頁以下、樋口・前掲注（3）一八六頁等を参照。
（12）Loi n°2005-158 du 23 février 2005 portant reconnaissance de la Nation et contribution nationale en faveur des Français rapatriés, *J.O.R.F.*, 24 fevérier 2005, pp.3128 et s. 本法律については、高山直也「フランスの植民地支配を肯定する法律とその第4条第2項の廃止について」外国の立法二二九号（二〇〇六年）九二頁を参照。
（13）« Colonisation: non à l' enseignement d' une histoire officielle », *Le Monde*, 25 mars 2005.
（14）B. Accoyer, Rapport d' information sur les questions mémorielle, Assemblée Nationale, n°1262, 2008.

(15) https://www.vie-publique.fr/eclairage/18617-lois-memorielles-la-loi-le-politique-et-lhistoire.

(16) 拙稿「ヴィシー政権下の法的効力とフランス国家の責任」山元一・只野雅人・蟻川恒正・中林暁生編『憲法の普遍性と歴史性 辻村みよ子先生古稀記念論集』（日本評論社、二〇一九年）八三三頁以下参照。

(17) シラク大統領の演説後、政府が公認する歴史教育の拒否を目的として、二〇〇五年二月二三日法に対する請願が一九人の人々によって行われた。マルク・フェローとピエール・ヴィダル＝ナケが「歴史家の自由を制約した」として、「歴史のための自由」の名の下にあらゆる「記憶の法律」の廃止を求めて請願書に署名したのである。« Liberté pour l'histoire », *Libération*, 12 décembre 2005.

(18) https://www.nouvelobs.com/societe/20061121.OBS0000/appel-de-juristes-contre-les-lois-memorielles.html.

(19) Bernard-Henri Lévy, « Arménie : loi contre génocide », *Le Monde*, 1er février, 2007.

(20) Gérard Noiriel, « De l'histoire-mémoire aux « lois mémorielles » —Note sur les usages publics de l'histoire en France— », *Études arméniennes contemporaines*, 2012 (n°15) pp. 35-49.

(21) Ibid.

(22) Marc Frangi, « Les « lois mémorielles » : de l'expression de la volonté générale au législateur historien », *Revue du Droit Public*, 2005, n°1, p.251.

(23) Ibid., p. 248. なお、二〇〇四年七月二九日の憲法院判決も「法律の使命は規範性を提示することであり、したがって法律は規範的効力を有していなければならない」と判示する（Conseil constitutionnel n°2004-500 DC29 juillet 2004）。

(24) Ibid., p.255.

(25) Ibid.

(26) Ibid., pp. 242-243.

(27) Ibid., p. 265. フランジは、「記憶の法律」について他にもいくつかの問題について指摘する。すなわち、立法者たちが特定のコミュニティの承認と国家の結束との間の和解を目的として規定したことを認めた上で、二〇〇五年法はピエ・ノワール（Pieds-noirs）と呼ばれるアルジェリア戦争時にアルジェリアから帰還したヨーロッパ系コミュニティの票、二〇〇一年一月二九日法は、アルメニア人コミュニティの票を当て込んで立法されたことや、立法者による歴史の解釈は政治権力による集団のアイデンティティの醸成に利用されることも懸念する。

（28）Robert Badinter, « Fin des lois mémorielles ? », *Le Débat*, 2012 (n°171), pp. 96-100.

（29）Robert Badinter, « Le Parlement n' est pas un tribunal », *Le Monde*, le 14 janvier 2012.

（30）Robert Badinter, *supra* note 28.

（31）Badinter, *supra* note 28. 同旨として、Paul Cassia, « La fin de la saga des lois mémorielles », *Libération*, le 29 février 2012. 別の観点からもゲソー法を評価する意見がある。映画「ショア」の監督であるクロード・ランズマンは、ホロコーストには犠牲者としての枠組み（paradigm）があるとする。すなわち、植民地化の歴史とは異なり、評価が論者によって異なることもなく、奴隷制などの植民地化の内容も包摂することができるとする。ランズマンによれば、「ゲソー法は、あらゆる犠牲者の補償を行う枠組みとなる」のである（Claude Lanzmann, « Université des victimes, singularité des événements historiques », *Les Temps modernes*, n°636, janvier 2006, pp.1-3）。歴史家のアンリ・ルソーも、ショアは「あらゆる形態の人種差別との戦いの普遍的な象徴」であるとする。なぜならば、三、四〇〇年前にも遡って「人道に対する罪」を追悼することは無意味だからである（Henry Rousso, « Mémoires abusives », *Le Monde*, 24 décembre 2005）。

（32）Badinter, *supra* note 28.

（33）Jacques Robert, « L' Histore, la repentance et la loi, Revue du Droit Public », *Le Débat*, n°2, 2006, p.285.

（34）Conseil constitutuionnel, Commentaire : Décision n°2015-512 QPC du 8 janvier 2016, p.18. https://www.conseil-constitutionnel.fr/actualites/communique/decision-n-2015-512-qpc-du-8-janvier-2016-communique-de-presse　本判決については、光信・前掲注（3）が詳しい。

（35）Frangi, *supra* note 22, p.265. 同旨として、樋口・前掲注（3）一九三頁。

（36）ニュルンベルク裁判が歴史修正主義に関する罪を規定し得るとする主張には根拠がないとする論稿として、

Thomas Hochmann, 山元一・橋爪英輔訳「フランス法における歴史修正主義と憎悪表現」慶應義塾大学法学研究二〇二〇年六号三六頁以下参照。

(37) Françoise Chandernagor, « L' enfer des bonnes intentions », *Le Monde*, le 16 décembre, 2005.

イギリスにおける解散権制約の「実験」

柴田竜太郎
（一橋大学・院）

はじめに

近年、衆議院解散を巡って様々な懸念が憲法学において指摘されている。そして、議会解散（以下「解散」）権をめぐる議論の中でも比較法上一つの範例としてわりあい好意的に取り上げられることが多かったようにも思われるのが、イギリスの二〇一一年議会任期固定法（The Fixed-term Parliaments Act 2011、以下「ＦＴＰＡ」）である。しかし、詳しくは後述する通り、「議会解散及び召集法」（The Dissolution and Calling of Parliaments Act 2022、以下「廃止法」（法案段階では「廃止法案」））の制定によりＦＴＰＡは現在廃止されるに至っており、また、ＦＴＰＡの諸規定をそのまま支持する論者も管見の限り見当たらないところである。そこで本稿では、ＦＴＰＡ制定以前から現在までの解散制度の軌跡を概観してゆきたい。

もっとも、同法制定以前から廃止法案提出前については旧稿で詳しく論じた[1]ため、本稿ではその要点をごく簡単に確認するにとどめる（一）。それゆえ本稿では、廃止法の諸論点を概観することがその主たる課題となる。(二〜四)。

一　FTPA制定前から二〇一九年総選挙まで

旧稿の議論を端的にまとめると、以下のようになる。

まずFTPA制定以前については、以下の四点を指摘しうる。第一に、解散作用にかかる権能は法的には君主に属しており、首相の解散奏請(request、以下「奏請」)に対して一定の場合には拒否することも学説・実務において肯定されていた。ただし第二に、当該拒否は信任原則(confidence principle)を基礎に極めて例外的な場合にしか許容されないというのも、学説・実務において共有されていた。第三に、上記のような構造は下院の反政府派(the Opposition)・政府派(the Government)にそれぞれ影響を及ぼした。具体的には、まず反政府派に対して、常に総選挙に備えるインセンティヴを与えていた。そして政府派に対しては、政府という「人」には賛成するがその重要な「政策」には反対するという事態が生じた場合、当該案件を首相が信任案件に指定するという信任附帯(attaching the confidence)を通じ、政府派議員は信任の「ズレ」を解消することを求められた。第四に、解散権だけでなく首相任免権についても法的には君主に属しており、議会は法的には首相を選任していないからこそ、その意味で議会から独立している首相による奏請、そしてそれによる一連の影響が首尾一貫したものとして理解できる、ということであった。

しかしその後制定されたFTPAは、首相任免作用についての権限配分を変えることなく解散作用についての権限のみを下院に移行したため、一連の首尾一貫した構造を破壊してしまった。これは、以下のような影響を及ぼした。すなわち、下院に政府派議員が半数未満しか存在しない少数政府の場合、解散総選挙となるかは反政府派次第であるため、反政府派は政府の重要政策と解散のいずれにも反対し続けることができる。また下院に政府派議員が過半数存在する多数政府であってももはや信任附帯は無意味であるため、先述した信任のズレを抱える政府派議員は解散を恐れることなく重要政策に反対し続けられる(2)。

一連の構造は、いわゆるブレクジットのデッドロックそれ自体の原因ではないとしても、それの促進に寄与したように思われる。実際、ＦＴＰＡ制定後十年を期して議会に設立されることになっていた委員会（上下両院の議員から超党派的に構成された両院合同委員会（以下「合同委」））の報告書でも、同法を存置させる場合には大幅な修正を要する旨が提案されていたところであった。

二　廃止法の制定過程と基本方針

（一）廃止法案の提出と審議過程

そして二〇一九年総選挙においては保守・労働両党がＦＴＰＡの廃止をマニフェストに掲げており、ジョンソン率いる保守党が圧勝し廃止に向けた動きが開始された。そして二〇年十二月にはＦＴＰＡ廃止法草案(3)を公開し、先に述べた合同委の報告を受け、二一年五月には廃止法案が下院に提出された。下院ではわずか四日の審議で無修正のまま可決され九月に上院に回付、上院では委員会報告段階で本法案を骨抜きにするような修正案が可決され（詳細は後述）二二年三月に下院へ再回付したものの、下院で当該修正案が否決されたため上院は当該修正案を撤回。同月二四日に女王の裁可を受け廃止法は成立した。

（二）廃止法の基本方針

では、廃止法における政府の姿勢とはどのようなものであったであろうか。端的に言えば、FTPA制定以前のシステムに回帰するというものである。これは具体的には、以下の二点を指す。第一に、解散作用は君主に対し首相が奏請する、第二に、奏請に対する君主による拒否が認められるかは信任原則をベースとした習律で判断する、という二点である。それぞれに関する論点は三（一）・（二）で詳述することとして、ここでは、従来のシステムに回帰するという政府の方針それ自体に対する諸見解を概観しておこう（筆者の見解は四で述べる）。

まず合同委は、総選挙において有権者による判断が可能であるとの理由で、政府のこの姿勢に特段反対していなかった。他方で政府の姿勢に反対し、解散にあっては下院の過半数の賛成を要件とすべき、という見解も有力に存在してきた。これはまさにFTPAの基本精神を維持せんとする議論であり、廃止法案審議中にも下院における過半数の賛成を解散の要件とする修正案が検討されていた。これに対して政府の方針を支持する論者は、これでは下院が却って強化されすぎ、議会におけるデッドロックを打開することができないという理由で反対することになる。

ここで注目すべきは、先述した修正案が上院の委員会報告段階では可決されていたという点であろう。ただし、これはあくまで下院へ再考を促すためであって、決して下院の意向を覆す意図ではないということは修正案の提出者からも明確に述べられていた。当該修正案が下院で否決され、上院もそれ以上当該修正案を推さなかったというのは先述の通りである。

三　廃止法の各論的諸論点

（一）再び行使される権能の法的性質

政府の基本方針の第一点を定めたのが、廃止法一条及び二条一項である。すなわち一条でＦＴＰＡの廃止が明確に宣言され、二条一項では「女王陛下の大権によって行使可能であった、議会解散及び新議会召集に関する諸権能」が「再び行使可能となる」と定められている。

これをめぐって、議会制定法によって従来の大権の行使を可能にすることはできるのかという論点がある。この論点は裏を返せば、ＦＴＰＡの制定により解散作用についての従来の大権はどのような変容を蒙ったかという論点でもある。すなわち確立した判例法であり学説・実務にも広く受容されている効力停止原則（the abeyance principle）によれば、ＦＴＰＡの制定により、議会解散作用にかかる大権は効力を停止されたことは論を俟たない。しかし同法によって解散作用にかかる大権は効力停止を超え廃止されたかについては、定かではない。もし同法によって従来の大権が廃止されたのであれば、廃止法の制定を以てしても従来の大権を行使可能にしようがないということとなるため、一連の論点が浮上することになるのである。

この点については研究者の間でもいまだ解決を見ていない論点である。この論点は、「議会は後続の議会を拘束する決定を行うことができるか」という議会主権における未決着の重要論点と密接に関連するからである。他方、廃止法の審議過程では、この点はさほど議論されなかった。なぜならば、政府の狙いはあくまで「首相の奏請に基づき君主が決定する」という従来の構造の復活にあり、その意図が法文に明記されている限りこの論点は実務的には重要ではない、という点が議会でも共有されていたから(4)

である。

（二）奏請に対する君主の拒否と習律

政府の基本方針の第二点で問題となるのが、君主による奏請拒否はいかなる場面で認められるのか、という論点である。ここで興味深いのは、君主による奏請拒否が認められる場面を列挙することについては見解の相違が見られるところである。そうした場面のリストを示すべきという見解に対し、そのようなリストを示すのは不可能であると政府は一貫して述べていたからである。

奏請に対する拒否が認められる場面を具体的に示さないという政府の姿勢は、奏請に対する拒否の基準である信任原則に対する考慮にも表れている。廃止法草案公開と同時に、政府は『解散に関する諸原則』（Dissolution Principles）という文書も公開していた。これはＦＴＰＡ以前に信任原則が議会解散においていかに作動していたかにつきごく簡潔に記述した文書である。これに対しては、信任原則に対する考慮が不十分であって、内閣執務提要(5)（Cabinet Manual）に詳細を盛り込むべき、と合同委を含む様々な機関から度々指摘されてきたところである。なお、下院で現政府に対する不信任が決議された場合に首相が直ちに奏請できるようにするというのが政府の姿勢であるが、何が信任案件であるかについては、反政府派指導者による正式な不信任動議の可決以外に政府は詳しく述べようとしなかった。ただし廃止法によって、少なくとも一定の事項につき信任附帯が可能となる旨を政府が明言していることは興味深い。

（三）極めて広範な司法審査排除

次に問題となるのは、廃止法三条である。同条はいわゆる司法審査排除条項（an ouster clause）である。まずイギリスにおける司法審査（judicial review）とは、大権または制定法の授権に基づき、政府そのほかの執行機関が行使する権能に対し、裁判所がその適法性を審査する機能及び手続を指す。廃止法における政府の基本的姿勢は、解散及び召集にかかる大権に関する司法審査を徹底的に排除せんとするものである。これを確認すべく、以下の順で論じてゆく。まず、大権に対する司法審査の歴史的展開につき必要な限りで概観する（①）。そのうえで廃止法における政府の姿勢を条文から具体的に確認し（②）、排除条項に対する諸論点を検討する（③）。

①大権に対する司法審査の歴史的展開(6)

大権に基づく権能に対し、長らく裁判所は以下のような姿勢を取ってきた。すなわち、そのような大権が存在するのかという「存否」(existence)の問題、その大権がどこまでの行為を認めているのかという「範囲（内在的制約）」(extent)の問題、前掲の効力停止原則のような大権に対する「（外在的）制約」(limit)の問題については判断する。しかし、ひとたび係争行為が大権によってカヴァーされているとなった場合には、その「行使」(exercise)の合理性や現在でいう比例性などは一切審査できない、というものである。

しかし、これに大きな変化を加えたとされるのが一九八五年のいわゆるＧＣＨＱ事件判決(7)である。同判決において、大権に基づく権能であっても、司法判断適合的(justiciable)である限りその行使の合理性についても司法審査が及ぶ、という一大転換がなされた。そして、ブレクジットをめぐるデッドロックが頂点に達した二〇一九年九月の議会停会につき、議会停会作用にかかる大権の範囲を画し、首相による君主への「助言」（実質的「決定」）を違法と判断したのがミラー第二事件判決(8)である。

②廃止法における政府の姿勢(9)

ミラー第二事件判決により煮え湯を飲まされたジョンソン政権は、議会解散に際し同判決のようなことが起こらないように、廃止法において司法審査を徹底的に排除する姿勢を示した。具体的には、以下の三点からなる。

第一に、二条のいう解散・召集にかかる大権に関連した「決定」全てにつき、一切の判断を禁止していることである（三条（b））。これは、ミラー第二事件判決のように首相の「助言＝決定」に対する司法審査を回避する狙いがあることが察せられる。第二に、解散と召集に関する大権につき、それが存在していることは前提に、その範囲・制約・行使につき判断を禁止していることである（同条（a）及び（c））。第三に、係争行為が当該大権の範囲内であるかを判断することも一切禁止していることである。これは、三条（a）及び（b）がそれぞれ「企図された」（purported）「行使」及び「決定」につき裁判所の判断を禁止している点から明らかとなる。この背景には、司法審査排除条項の適用に非常に慎重な裁判所の姿勢がある。特に、ある著名な判決(10)では、制定法に基づき授権された機関による決定につき司法審査排除条項が存したとしても、ある決定が授権の範囲内に収まっていないと判断された場合、当該決定は当該制定法に基づくと「企図された（権能）行使」（purported exercise）に過ぎず排除条項の適用を受けない、と判示されている。このような形の司法審査も排除するために、廃止法では「企図された」行使及び決定についての裁判所の判断が禁止されていると考えられる。

③諸論点

こうした政府の姿勢につき、いくつかの論点が提起されている。最初の論点は、そもそも解散・召集につき司法審査を排除することが適当か、というものである。これについては司法審査排除それ自体に反対する論者や、司法審査を排除するにしても排除条項ではなく他の方法を採用すべきとの見解を説く論者がいる。特に議会でもしばしば登場したのは、解散に際し下院での投票を要件とする見解である。

この場合、権利章典九条によって裁判所は司法審査を行うことができないからである。しかしながら、合同委の多数意見は一定の場合には司法審査排除条項もありうるところ、と政府の基本的姿勢を容認している。

それゆえ次に問題となるのは、排除条項を設けること自体はよいとして、廃止法案における排除条項が適切かという点である。これについては研究者の間でも賛否分かれているところであるが、特に着目すべきは、これだけ広範な排除条項を設けると極端な事案が生じた場合、議会主権や法の支配といった国制上の基本原理に適合するため却って裁判所は文言解釈を放棄してしまう可能性があるのではないか、という見解が反対論の中で唱えられていることである（ヘイル最高裁判所元長官を含む）。合同委も、広範に排除することを必要とした政府の姿勢を理解しながら、「より明確かつ限定されたアプローチ」が効果的か検討するよう勧めていたところであった。しかし政府は一切修正を施さずに廃止法案を提出し、現在に至っている。

（四）議会召集作用

各論的な論点のうち最後のものとして、廃止法案の条文と直接関連はしないものの、重要な論点であった議会召集作用について若干言及しておきたい。ＦＴＰＡ以前は解散を命じる君主の布告の中に総選挙期日と新議会召集日を記載するのが慣例であり、一九五〇年以降は二例を除いて総選挙から二週間以内に議会が召集されてきた。しかしＦＴＰＡ三条四項によって新議会召集日は解散を命じる布告とは別に発出されることになり、廃止法案でも召集期限についての規定が設けられていなかったため、首相が新議会の召集を命じる布告を遅延するリスクが問題となっていた。

これに対しては、新議会召集の布告は議会解散の布告と同時または直後に発すべき、という見解を合同委も示しており、廃止法案を審議する下院でも修正案が提示されていた。しかし、政府とて立法しなければ新政策を推進できないためこのような規定は不要である、というのが政府の一貫した見解であり、修正を見ることはなかった。

四　廃止法に対する若干のコメント

以上、廃止法の諸論点につき概観してきた。これらについてはどのように評価すればよいであろうか。ここでは、廃止法における政府の姿勢に着目して若干のコメントを付しておきたい。

少なくとも首相任命作用については法的には君主に権能が備わっている現状を変更しないのであれば、議会解散作用についても君主の権能を再び行使可能なものにするという廃止法における政府の姿勢は、首尾一貫したものとして理論的には理解可能である。先述した通り、議会解散作用と首相任命作用にかかる権限配分は連動しているからである。これに対し、上院の修正案でもあった、下院における過半数の賛成を解散の要件とすべきという見解については、それ自体の当否というより、少なくとも首相任命作用に関する権限配分もセットで見直す必要があるにもかかわらずその点を欠いている点に疑問を感じるところである。

このように、廃止法における政府の姿勢は理論的には理解可能ではある反面、同法によって以前の状況に本当に回帰するかは極めて予想困難なところがある。この点につき以下、法的事情と政治的事情に分けて説明したい。

まず法的事情として、以下の二点がある。第一に、大権が再び行使可能になるといっても、それも廃止法の存在が前提となるため、解散に関する運用が極めて流動的になることは否定できないということである。第二に、ミラー第二事件判決を含む大権に対する司法審査の諸判例を覆すことはできないため、FTPA以前の法的構造には完全には回帰できないという点も挙げられる。

このような法的な事情に加えて、下記のような政治的事情も挙げられる。第一の事情は、ジョンソン政権の一連の行動によって、習律の基礎にあるとされる「良心的人物」像が破壊されてしまったかもしれないという問題である。とりわけ、二〇一九年の議会停会は、首相による権力の濫用可能性を、今までとは比較にならない程度に強く意識づけた。そしてこの懸念は、いわゆる「パーティゲート」疑惑でより強く意識されるところでもある。廃止法案の審議過程においても当該疑惑により習律の基礎が破壊されたのではという点につき懸念が示され、とりわけ上院では保守党議員からも強い批判の声が上がった。

また新議会の召集遅延可能性についても、政府とて政策を推進するためには立法が必要になる以上、召集遅延を防ぐような規定は不要であるという反論が政府からなされていた。しかし、大権に基づいて政府が自律的に行動できる外交・安全保障作用において議会のコントロールを潜脱するリスクは、まさにジョンソンによる一九年の停会で顕在化したものであった。このように考えると、廃止法におけるジョンソン政権の姿勢は理論的には理解できる一方、自身の振舞によってそれに対する強い拒否感を招いたことも、十分理解可能であると思われる。

第二の政治的事情は、君主に対する期待をどこまで持てるかという点である。もとより司法審査排除に対する是非は、君主の奏請拒否に対する期待とセットで議論されてきたところであった。しかし、エリザベス二世はさきほどの議会停会を裁可した君主に他ならない。首相による奏請を君主が拒否しなければならない場面が廃止法や内閣執務提要等に（例示的にでも）列挙されていない場合、君主の「無限定」な拒否権—それは、行使が過大でありうると同時に過小でもありうる—にどこまで期待できるかは、慎重に検討する必要があろう。また、本稿の校正最終段階で女王が死去した（二〇二二年九月八日）が、今後の君主いかんによってその拒否権行使に変化も生じうることを付言しておきたい。

以上のような諸事情に目を配りながら、イギリスにおける解散制度の動向を注視する必要があるように思われる。

おわりに

最後に、一連の分析の日本に対する含意につき、ごく簡単に触れておきたい。(11) 少なくとも、FTPAを解散権制約の範例として取り上げるべきではない、ということは、以上の議論からも容易に察せられるところであろう。

そしてイギリスを見て感じるのは、政府と議会の「均衡」なるものがありうる条件を綿密に検証しなければならない、ということである。例えば解散権をめぐる議論で宮沢俊義や高橋和之は、イギリスを念頭に置きながら、内閣の強い自立性つまりは内閣と国会の均衡を措定し、そこから解散決定権の内閣への配分を基礎づける。しかし本稿での議論からすれば、そうした「均衡」がFTPA以前のイギリス憲法上存在していると言いうるのは、首相任命権につき法的には君主に権限が存在し、議会は法的に首相選任に一切関与していないからであった。これに対し日本国憲法では六七条一項及び六条により、首相任命作用につき国会に「指名」権が与えられており、任命段階において天皇の裁量を全く観念しえないのは条文上明らかである。そう考えれば、FTPA以前のイギリスにおける様な「均衡」を日本国憲法で措定することはできず、それゆえ、そうした理由で「内閣」への解散決定権の配分を基礎づけることもできない、ということにはならないだろうか。

最後に、「ＦＴＰＡを安易に範例として引き合いに出すのではなく、さりとてかの国における国制（憲法）上の権限配分の問題を捨象して機能だけに着目するのでもなく、わが国の憲法が定める首相任命に関する権限配分を前提にしながら、わが国はわが国独自の理路に基づいて、野党だけでなく与党議員にいかなる役割を期待しそのためにいかなるインセンティヴを付与すべきかという観点から解散制度のあり方を再検討せねばならないのではないかという点」を再び強調し、擱筆する。(12)

［付記］紙幅の都合上、注は必要最小限度にとどめている。二以降の詳細な議論や出典については、本稿の元となった本研究会における報告（二〇二一年三月一九日）資料に記しているため、関心のある方には資料を提供する（Researchmap に研究者限定でメールアドレスを公開している）。また本稿は、ＪＳＰＳ科研費 20J21386 の助成を受けたものである。

（1）柴田竜太郎「議会解散権の日英比較―議会任期固定法は日本の範例たりうるか―」（一橋法学二〇巻三号（二〇二〇年）一五九－二四七頁）。

（2）この点を強調するものとして、*See*, P. Norton, "The Fixed-term Parliaments Act and Votes of Confidence", *Parliamentary Affairs*, Vol. 69, No.1, pp. 3–18（2016）, J. Strong, "Confidence and Caretakers: Some Less-Obvious Implications of the Fixed-Term Parliaments Act", *The Political Quarterly Review*, Vol. 89, No.3, pp.466–473（2018）.

（3）The Draft Fixed-term Parliaments 2011（Repeal）Bill.

（4）政府が、廃止法草案の趣旨説明書（Explanatory Note）においては大権の「復活」（revive）と記していたのに対し、廃止法案のそれでは「再び行使可能」（exercisable again）と書き換えたのは、この趣旨を明確にするためであると思われる。

（5）副題の通り「政府の運営に関する法律、慣習及び規則の手引」であって、法的拘束力は有さないものの政府実務上重要な役割を担っている。

（6）A. Young, *Turpin & Tomkins's British Government and the Constitution* (8th ed.), Cambridge University Press, 2021, pp. 864-871.

（7）*Council of Civil Service Unions v Minister for the Civil Service*, [1985] AC 374.

（8）*R* (*Miller*) *v The Prime Minister and Cherry v Advocate General for Scotland*, [2019] UKSC 41.

（9）A. Young, "The Draft Fixed-term Parliaments Act 2011 (Repeal) Bill: Turning Back the Clock?", U.K. Const. L. Blog, 4 December 2020.

（10）*Anisminic Ltd v Foreign Compensation Commission*, [1969] 2 AC 147.

（11）現時点での筆者の見解は、旧稿二一〇頁以下参照。

（12）旧稿二三九頁。

ドイツにおける公法社団たる宗教団体と「国家への忠誠」

山本和弘
（早稲田大学・院）

はじめに

本稿は、ドイツにおいて宗教団体に公法社団地位を付与するための要件のうち、憲法に明記されていない不文の要件について検討する。公法社団地位の不文の要件の解釈をめぐっては、この地位を基本権的に解釈する立場と、主としてキリスト大教会を対象に一部の宗教団体の特権的地位として限定的に解釈する立場とが対立してきた。本稿では、従来の対立軸とは異なる視点から、すなわち、公法社団地位の第三の見方の可能性を示したい。

一　ドイツにおける宗教団体法制の概観

ドイツ基本法（以下、ＧＧ）は、一方で四条において宗教の自由の基本権を保障し、他方でその一四〇条を通じてヴァイマル憲法（以下、ＷＲＶ）の教会・宗教団体に関する条項を、ＧＧの現在も妥当する構成要素として編入している。(1)公法社団たる宗教団体の地位は、編入されたＷＲＶ一三七条に規定されている。すなわち、従来公法社団であった宗教団体は引き続きその地位を保持すること（五項一文）、根本規則と構成員数により存続が保障される場合にはその他の宗教団体も公法社団地位を取得しうること（五項二文）、教会税を徴収しうること[2]（六項）などが挙げられる。[3]

ある宗教団体が新たにこの地位を取得するには、先述の明文要件を満たす必要がある。根本規則要件では、国家とコミュニケーション可能な一定の組織構造を備えていること、安定的な財政基盤などが求められる。構成員数による存続保障については、従来は所在するラント人口の一〇〇〇分の一の構成員数を備え三〇年存続することが目安とされたが、現在では構成員の年齢分布などが審査されている。[4] この地位の付与は各ラントの専権であり、その方法はラントによって異なるが、立法府による個別の法律形式による付与は、権力分立原理に反するとされる。[5]

明文要件に加えて、憲法には書かれていない不文の要件を満たす必要があることは、実務上も学説上も広範な一致を見ているが、その内容をめぐっては争いがある。実際に、エホバの証人が、ベルリンにおいてこの地位の付与を拒否された際に決定的な影響を与えたのも不文の要件の解釈であった。そこで次章では、公法社団地位付与における不文の要件の内容が争われた裁判例を概観する。

二　「不文の要件」をめぐる裁判例

（一）事実の概要

ベルリンにおけるドイツ・エホバの証人は、東ドイツ時代に受けた国家からの承認をもって、東西統一後の同ラントにおいても引き続き公法社団であることの確認と、同確認が認められなかった場合に備え、GG一四〇条（WRV一三七条五項二文）に基づく新たな公法社団地位をベルリン当局に申請した。

しかし、いずれの請求も却下されたため提起されたのが本件である(6)。

(二)　連邦行政裁判所判決(7)

連邦行政裁判所は、宗教団体の公法社団地位を、国家からの協力の申し出であると定式化している。なぜならば、明文要件たる根本規則等の要請は、申請を行う宗教団体が国家と不断に協力しうる具体的で安定的な組織であることを要請しているからである。両者の協力の目的は、当該宗教団体への国家からの援助であるが、宗教団体の活動は、そのまま国家自身の利益に結びつくため、かかる協力関係が要請されるとされる。

不文の要件については、法的誠実性を超えて、国家の存立基盤を疑問視しないという国家への忠誠を求めている。公法社団地位の承認には国家の高権委譲を伴い、国家と宗教団体の協力を維持するには最低限度の相互尊重が必要であるからである。選挙参加の否定、すなわち憲法上の民主主義原理を否定する教義を持つエホバの証人に対し、国家はかかる態度を甘受してはならないため、同教団は協力相手としては不適格とされた。

(三)　連邦憲法裁判所判決(8)

これに対し連邦憲法裁判所は、WRVがGGに編入されていることから、WRVの解釈も、GGの価値づけから導かれなければならないことを前提とし、宗教の自由をWRVより手厚く保障するGGの文脈における公法社団地位は、宗教の自由をより発展させるための手段であると位置づけている。宗教団体は、公法社団地位を通じてその独自性と独立性をより強固とし、かつ、この地位を付与された後も、国家の任務ではなく、その自己理解に基づいた固有の宗教的任務を追求することから、民法上の宗教団体と同程度の基本権享有主体とされた。

しかし、公法社団地位に伴う特典の濫用を通じて構成員の宗教の自由やその他の憲法上の諸利益が侵害される恐れがあるため、付与要件の設定に際しては、人間の尊厳を尊重し、憲法の基本価値を維持・保護するようGGが国家に課す義務が前面に出てくる。そこで、公法社団になろうとする宗教団体は法に誠実でなければならなくなる。自らが現行法を遵守すること、特に自らに委ねられる高権を憲法とその他の法律上の拘束と調和するよう行使することを保障しなければならないのである。公法社団地位を得ようとする宗教団体は、とりわけ、その将来の行態（Verhalten）が、GG七九条三項の根本的な憲法原理、国家の保護に委ねられる第三者の基本権、そして自由な宗教法と国家教会法の基本原理を危殆に陥れないことを保障しなければならない。

もっとも、宗教的・世界観的中立性原則から、国家は信仰と教義の審査が禁じられるため、公法社団地位の付与は、当該団体の信仰によってではなく、その行態によって決定される。また、GG二〇条と国家教会法の基本原理は、国家の構造規準であり、宗教団体の内部構造規準ではないため、宗教団体に民主的内部秩序や他の宗教団体への寛容を義務付けることは、宗教の自由と宗教団体の自律的決定権と相容れないとされた。

（四）不文の要件をめぐる実務の対立

以上で概観した連邦行政裁判所と連邦憲法裁判所の判決における対立は次のように整理できる。①公法社団地位の意味について、前者は「国家からの協力の申し出」としたのに対し、後者は「宗教の自由を発展させるための手段」とし、②不文の要件について、後者が法と法律を遵守し、その行態がGGの基本原理を脅かさないことをのみを求めたのに対し、前者はそれを超えた国家に対する忠誠を求め、③審査の方法について、前者が具体的な行態を見るまでもなく選挙を否定する教義そのものに基づいたのに対し、後者は実際上の行態からのみ判断すべきとしている。
とりわけ本稿の対象である②の争点をめぐって、実務上のみならず学説上もそれぞれの立場を擁護し、または公法社団地位の承認をめぐる運用をより拡大し、あるいは制限するために議論が錯綜することとなった。

三　不文の要件をめぐる学説の対立

(一) 不文の要件をめぐる議論と背景

学説においては、従来キリスト教会に独占されていた公法社団地位を、新興宗教、セクト、サイエントロジー、またはそれに類するグループにも認めるかが争われていた。ドイツでは、従来国民の大多数がキリスト教会に属していたが、宗教的多元化が進み、ドイツに馴染の薄い信仰をもつ者が国内に定住するようになるにつれ、国家教会法の新しい法的紛争として、かかる問題点が顕在化した。(9)

たしかにドイツの宗教に関する法制と運用は、特に制度面において、キリスト教の影響を受けており、国家教会法と呼ばれる独特の法領域を形成した。(10) しかし、宗教的多元化やドイツ人の教会離れ等を背景として、一般的な宗教の自由をより広く保障し、統合問題を適切に解決するといった関心から、国家教会法の制度的側面もまた、基本権としての宗教の自由を中心とした再構成を経験するに至った。「国家教会から宗教憲法へ(11)」と呼ばれるパラダイム転換は、単なる名称変更のみならず、宗教法制の自由と制度の体系構造そのものに関わる問題でもある。(12) 公法社団をめぐる問題も、かかる体系問題の一側面と言える。

（二）連邦憲法裁判所に親和的な立場（基本権的解釈）

学説における現在の多数派は、連邦憲法裁判所が採用した、公法社団地位の基本権的解釈を支持している。すなわち、公法社団地位は基本権を発展させるための手段とし、この地位をあらゆる宗教団体に平等かつ同権的に開こうとしている。不文の要件は、法律や憲法の基本原理を遵守すること、その審査は教義ではなく、構成員の実際上の行態に基づくとしている。多数派の解釈は、先述の国家教会法の体系構造を転換する論陣の問題意識を顕著に反映している。[13]

（三）連邦行政裁判所に親和的な立場（国家との協力関係解釈）

これに対し連邦行政裁判所に親和的な学説は、外形的な法的誠実性以上の要件を要求する。例えば、国家の精神的・文化的基盤を支持すること、またはそうしてきたこと、憲法国家のアイデンティティを支える役割を担うこと、西洋的・キリスト教的な文化基盤を共有することが要求される。「文化留保」[14]と呼ばれる立場がこれに該当する。[15]

かかる学説は、公法社団地位を、国家の精神的・文化的基盤等を従来キリスト教会が担ってきたという歴史観に基づき、教会の公共的な重要性を保護するためのものと捉えている。ゆえにイスラムやエホバの証人といった宗教（団体）は、その自己理解を純粋に維持したままでは当然に公法社団地位を否定されることになる。

キリスト教会の公法社団地位が歴史的にはそのようなものであったことは事実かもしれない。しかし、現在では実務と学説において支持が得られているとは言えない。かかる解釈は、GGの体系的解釈ではなく、むしろ前憲法的・憲法外的な歴史的事実を重視したアプローチと言える。また、GGの解釈に際し、特定の宗教、とりわけキリスト教会のような伝統的な宗教に有利な法解釈を導こうとする目的論的な解釈と言える。

いずれにせよ、通説・裁判とそれに抵抗する学説との対立は、現状は前者が支持を得るという形で落ち着いてはいる。しかし前者の解釈が完全な勝利を収めたということはできないように思われる。なぜならば、基本権的解釈は、結論においては妥当性を有していると言えようが、それを支える理論にはそれ相応の困難が内在しているからである。その点では、宗教憲法という新しい国家教会法が、産みの苦しみを伴っていることは否定できない。そこで、通説・裁判とも、文化留保とも異なる視点から、公法社団地位を論ずる第三の見方とも言いうる視座について、章を改めて検討する。

四　第三の見方？　国家との協力を担保するものとしての「忠誠」

本章では、ヒルグルーバーの主張を参考に、公法社団地位付与の不文の要件としての国家への忠誠を検討する。ヒルグルーバーも、連邦行政裁判所と同様に、法的誠実性を超えた不文の要件を主張するが、先述の文化留保とは異なる、第三の視点とも言いうる見解を主張している。

(一)　ヒルグルーバー　国家と宗教団体との協力関係(16)

ヒルグルーバーによれば、公法社団地位を通説・裁判のように基本権的に捉えることはできない。通説的見解によれば、存続保障を通じて社会に定着しえた宗教団体への成功報酬的に公法社団地位が付与されているが、かかる運用は基本権援助の形態としては奇妙だと指摘する。なぜならば、若干の宗教団体しかその恩恵にあずかれないものを、なぜ基本権と呼ぶことができるのかを説明できていないからである。もし公法社団地位付与が、国家による自由の援助であるならば、この自由の援助を必要とするのは、むしろ、国家による安定的な手助けがなくては継続的な存続が危ぶまれるような宗教団体の方ではないのかと彼は指摘する。

そこで彼は、公法社団地位について、国家からの宗教団体に対する協力の申し出であるとの立場を採る。WRV一三七条五項二文の明文要件は、根本規則の要件を通じて、宗教団体が一定水準の組織性を備えていることを要求している。しかし、そもそもこのように宗教団体に一定の組織構造に適合するよう要請すること自体が、基本権として保障される宗教団体の自己理解や、その自己理解に基づいて組織を構成する、あるいはそもそも組織形態を採らない自由とは相容れない。そうであれば、ここで要請されている根本規則とは、宗教団体に対し、まさに国家との協力の相手方、安定した法取引の相手方としての最低限度の信頼性を要求しているのであり、国家との協力に不可欠な能力を要求していることになる。

それではなぜ、宗教団体が国家からの協力の申し出を引き受ける（すなわち公法社団地位を申請する）に際して、宗教団体の側に国家への忠誠が必要なのか。公法社団地位を付与された宗教団体は、基本権の消極的地位（status negativus）においては依然として社会に属し、国家と対峙するが、その協力者たる地位（status cooperationis）においては国家と特別に接近する。しかし国家自らは、自分自身の協力相手を選択することはできず、すべての宗教団体に協力の申し出を一般的に開示しておくことしかできない。つまりこの申し出の成立は、公法・私法いずれの組織形態を採るかを任意に選択しうる宗教団体側の諾否にのみ依存する。そうであれば国家は、協力の申し出を引き受けようとする者に、そもそも協力相手としての素質が備わっていることをあらかじめ保障する「取引条件」を定式化しておく必要があるということになる。さらに国家にはGGの基本原理等を保護する義務があるから、協力の申し出を受け入れ、協力の場面では国家に接近する宗教団体に対し、国家や憲法への忠誠を要請しうるということになる。この意味においても、公法社団地位は、特別な宗教団体に対する成功報酬ではない。

以上のことから、宗教団体が忠誠を示さない場合には、たとえ明文要件を充足し、外形的には法に誠実であっても、公法社団地位は認められない。自由の担い手である公法社団たる宗教団体も、協力者たる地位においては、GGの諸原理にコミットすることで、協力相手たる国家に対し、信頼性を示さなければならないのである。エホバの証人が仮に行態上は法に誠実であったとしても、その肚の内で選挙の否定を通じて現世の秩序を神によって承認された過渡的なものと信じているとすれば、終末論を信仰すること自体は自由だが、国家との協力相手としては失格であることを彼は強調している[17]。

最後に、彼は公法社団地位をキリスト教会の超憲法的な特権的地位とみなす立場にも否定的な見解を示している。確かに事実としては、GG制定以前から、さらにはWRV制定以前から公法社団であった宗教団体、とりわけ教会の地位は、国家や法への誠実性でも忠誠でもなく、慣習と従前より教会が果たしてきた特別かつ公的な重要性に負っていることを認めざるをえない。しかし、このような歴史的な正当化根拠のみをもって今後もこの制度を維持することはできないと彼は主張する。なぜならば、やはり彼も、WRVの教会条項がGG全体の有機的関連性の中で解釈すべきことを受け入れた上で、従来からの公法社団たる宗教団体もまた、やはりこのGGの基本価値と結びついた憲法適合的秩序に順応すべきことを主張する。憲法制定前後を通じて存続を保障された公法社団地位の正統性を、法的連続性にのみ見出すことは、GGの価値秩序の中に憲法に抵抗する異物、時代遅れの特権思想の残滓を認めることになり、国家教会法全体の体系性、正当性を損なわせることになるのである。

（二）マーゲン　宗教団体に国家・憲法への積極的忠誠義務は課されない[18]

ヒルグルーバーの主張を検討する前に、彼の主張に直接反論するマーゲンの主張を参照し、ヒルグルーーバーと通説的立場の相違をより明確にしておく。

マーゲンによれば、ヒルグルーバーが主張した法的誠実性を超える国家への忠誠は不要である。彼によれば、宗教団体に求められる行態義務とその行態義務違反から生じる法的効果・サンクションとは区別して考えるべきところ、ヒルグルーバーはこれを混同していると指摘する。すなわち憲法上の諸原理の名宛人はあくまでも国家であり宗教団体ではない。憲法上の諸原理を通じて直接に宗教団体の行態を規律することはできない。憲法原理を保護する国家の義務は、立法を通じて自らの保護義務を市民の行態義務に転化させることで果たすべきなのである。もっとも国家は保護義務のすべてを行態義務に転化させる必要はなく、その判断は立法者に委ねられている。本稿の問題に即して言えば、国家はその保護義務を果たすために、宗教団体のあらゆる活動を立法により規律する必要はない。ゆえに、ヒルグルーバーのように、憲法上の諸原理を、宗教団体に直接適用される行態義務とみなすことはできないのである。

それでは通説・裁判も認める不文の要件たる法的誠実性は、どのような場面で意味を持つのか。彼によれば、それは公法社団地位を付与しないというサンクションの発動に際して意味を持つ。この場面に限り、憲法上の利益を保護するための行態義務が、法的誠実性を通じて憲法上直接具体化され、公法社団地位を付与する要件として発現するのである(19)。

加えて彼によれば、また憲法裁判所も述べているように、国家には、自らが私人等に付与する権力手段が潜在的な危険を持っていないことを保障する義務があるが、公法社団たる宗教団体に対して国家は監督の責めを果たすことはできない。宗教団体には自律的決定権が保障されているからである（WRV一三七条三項）。これにより、本来認められるべきではない予防的統制が、公法社団地位の付与に際しては認められることになる。ＷＲＶは、たたかう民主制に関する規定を含んでいないため、不文の法的誠実性を通じて、予防的統制の根拠が具体化されるのである[20]。

両者の見解を略言する。ヒルグルーバーによれば公法社団地位は基本権ではなく国家からの協力の申し出であり、その申し出を受諾するための条件であった。宗教団体は、協力者たる地位において国家に特別に接近する以上、その資格として国家への忠誠を要請される。国家は、宗教団体によるものであっても憲法上の基本原理を保護する義務があることから、憲法原理への深いコミットを要求しえた。そして、従来から公法社団である教会であっても例外ではない。公法社団地位が社会的重要性への褒賞でないことからすれば、当然の帰結である。

マーゲンが問題視したのは、公法社団たる宗教団体が国家に特別に接近することを理由に当該宗教団体により高度な不文の要件を課すことであった。憲法原理の名宛人は国家であり、宗教団体が内的にもそれに忠誠を示すよう求めることはできない。公法社団地位付与が拒否される場合にのみ、法的誠実性を通じて国家の保護義務が行態義務に転化されるが、その場合であっても宗教団体は憲法上の利益を具体的に危険に晒さないことだけが要求され、その審査は実際上の行態からのみ審査される。外見上は遵法的であっても内面的には国家に敵対する態度を採り続けることも許される。

ヒルグルーバーの議論は批判すべき点もあるし、実務上も採用はされていない。しかし、なお通説的立場の難点を指摘し、かつ、彼自身も公法社団地位を通説的立場とは異なる形での再構成を試みているという点で、文化留保とも距離のある視座を示しているように思われる。その意義については次章で検討する。

五　まとめと若干の検討

（一）不文の要件の整理

通説的立場の不文の要件は、法的誠実性であり、法律・憲法の遵守、とりわけ、GG七九条三項の根本的な憲法原理、第三者の基本権、自由な国家教会法をその行態において具体的に危険に晒さないことであった。審査に際しては、教義内容に踏み込まず、実際上の行態についてのみ判断すればよい。

これに対して文化留保では、公法社団地位を特権的制度と理解し、法的誠実性を超えた要件が求められる。すなわち国家の精神的・文化的基盤を支持すること、憲法国家のアイデンティティや西洋的・キリスト教的な文化基盤、それに基づく憲法秩序へのコミットが求められる。

最後にヒルグルーバーによれば、公法社団地位は国家からの協力の申し出であり、協力に必要な信頼性・資質を担保するために提示された条件であり、法的誠実性を実際上の行態から審査することを超えて、国家への忠誠を示すかを教義の審査を通じて、肚の内まで審査しうるとした。

（二）若干の検討

文化留保は明らかに実務との距離があるだけでなく、近年の学説の傾向にも逆行している。文化留保の先行理解は、前憲法的・憲法外的な前提が重視されており、その点でGGの体系的解釈を重視する通説・裁判と距離があるどころか、争点をめぐる建設的な議論を困難にしているように思われる。ゆえに文化留保が共有する歴史観を共有しない者や、キリスト教以外を信仰する者にとってはどのような意義があるのか疑問なしとしない。

これに対してヒルグルーバーの議論は、通説・裁判への反論としてなお取り組む意義があるように思われる。なぜなら、国家と公法社団たる宗教団体が実際に多くの場面で協力し、公的な領域に深く関わるものである以上、この協力関係に一定の統制を及ぼし、安全性を確保しようとする彼の関心には理由がないわけではないからである。彼の議論は、単に自身の歴史観や信仰による基礎づけではなく、国家の保護義務からも根拠づけることができる。また彼の議論は、国家教会法の再構成を試みている点では通説・裁判と共通しており、この点でも文化留保とは異なる。

最後に、彼の議論は通説・裁判の理論的難点についても指摘していた。公法社団地位が基本権的に理解されるべきなのに、なぜその恩恵を限られた者しか享受出来ないのかという指摘もその一例である。文化留保とは異なり、この二つの立場の議論は、いずれもGGと、編入されたWRVの条項の体系性を見ながらなされており、規範的な対話を通じて国家教会法と宗教憲法の揺らぎの中にあるドイツ宗教法制の理論をさらなる彫琢へ導くことが期待できる。彼の議論はそのための第三の見方を示しているのである。

おわりに

通説的立場とヒルグルーバーの議論は、それぞれの立場での優先すべき利益を守るため、憲法の条項、諸原理の綿密な調整と、体系性を保とうとする姿勢が見て取れる。かつ、種々の憲法原理の調整によって宗教憲法の産みの苦しみを和らげようとする営みそれ自体は、ドイツ宗教法制の特殊性を踏まえてもなお示唆的であるように思われる。もっとも本稿は、様々な困難を伴いながら、なお発展段階にあるドイツ宗教憲法をより精密に分析するための足がかりを示しえたに過ぎない。ヒルグルーバーのいう国家と宗教団体との具体的な協力関係や、その意義に関する検討といった残された問題は次の課題としたい。

そうした問題の分析を通じて、特殊な宗教法制の研究を超えて、そもそも現在のドイツにおいて宗教団体に求められている法的な役割とは何であるのか、国家と社会における宗教団体の法的位置付けは何であるのかという筆者の関心にも一定の示唆が得られるように思われる。

[付記] 本研究は、二〇二一年度公益財団法人升本学術育英会学術助成による成果の一部である。

(1) Vgl. Hans Michael Heinig, Öffentlich-rechtlich Religionsgesellshcaften, 2003.
(2) 教会税については、片桐直人「ドイツにおける教会税の制度と実際」宗教法二八号(二〇〇九年)五七頁以下。
(3) Claus Dieter Classen, Religionsrecht, 3. Aufl., 2021, S.161 ff.; Peter Unruh, Religionsverfassungsrecht, 4. Aufl., 2018, S. 183 ff.
(4) Urteil des BVerwG v. 28. 11. 2012-6 C 8/12. NVwZ 2013, S. 943 ff.
(5) BVerfGE 139, 321. Beschluss v. 30. 06. 2015. 三宅雄彦「法律による宗教団体への公法社団地位の付与」自治研究九二巻一〇号(二〇一六年)一二五頁以下。
(6) 本件の経過の詳細は、塩津徹「ドイツにおける公法上の宗教団体」同『ドイツにおける国家と宗教』(成文堂、二〇一〇年)一二一頁以下。
(7) BVerwGE 105, 117. Urteil v. 26. 6. 1997.
(8) BVerfGE 102, 370. Urteil des Zweiten Senats v. 19. 12. 2000.
(9) そもそも要件ではなく、基本権ドグマーティクによって解決すべきとする方法論上の対立もある。Martin Morlok/ Hans Michael heinig, Parität im Leistungsstaat, NVwZ 1999, S. 697 ff.
(10) 国家教会法の包括的研究として、清水望『国家と宗教』(早稲田大学出版部、一九九一年)。
(11) Hans Michael Heinig/ Christian Walter (Hrsg.), Staatskirchenrecht oder Religionsverfassungsrecht?,

2007; Heinig/ Walter (Hrsg.), Religionsverfassungsrechtliche Spannungsfelder, 2015.

(12) 三宅雄彦「ドイツ国家教会法における国家の宗教的中立性」法学新報一二〇巻一・二号（二〇一三年）四七五頁以下。

(13) Vgl. Hermann Weber, Der öffentlich-rechtliche Körperschaftsstatus der Religionsgemeinschaften nach Art. 137 Abs. 5 WRV, in: Heinig/ Walter, (Fn. 11), Staatskirchenrecht, S. 229 ff.

(14) 文化留保について、棟久敬「憲法の前提としての宗教?・」宗教法三七号（二〇一八年）一二五頁以下。

(15) Vgl. Paul Kirchhof, Die Freiheit der Religion und ihr unterschiedlicher Beitrag zu einem freien Gemeinwesen, in: Essener Gespräche zum Thema Staat und Kirche 39, 2005, S. 105 ff; Arnd Uhle, Staat-Kirche-Kultur, 2004.

(16) Christian Hillgruber, Der Körperschaftsstatus von Religionsgemeinschaften, NVwZ 2001, S. 1347 ff.

(17) 彼は公法社団地位が拒否されたとしても、当該宗教団体が基本権的自由を余すことなく享受することを強調している。終末論を信奉するのは自由だが、そのような教義は、公法社団としてではなく、他の組織形態として信ずるがよいとしているのだろう。

(18) Stefan Magen, Körperschaftsstatus und Religionsfreiheit, 2004, S. 141 ff.

(19) この機能において法的誠実性は、ＧＧ九条二項に匹敵する。社団法の禁止条項の宗教団体への適用については、初宿正典「ドイツの結社法における宗教・世界観団体の地位」同『日独比較憲法学研究の論点』（成文堂、二〇一五年）二四三頁。

(20) この点については、ＷＲＶが不完全であることをマーゲンも指摘している。Magen, (Fn. 18), S. 144 f.

「比較憲法研究のグローバル化」の中の「参加志向的・代表補強的司法審査アプローチ」

――日本の議論の再検討の手がかりとして――

吉川智志
（帝京大学）

はじめに

近時、*International Journal of Constitutional Law* 誌において、“Ely in the World”と題する特集（以下、「本特集」）が組まれ、ジョン・ハート・イリィのプロセス理論（以下、「イリィ理論」）[1]がアメリカ合衆国（以下、「合衆国」）外の各国でどのような影響力を有しているのか、を明らかにすること等が試みられた。本稿は、こうしたグローバルな比較憲法研究[2]の成果を手がかりとしながら、一九九〇年代の日本憲法学でのイリィ理論をめぐる議論を振り返るものである。かつてイリィ理論は日本憲法学において大きな関心を集めたが、そこでの議論を、本特集のような新たな研究成果を契機として[3]反省的に回顧することには一定の意義があるだろう。また、本稿の検討を通じて、日本で最近その意義如何を含めて関心が高まっているグローバルな比較憲法研究[4]が日本憲法学になし得る貢献の一例を示すことができればと思う。以下では、イリィ理論を簡単に確認した上で（→一）、本特集を紹介し（→二）、若干の検討を行う（→三）。

一　イリィ理論

イリィの問題意識は、「選挙されてもいなければ、その他の有意味な仕方で政治的責任を負うことのない〔裁判所という：カッコ内吉川。以下同〕機関が、人民の選挙された代表に対して、『望むように統治することはできない』と告げる点」に関わる困難性に向けられていた（at 4-5〔原著の頁数。以下同〕）。この司法審査の民主主義的正当性という問題は、裁判所が、憲法所定の「開かれた構造（open-textured）」を持つ諸条項――不確定な諸条項――の解釈・適用を通じて民主的立法者の判断を覆す際に先鋭化する（at 13）。こうした問題設定との関係で、イリィは、大要、次のような議論を展開した。

❶これまでの合衆国の憲法解釈論は、「憲法問題を決定する裁判官は、自己の役割を、成文憲法に明記されまたは明らかに含意された規範の執行に限定すべき」とする「解釈主義」と、「裁判所はかような参照を超えて、文書の全内容の中に見出し得ない規範をも執行すべき」とする「非解釈主義」に大別されてきた（at 1）。このうち非解釈主義については、参照される外的な価値の源泉がなんであれ、それにより不文の権利を承認したり創造的解釈を行ったりして法律等を無効とすることが選挙されない裁判官による「価値の押付け」に繋がり、民主主義の観点から問題を孕む（at 44-70）。他方で、通常想定される解釈主義（条項に拘束された解釈主義）によっては、「開かれた」条項の解釈に適切に解答を与えることはできない（at 12）。

❷そこで、開かれた条項の内容を補う理論を「憲法典全体の一般的なテーマ」（*Id.*）から導くことがあり得る。実はウォーレン・コートは、この第三の道を歩んだのであり、「参加的」目標を追求したものと理解できる。第一に、ウォーレン・コートの諸判決にはプロセス、特に政治プロセスへの関心が見出せる。すなわち、(a)刑事手続やその他の法執行手続という通常の意味のプロセスの適正さの保障に加えて、(b)社会を支配する法が形成されるプロ

セス（政治プロセス）の開放性の保障が試みられた。第二に、同コートには、人種的少数者等への差別の是正という関心も見られた。これら両方は、「代表プロセスの秩序維持」（at 73）を行うものであり、裁判官による（実体的）価値の押付けとは区別される、「参加的」目標を追求するものである（at 73-75）。と言うのも、⑴政治的内部者が政治的変化の経路を閉塞させる場合、⑵代表者が少数者に持つ敵意・偏見故に少数者の利害が過小評価され、少数者に系統的に不利益が生じる場合には、代表民主制のプロセスは信用に値せず、これに「機能障害」が生じているといえるからである。その場合には、開放的規定の下での司法介入も、民主主義との関係で正当化される（at 102-03）。

❸より包括的には、この司法審査理論は、次の三点から正当化される。すなわち、(i)合衆国憲法は主に政府のプロセスに関心を持っていると読めること（合衆国憲法の「プロセス」的性格）、(ii)合衆国の代表民主制の前提と適合すること、(iii)プロセスの「機能障害」の是正は、プロセスの外部者である裁判官の判断になじむこと、である（at 87-104）。

二　世界の中のイリィ理論

ディクソン＝ハイルブロナーによれば、「イリィの思想が世界の憲法実行に持つ世界的重要性と影響は、……十分に研究・理論化されていないままだ」[5]。そこで、「イリィの考え方が合衆国外の様々な国の憲法研究・実行に与えた影響と、それらの国の司法実行を理解し潜在的には批判する枠組みとしての有用性を研究」[6]したのが本特集である。ディクソンらは、本特集を総括して、「南アフリカを例外とするコモンローの法域（＝ニュージーランド、カナダ、オーストラリア）において、イリィの研究が概してより大きな影響力を持つことが示されている」[7]という。本節では、本特集のうち、まずイリィ理論の影響が（殆どあるいは全く）観察されない国（→（一））を、続いてその影響がより強く観察された国（→（二）・（三））を、最後にイリィ理論の文脈に応じた「拡大」を提唱する議論（→（三））を紹介する。[8]

（一）イリィ理論の影響が観察されない国

①「変革的」な立憲主義

本特集の中で、南アフリカ、[9]チリ・ボリビア、[10]メキシコ[11]について検討した論者は、それぞれの国において、イリィ理論の影響が観察されないことを報告している。その際、論者がほぼ共通して強調するのは、上記諸国の憲法典または立憲主義が「変革的（transformative）」性格を備えていることである。[12]この用語を最初に用いたクレアによれば、変革的立憲主義とは、「ある国の政治・社会制度と権力関係を民主的、参加的、平等主義的な方向へと変革するために……行う、憲法制定、解釈、履行の長期的プロジェクト」を指し、「法に基づく非暴力的な政治過程を通じて、大規模な社会変革を引き起こす」狙いを持つ。[13]

変革的な憲法典には、旧体制の否定と、より平等主義的な社会変革のための実体的価値を体現した条項（社会権等）が多く盛り込まれる傾向がある。このことはイリィ理論の各国への影響という問題に関連性を持つ。例えば、南アフリカにおけるイリィ理論の影響（の不存在）を明らかにしたフォウケスは、アパルトヘイト克服の中で制定された一九九六年南アフリカ共和国憲法が「権利と価値に満ちており、それらは解釈を含む全ての公権力の行使の指針となることが明示[14]」されている点を確認しつつ、それ故にイリィの「懸念が南アフリカ憲法の下で生じることは、合衆国憲法に比べて少ない[15]」という。なぜなら、イリィは、不確定なテクストの下で裁判官が創造的・裁量的に権利保障を行うことを民主主義との関係で懸念していたところ、「南アフリカ憲法は、端的に、より多くのテクスト上の権利を持つ」ため、南アフリカでは「イリィが解釈主義と呼ぶ、ごく普通の法解釈は、合衆国での解釈主義よりも、もっと先に進むことができる」からである。(16)

②憲法裁判機関への一般的支持

その上でフォウケスは、より重要な要素として、憲法上の要請を裁判所が実現すべきとの観念が南アフリカでは一定の歴史的経緯から広く受容されており、その限界を画そうという思考が弱いことを確認している。(17)これも変革的立憲主義の一つの現れとして位置づけられる。

また、ハイルブロナーによれば、ドイツでもイリィ理論の影響は——学者による言及は時折あるものの——小さく、特に連邦憲法裁判所には影響を与えていない。(18)その原因として彼女は、ドイツにおいて、憲法裁判所がイリィのいう実体的権利の審査を強力に行う権限を持つことが広範に受け入れられていることや、政治プロセスの審査や少数者保護に限定されない違憲審査が民主主義の本質的部分を成すと見られるようになっていること、を挙げる。(19)こうしたこともあり、「特に合衆国の憲法と比較すると、ドイツの標準的な憲法研究と判例理論では、制度論的観点と論拠が顕著に軽視されており、機能法的な論拠は今日のドイツの憲法ではわずかな役割しか果たさない(20)」という状況が生じているという。

（二）平等権事例における影響：カナダの場合

これに対して、カナダ最高裁、特にその平等権判例へのイリィ理論の影響を明らかにしたのがシガレットである。(21)その例として挙げられるのが、カナダ国籍の保持を法曹協会への登録の要件としていたブリティッシュ・コロンビア州法の規定が、全ての個人が「人種、出身国、ないし民族的な出自、肌の色、宗教、性別、年齢もしくは精神的ないし身体的障害に基づくような差別を受けない」ことを定める憲章一五条一項に違反するか否かが争われたアンドリューズ判決(22)である。本事案において、平等権侵害の有無をめぐる憲章一五条の解釈について実質的な多数意見となったマッキンタイヤ裁判官は、列挙された事由および「それに類似した事由に基づく差別」が平等権侵害（但し正当化の余地はある）となるとの解釈を示した。その上で同裁判官は、「カナダの合法的永住者である非市民は――United States v. Carolene Products Co., 304 U.S. 144 (1938), at pp.152-53, n.4 ……での合衆国最高裁の言葉を借りれば――第一五条で保護される『切り離され孤立した少数者』の格好の例である」として、本件区別の類似事由該当性を認め、平等権侵害を認定した。この点、シガレットは、マッキンタイヤ裁判官の憲章一五条解釈に同意したウィルソン裁判官の相対多数意見に着目し、同相対多数意見が、イリィの著書を明示的に引用しながら右合衆国最高裁判決引用の趣旨について次のように説明したことに注意を促す。すなわち、「非市民は、市民と比較して政治的権力を欠く集団あり、そのため自己の利益が見過ごされ、平等な尊重と配慮を受ける権利が侵害されやすい。彼らは、『社会の中で、選挙された公務員がそのニーズや希望に関心を示すことがない集団』のひとつ」である、というのが引用の趣旨であると。ここでは、敵意や偏見が原因となってその利益が代表プロセスにおいて過小評価される少数者であることが平等権保護に関連する要素とされており、イリィ理論の少数者保護の論理が受け入れられていると言える。この他にも、三つの最高裁判決でイリィの著書が引用されていることが紹介されている。[23][24][25]

但しシガレットによれば、イリィ理論の影響はカナダにおいて包括的ではない。例えば、平等権以外の文脈で、カナダ最高裁はイリィ理論に殆ど言及していないという。[26]これには、カナダ最高裁が、不確定な憲法テクストの解釈においてイリィのように憲法典の一般的テーマに依拠することを説くのではなく、目的論的解釈を多用していることが関わっているとされる。[27]更に、平等権事例においても、ある区別が列挙事由と「類似した事由」に該当するか否かの判断において、アンドリューズ判決とは異なる理由づけを強調する判決もあるという[28]。このように、イリィ理論の影響が部分的・局所的であることには留意がいる。

(三)〈司法審査理論〉から〈憲法典制定の青写真〉へ：ニュージーランドの場合

ガイリンガは、ニュージーランドにおいては、司法審査理論としてではなく、一九九〇年権利章典法の起草過程の中でイリィ理論の影響が見られることを紹介する[29]。この権利章典は、最終的には通常法律として制定されたが、当初は、裁判所による違憲審査に裏打ちされた最高法規としての制定が目指された。一九八四年に政権交代を果たした労働党ロンギ政権において、副首相・司法大臣のパルマーが中心となり、司法省職員と著名な専門家からなる諮問委員会に権利章典の起草を付託した。

一九八五年四月に、白書『ニュージーランドのための権利章典』が公表され、最高法規としての権利章典の草案が示された。この草案の権利カタログは、主に「一九八二年カナダの権利及び自由の憲章」と「市民的及び政治的権利に関する国際規約」に依拠しつつ、言論、宗教、結社、移動、集会といった古典的な「自由」、限定的な差別禁止、詳細な刑事手続上の権利の保障を含むものであったが、いくつかの欠落があった。権利カタログから欠落していたのは、一般的な「自由」の保障、(合衆国で実体的デュー・プロセス論の根拠となった)デュー・プロセス条項、明示的な財産権保障の規定、一般的な平等権保障、などである。ガイリンガは、ここにイリィ理論の影響を見出す。と言うのも、白書は、最高法規としての権利章典を制定することに対する民主主義観点からの批判を想定しつつ、以下のような応答を示していたからである。

それ〔=権利章典〕は、そのほとんどの部分において、現在および将来の議会と政府によって引き続き策定・執行される法律や政策の実体(*substance*)を統制しない。かくして権利章典は、政治的・社会的領域における基本的な手続的権利（procedural rights）――投票権、定期的選挙への権利、言論の自由、平和裏に集会する自由、結社の自由といった権利――を再確認し、強化するであろう。こうした権利は、その実体的な意味においては――例えば経済・社会政策の観点からは――価値判断から自由（value free）だと見なし得る。それゆえ、特定の実体的な経済・社会政策を、特別な憲法上の地位に凍結しようとするものではない。[30]

権利章典は、第二群の手続的規定を有するであろう。それは、個々のニュージーランド国民を国家が扱う際に、公正な取扱いを求める諸規定である。[31]

ここでは、草案中の権利条項が、（あ）政治的・社会的領域に関わる「手続」、（い）国家による個人の取扱いに関わる「手続」を保障するものとして把握されているが、これはイリィが示した二種類の「プロセス」にそれぞれ対応（一❷(a)が（い）に、(b)が（あ）に対応）している。そして、特に（あ）を「手続」的な権利として捉えている点にイリィ理論の影響が色濃い。また、草案の権利が「手続」的な権利保障であるが故に「実体」を統制せず、「価値判断」から自由だとする点も、イリィ理論と極めて親和的である。

このようにニュージーランドでは、「実体的価値」をエントレンチさせないという、イリィ理論の消極的側面が権利カタログの正当化において活用された。これは議会主権の伝統が根強く、民主主義の観点からの憲法典制定への反対論が想定されるニュージーランドにおいて、国民の支持を獲得するための説得材料として利用＝影響したものと理解できる。

ところで、草案の権利は「そのほとんどの部分において」[32]「手続」的権利だとされたが、中には「実体」を保護する規定もあった。これはなぜ正当化されるのか。[33]この点、白書は、草案にある「生命に対する権利、拷問を受けない権利、人種や性別などの理由によって差別されない権利、残虐または品位を傷つける取扱いまたは刑罰を受けない権利」などの「最も基本的な実体的権利」は、「通常の立法過程による修正または廃止を超えたところに位置づける必要がある」[34]と説明する。真に基本的なものであるがゆえに最高法規における保障が正当化されるということの説明は、差別されない権利の位置づけも含め、イリィ理論の構造からすれば、本来異質であることには留意がいる。

このようにガイリンガによれば、ニュージーランドではイリィ理論の影響が観察されるが、司法審査の理論ではなく起草段階という局面で参照するという目的の転換が行われており、またその局面でもイリィ理論が貫徹されているわけではない[35]。

（四）文脈に応じた「機能障害」の再定式化の提唱

本特集の中には、イリィ理論を他国において活用するに際して、理論を修正すべきことを提案する論者も見られる。エスピノーザ＝ランドーは、彼らが「脆弱な民主主義国家（fragile democracies）」と呼ぶ政治的に不安定な国家に適合するよう理論を修正する必要性を説く[36]。

彼らの出発点は、イリィ理論が、司法審査を抽象的に正当化するものではなく、二〇世紀合衆国の司法審査、とりわけウォーレン・コートを正当化するものであること、そして当時の合衆国の政治状況が前提となっているということである。そこでの前提を具体的にいえば、「切り離され孤立した少数者にとっての系統的機能障害や、自己の権力を保護する『内部者』の時折の衝動に悩まされるものの、それでも多くの集団にとっては少なくとも受け入れられる形で機能する政治制度[37]」である。しかしながら、不安定で「脆弱な民主主義国家」の場合、権威主義への転化の危険性を常に抱えるなど当時の合衆国とは状況が異なる。そこで、こうした国でプロセス基底的な司法審査理論が有意義であるためには、「民主主義の機能障害や不具合の程度や性質[38]」の理解を拡張する必要があるという。例えば、そうした国では、特定の支配的な政党のせいで、選挙を通じた代表者の規律が機能せず、有権者多数派に対する応答性が欠如していたり、政党システムの不安定さゆえに、多数派の選好が適切に集約されていなかったりする。これらをプロセスの機能障害として位置づけなければならない。イリィが強調した少数者保護や、政治プロセスの「内部者」による閉塞を除去するに先立って、そもそも多数派への応答性がより意識的に確保される必要があるのである。こうした議論は、司法審査が想定する「機能障害」について、各国の固有の状況に即して実質的な検討を行うことの必要性を強調するものと言える。

三　若干の検討

以上の概観を踏まえつつ、日本におけるイリィ理論をめぐる議論を振り返ることとしたい。

まず、本特集で各論者が注目したイリィ理論の諸側面は、日本憲法学が論じてきたものと、大きく異なるものではない。例えば、イリィ理論の影響力の不存在の背景として憲法典の変革的性格を指摘する議論（→**二**（一）①）は、実体的性格を持つ日本国憲法とイリィ理論との乖離――従って日本におけるその採用の困難性――を指摘する見解[39]と軌を一にする。また、ドイツでの影響の不存在についての指摘（→**二**（一）②）は、制度論的次元にイリィ理論の特徴を見出す見解[40]と、イリィ理論の特徴の理解において重なる。このように、日本憲法学においてイリィ理論は既に包括的に検討されてきたこともあり、本特集の概観を通じてイリィ理論自体の理解が深まったという印象は無い。

他方で、ある国の憲法学説が他国の実行に影響を及ぼすことが容易でないと考えられる中で、イリィ理論の影響が観察された国はそれとして注目に値する（→**二**（二）・（三））。もちろん、そこで論じられる「影響」の実態を見ると、局所的な受容であったり（→カナダ）、理論の目的の転換がなされ、また憲法草案（最終的には通常法律としての権利章典法）を説明する複数の理論の一つに過ぎなかったりする（→ニュージーランド）。とは言え我々は、こうした実例を、ある憲法学説が現実の外国の実践にまで一定の影響を与えるためには異なる「文脈」への意識的な「適応（adaptation）」が必要だ、ということを示すものと受け止めることもできる。(41) この点、イリィ理論を基礎としつつ、むしろこれを理論的に先鋭化させて日本の憲法論へと接続しようとした松井茂記の挑戦は異彩を放っていたように見える。松井は、プロセス的憲法観、すなわち憲法典を「実体的価値を宣言したものではなく、実体的価値の実現について見解を異にする人たちが、統治を行うことができるように統治のプロセスを定めている」(42)と見る憲法観を提示した。(43) こうした新たな「パラダイム」の強調は、論争誘発的な新機軸を提示するという点で極めて有意義であったものの、イリィ理論の影響力を拡大するという点ではマイナスに働いたと言えるかもしれない。その後、「プロセス理論をプロセス的憲法観から切り離す」(44)ことも試みられたが、(45)〈イリィ理論＝プロセス的憲法観〉というイメージはなお強固だろう。

ところで、エスピノーザ＝ランドーが提示した、プロセスの「機能障害」を各国の文脈に即して修正すべきとの指摘（→二（四））は、日本憲法学でも議論の萌芽がないわけではなかった。例えば長谷部恭男は、松井がイリィ理論に依拠して日本国憲法の下での司法審査理論を展開した『二重の基準論』(46)への書評の中で、松井が司法審査を通じて保護すべきだとしたプリュラリズムの政治過程に照らして、日本の現実の政治過程がいかなる欠陥を有しているのかを論じていないと批判していた。(47) これは、プロセス理論が司法審査理論として有意義であるためには、日本という固有の文脈の中で代表プロセスの具体的な「機能障害」を明らかにし、違憲審査の範囲を画定する必要性を説くものと理解できる。しかし、その後の論争は、プリュラリズム自体の正当性の問題や、松井のプリュラリズム理解の妥当性といった方向に流れ、日本の政治過程を踏まえた議論はあまり深められなかったように見受けられる。

おわりに

イリィ理論をめぐるグローバルな比較憲法研究の成果を踏まえつつ、日本の議論を振り返ると、理論の導入に際しての「適応」や、日本政治の文脈に即した修正といった観点からの検討が必ずしも十分ではなかった様子が、これまでよりも鮮明に見えてくる。より立ち入った検証や、こうしたケースから何か一般的な示唆を引き出せるか否かについての考察は、今後の課題としたい。

（1）本稿では、John H. Ely, Democracy and Distrust: A Theory of Judicial Review (1980) において「参加志向的、代表補強的司法審査アプローチ」として示されたイリィのプロセス理論を念頭に置いて「イリィ理論」という。本書の邦訳としてジョン・H・イリィ（佐藤幸治＝松井茂記訳）『民主主義と司法審査』（成文堂、一九九〇年）があり、本稿の訳文も基本的にこれに依拠しているが、部分的に変更した箇所もある。

（2）その概要については、山元一「解題」ヤニヴ・ロズナイ（山元一・横大道聡監訳）『憲法改正が「違憲」となるとき』（弘文堂、二〇二一年）四四八－四四九頁。

（3）イリィ理論に関係する比較憲法学の議論としては、本特集に加えて、ガードバウムによる「比較プロセス理論」の提唱が挙げられる。これは、代表民主制プロセスの失敗をめぐる比較憲法学の知見を踏まえて、イリィ理論を、合衆国を越えた一般的な文脈へと拡張的に発展させることを試みるものであり、後述のエスピノーザ＝ランドーの議論に近い。*See* Stehpen Gardbaum, *Comparative Political Process Theory*, 18 Int. J. Const. L., 1429 (2020).

（4）例えば参照、宍戸常寿他「［座談会］グローバル化と憲法のアイデンティティ」論究ジュリスト三八号（二〇二二年）一八一―一八四頁。

（5）Rosalind Dixon & Michaela Hailbronner, *Ely in the World: The Global Legacy of Democracy and Distrust Forty Years on*, 19 Int. J. Const. L., 427, 428 (2021).

（6）*Id.* at 429.

（7）*Id.*

（8）オーストラリアを検討する Rosalind Dixon & Amelia Loughland, *Comparative Constitutional Adaptation: Democracy and Distrust in the High Court of Australia*, 19 Int. J. Const. L., 455 (2021) は、同国の高等法院判事であるゲイグラに焦点を当てたイリィ理論の「影響」を分析するが、紙幅の都合上取り上げられなかった。

（9）James Fowkes, *A Hole Where Ely Could Be: Democracy and Trust in South Africa*, 19 Int. J. Const. L., 476 (2021).

（10）Sergio Verdugo, *Limited Democracy and Great Distrust: John Hart Ely in Bolivia and Chile*, 19 Int. J. Const. L., 515 (2021).

（11）Roberto Niembro Ortega, *John Hart Ely in the Mexican Supreme Court*, 19 Int. J. Const. L., 533 (2021).

（12）Fowkes, *supra* note 9, 477–81; Verdugo, *supra* note 10, at 527–528; Ortega, *supra* note 11, at 545–46.

（13）Karl E. Klare, *Legal Culture and Transformative Constitutionalism*, 14 S. Afr. J. on Hum. Rts. 146, 150 (1998).

（14）Fowkes, *supra* note 9, at 477.

（15）*Id.* at 478.

（16）*Id.*

（17）*Id.* at 478–82.

（18）Michaela Hailbronner, *Combatting Malfunction or Optimizing Democracy? Lessons from Germany for a Comparative Political Process Theory*, 19 Int. J. Const. L., 495, 498. なおイリィ理論がいう代表民主制プロセス

の「機能障害」のうち、政治的内部者による政治的変化の閉塞を問題とする部分については、連邦憲法裁判所の判例における類似物として、選挙法や政党資金に関する事案で言及される「自己の事柄についての決定」概念があるが、これもイリィから影響を受けたものではないという。*Id.* at 502.

(19) *Id.* at 499.

(20) *Id.* at 501

(21) Geoffrey Thomas Sigalet, *Dialogue and distrust: John Hart Ely and the Canadian Charter,* 19 INT. J. CONST. L., 569 (2021).

(22) Andrews v. Law Society of British Columbia, [1989] 1 S.C.R. 143 (Can.). なお、髙橋正明「間接差別の憲法的統制」帝京法学三五巻1号（二〇二一年）一〇六－一一〇頁を参照。

(23) Andrews, [1989] 1 S.C.R. 143, 183.

(24) *Id.* at 152 (citing J. H. ELY, DEMOCRACY AND DISTRUST 151 (1980)).

(25) Sigalet, *supra* note 21, at 574–77.

(26) *Id.* at 573.

(27) *Id.* at 573–74.

(28) *Id.* at 576–77.

(29) 以下の記述は Claudia Geiringer, *Ely in New Zealand,* 19 INT. J. CONST. L., 439, 443–45 (2021) に基づく。

(30) N.Z. DEP'T OF JUST., A BILL OF RIGHTS FOR NEW ZEALAND: WHITE PAPER 28 (1985).

(31) *Id.*

(32) *Id.*

(33) イリィは開かれた条項の解釈をいかに行うべきかという限定的な問題設定を行っていたため、憲法典に非プロセス的権利が含まれているという「厄介な問題を巧みに回避できた」が、起草段階でイリィ理論を活用する場合には、「提案された文書中のすべての条項の正統性」が問題になる、とガイリンガは指摘する。Claudia Geiringer,

When Constitutional Theories Migrate: A Case Study, 67 AM. J. COMP. L. 281, 309–10 (2019).
(34) N.Z. DEP'T OF JUST, *supra* note 30, at 29.
(35) なお、以下の二点を補足しておく。まず、草案で列挙された権利の選定には、合衆国のプロセス理論だけでなく同時代の他の理論や経験からの影響がみられることをガイリンガも認めている。Geiringer, *supra* note 29, at 444. また、この草案については国民の支持が広がらず、最終的には通常法律として制定された。それでも、権利章典の内容はほぼそのまま維持されたため、ニュージーランドの権利章典法にイリィの影響が見られるという評価は変わらないという。*Id.* at 445.
(36) Manuel José Cepeda Espinosa & David Landau, *A Broad Read of Ely: Political Process Theory for Fragile Democracies*, 19 INT. J. CONST. L. 548, 552-55 (2021).
(37) *Id.* at 551-52.
(38) *Id.* at 554.
(39) 長谷部恭男「政治取引のバザールと司法審査」法律時報六七巻四号（一九九五年）六六頁、土井真一「司法審査の民主主義的正当性と『憲法』の観念」一三七頁、淺野博宣「プロセス理論へ」法学教室三二七巻（二〇〇七年）一五－一六頁。
(40) 土井・前掲注（39）一四二－一四三頁。
(41) Dixon & Loughland, *supra* note 8.
(42) 松井茂記『二重の基準論』（有斐閣、一九九四年）三四二頁。
(43) 阪口正二郎『立憲主義と民主主義』（日本評論社、二〇〇一年）二〇七頁以下の分析も参照。
(44) 淺野・前掲注（39）一六頁。
(45) 例えば、土井・前掲注（39）一四二頁以下。
(46) 松井・前掲注（42）。
(47) 長谷部・前掲注（39）六三頁。

(48) 松井茂記「プロセス的司法審査理論再論」佐藤幸治還暦記念『現代立憲主義と司法権』(一九九八年、青林書院)六七頁、長谷部恭男「憲法典というフェティッシュ」国家学会雑誌一一一巻一一・一二号(一九九八年)一六四－一六六頁。

第四部　沖縄と憲法

「女性優位と男系原理」の社会と女性のリプロダクティブ・ライツの脆弱性

西山千絵
（琉球大学）

一　沖縄振興計画にあらわれる女性政策から

二〇一二年の沖縄振興特別措置法（以下「沖振法」という。）の改正によって、沖縄振興計画は、国がその策定にあたる従来の枠組みから、新たに、国が沖縄振興基本方針を策定し、それに基づき県が策定する枠組みへと移行した。このとき、沖縄県が沖縄振興計画として策定した初めての基本計画を、「沖縄21世紀ビジョン基本計画」という。当時の計画における女性政策は、施策「県民の社会参加活動の促進と協働の取組の推進」（男女共同参画）であり、その他の課題の一つに過ぎない位置づけであった。

沖振法は一〇年の時限立法である。そこで、二〇二二年、同法を改正・延長するなどの沖縄関連五法が成立し、再び国は沖縄振興基本方針を策定した。これを受けて、沖縄県が策定したのが「新・沖縄21世紀ビジョン基本計画」である。この新たな振興計画において、県は、基本施策「多様性を尊重する共助・共創社会の実現」の一つとして、施策「ジェンダー平等の実現と性の多様性の尊重」を置いた。性に基づく不平等の存在を認め、その本質的な解消に向かう基本的方向性を示しつつ、これを三つのテーマに分けて推進していくという。その一つが、男女共同参画である。具体的内容としては、誰もが仕事と育児・介護等を両立できる環境整備、女性活躍のためのエンパワメント、「家庭生活において家族が互いに責任を担っていけるよう、固定的性別役割分担意識の解消に向けた講座・学習機会の提供」（七六頁）や、男性の育児休業取得推進に係る意識啓発が挙げられている。

本稿の目的は、沖縄県の今後一〇年の取組を示す本計画の策定についての分析にはない。しかし、行論の都合上、「貧困の連鎖等を断ち切るため、親の妊娠・出産期から子どもの社会的自立に至るライフステージに応じた切れ目のない支援体制等の仕組みづくり、保護者の所得向上と働きやすい環境の整備、公平な教育機会の確保など…きめ細かな対応」（二四頁）の推進を内容とする、基本施策「子どもの貧困の解消に向けた総合的な支援の推進」に関して、あと少し言及しておきたい。「特に、本県においては子どもの貧困問題が深刻であり、貧困に関連した…ＤＶ…や児童虐待など暴力や人権侵害の問題もある」（二〇頁）と説明される背景には、ひとり親世帯にみる構造的な貧困の固定化がある。県の「沖縄県ひとり親世帯等実態調査報告書」（二〇一八年）によると、出生率が全国的に高い水準で推移する沖縄にあって、ひとり親世帯の出現率は、それぞれ母子世帯四・八八％、父子世帯〇・七四％となっており、高い割合の世帯で年間就労収入が二〇〇万円未満という状況にある。そうした世帯間の経済的格差が、子どもの生活面での格差、教育面での格差ともなり、さらにその将来の子どもの生活格差へと循環していく、という意味で、世代を超えた「貧困の連鎖」が沖縄の社会問題として認知されて、基本施策に反映されたわけである。

はたして、連鎖しているのは貧困だけであろうか。

母となる女性が直面する差別、女性の身体に課された規範・抑圧もまた、沖縄において連鎖してきたのではないか。この疑問から、本稿は出発する。「子どもの貧困」は、第一に子どもの問題として取り上げられるか、あえて一部の女性の問題の側面ももつとされるにすぎない。その一方で、沖縄における女性の差別の諸相として、以下に取り上げる、各研究者等から問題提起されてきた様々な事柄の中には、必ずしも本県の女性政策において十分に主流化されていないものがある。「女性」からこぼれ落ち、周縁化した女性の存在を措定し、女性の選択に制約を課して女性間の格差の固定化へと導く社会構造の現在地を、批判的に浮き彫りにすることができないか、と考えた次第である。

沖縄における女性問題を扱う研究は、日本復帰前後の無戸籍児問題やアメラジアン問題(1)に関するもの、在沖米軍基地の軍人・軍属による性的被害・性暴力に関するもの、米軍男性との間の認知、離婚、養育費等をめぐる家事問題や日米地位協定の問題に関するもの、トートーメー（位牌）継承など伝統的な女性差別的慣習に関するもの、女性の高出生力に関するもの(2)、外国からの結婚移住女性に関するもの、高い離婚率を背景とした母子世帯の生活状況に関するものなど幅広い。筆者の能力の関係から、以下では女性差別的慣習に関連する問題を中心に取り上げる。女性の身体に課された制約・暴力が培養されてきた土壌についての考察を通じて、本稿の目的を果たすことを期したい。

二　女性差別的慣習の所在

沖縄では、門中と呼ばれる、一人の男先祖を共通にする父系血縁集団の結合が依然として残っており、那覇市の孔子廟訴訟（最大判令和三・二・二四民集七五巻二号二九頁）における久米至聖廟の管理団体も複数の門中からなる連合体の性格をもち、会員は男性のみである。例えば、沖縄本島の中南部の典型な門中のあり方は、「その内部にいくつかの分節集団を擁し、〈門中墓〉をその象徴的表象として所有し、〈清明祭〉などの祖先祭祀に corporate group の性格を顕現化させることを特徴とする」(3) などと、説明される。祭祀以外での門中の機能は特にないとされるが、門中を構成する個々のヤー（家）のトートーメー（位牌）の継承でも、長男の血筋による相続を原則として、四つの禁忌(4)（①タチーマジクイ（他系混合）、②チャッチウシクミ（嫡子押込）、③チョウデーカサバイ（兄弟重牌…弟は分家した位牌に祀られる）、④イナググヮンス（女元祖…女子孫の継承）の遵守が求められることは、よく知られるところである。これらの禁忌については、「大正期前後に父系血縁の貫徹を重視する観念が沖縄社会に普及し」(5) たとの指摘もあるが、その一方で、大きな犠牲と破壊をもたらした沖縄戦の後、ハラともヒキとも形容された他地域の血縁集団が、琉球王朝で栄えた首里・那覇の旧士族層の門中に倣うかたちで、父系男系血縁の貫徹等の規範的観念や様式により地域的特性が均されていく「門中化現象」（家譜をもとに、「シジ（血筋）タダシ」による父系嫡男の系譜に基づかない位牌継承の有無を点検し、遡及的に修正させるなどの様々な門中化の現象(6)）が生じていたことも指摘されている。

あわせて、戦後の日本では新民法が適用され「家族の民主化」が論じられた一方で、米軍占領下にあった沖縄では、民間人収容所における「市」の議会議員・市長選挙でいち早く女性参政権が実現するなどの変化はあったものの、日本で施行される新民法と同内容の民法が琉球立法院で成立し、一九五七年に施行されるまで、九年の遅れがあった。戦前の社会との継続性を捉えて、米軍による琉球・沖縄の独自文化を奨励する文化政策が「よかれあしかれ戦前からの沖縄的な慣習を温存させることになった(7)」との指摘も、沖縄戦後の社会で、父系血縁の系譜への回帰が広がった背景事情の一つとして挙げられよう。

祭祀承継における女性の不在、排除は、女性に課せられてきた異なる役割の裏返しでもある。「最初にいちばん血縁の近い者が箸で骨をはさんで、洗う女に渡す。洗う女もこれを箸で受け取る。…三年・五年と経てば骨はたいてい、きれいになっているものだが、どうかすると肉が腐らずにミイラ状になっていることもある。これは何か悪い因縁によるものとして遺族を大いに悲しませる。こういう場合は刃物などでかき落してから洗う。洗骨は全部女の手によって行われる。…戦前から女たちの間にこれを忌み避ける傾きがあった(8)」。

一九三〇年代頃に大宜味村で始まり、後に他地域にも拡大した「火葬場設置」運動(9)は、洗骨の担い手が女性親族に固定された地域であればこそ、白骨化が不完全な場合の作業などの精神的苦痛や、強いられた抑圧からの解放を目指す女性運動の側面をもっていたという(10)。しかし、この当時は、新生活運動に連動しており、「洗骨廃止」といった直接的で挑発的な表現は回避されていた点が特徴的である(11)。

女性の位牌継承（と位牌に付随する家の財産の継承）が認められない慣習的な禁忌が、女性差別として社会的に大きな議論に発展したのは一九八〇年代である(12)。一九八一年のトートーメー審判は、他に男兄弟のいない被相続人の娘Xが、父と同じ男系の男性親族を被相続人の（家の）祭祀承継者とすることを拒み、那覇家庭裁判所の審判を求めたもので、結局はXが祭祀継承者に指定されている(13)。一連の論争で明らかとなったのは、法律上は家族内の相続問題であっても、より広く門中の成員や、その大半が女性であるユタなどの宗教的職能者の介入を受けて女性が排除されうる、という家族の外延の曖昧さであり、父、夫、子といった媒介する男性（地域差があるという）によって変化する女性の門中帰属に関する不安定さ、祭祀承継者となる男子出産の重要性であった。トートーメー問題の当時にあっては、男系血縁原理の再生産を担い、ウガンブスク（御願不足）などを理由に祭祀の負担を強化するユタによる、先祖の声に言寄せたハンジ（判示）も批判されることになったが、「いつの間にか女性問題としての性格は不明になっていった[14]」と回顧されている。

当時のキャンペーンは「トートーメーは女でも継げる[15]」（強調、引用者）と銘打っていたが、しかし、例外的に女性でも継承して差し支えないのか、長男の存在にかかわらず女性が位牌を継承できないことがおかしいのかとでは、主張の立脚点は異なる。また、先祖観の変容の問題なのか、閉鎖的で複雑な親族関係の問題なのか、祭祀の実践に伴う経済的・肉体的負担を要求するユタの煩わしさを問題としているのかなど[16]、トートーメー問題は何が本質的な批判対象かについて、当時に表明された見解は観点のレベルを別にする。出生抑制に対する需要が出てきたとはいえ、男系血縁原理の下で女性の立場は、挙児の有無により門中墓への帰属が宙に浮く例など、生殖と分かちがたく結びつけられていた。婚姻する女性と婚姻しない女性、性的価値を提供する女性と提供しない女性、子を産む女性と産まない女性、こうした、本人によるところではない一方的な線引きに基づいて女性が選別されるなかで、トートーメー（と家の財産）の継承だけに女性差別があったとはいえないであろう。それでいて、実際の議論が錯綜した結果、ユタのハンジに左右された門中のあり方を超えて、個人をとりまく地域の性差別的慣習に対する抵抗運動としては続かなかったことについては[17]、「日常性を染めあげる家意識改変の、核心にまで迫りながら、その核心との対決を前にして、立ちすくんだことになる[18]」とも、批判されている。

三　「女性優位と男系原理」社会のもつ矛盾

女性の役割に対する固定的な価値観が根を下ろした社会構造と根本的に対峙することが、なぜ躊躇されたのかを、考えてみる必要がある。そこで、一つの視点として、沖縄社会の特質として女性優位・男系原理社会であったとの言説に、本稿は注目した。すなわち、生家の兄弟（エケリ）の姉妹（ウナイ・

ヲナリ）として、生家に呪的・霊的保護を与える「ヲナリ神」（伊波普猷）としての祭祀上の役割をもつなど、祭祀における女性の霊的優位を根拠としつつ、「男系原理は沖縄社会の一部に女性を排除するシステムを形成している。しかしながら、その厳格な男系の社会組織も、女性が優位に立つ場を内包しているというところに沖縄社会の特質が表われているのではないか(19)」と評価する見方である。

実は、このヲナリ神信仰における女性の高められた霊性に着想を得て、「うないイズムという新しい伝統文化が、実は沖縄の女性運動《オキナワン・フェミニズム》の核をなしている…古琉球の姉妹（うない）信仰が…再発見されて、…いわば『言霊』として、女性たちの主体化を支えている(20)」とされたように、沖縄におけるフェミニズム運動において、「女性優位」を表象する「ウナイ（ヲナリ）」の精神が、女性をエンパワーする目的で立ち上げられた一九八五年の「うないフェスティバル」（二〇一四年まで開催）を皮切りに叫ばれるようになる。例えば、入会集団の会員資格に関する慣習の女性差別が争われた、金武町杣山訴訟（最二小判平成一八年三月一七日民集六〇巻三号七七三頁）の原告団が「人権を考えるウナイの会」であったことは、当時の女性運動のネットワークが「ウナイ」の名を掲げる影響を色濃く受けたものである。

「首里・那覇を中心とする旧士族社会から離れたおおかたの農民庶民層の社会では、女性の経済的役割の大きさを背景にして『家』的な強制力からは自由な、男性に対しては平等な女性像がかなり近い過去まで残存していたのではないか(21)」との素朴な分析から知れるように、実質的には、男系血縁原理が強固な領域にあって独自の場を与えられる女性とは、生家のために「ウナイ」として祭祀を行い、婚家では家事労働にとどまらない労働力（いわば財産性）として機能する、一定の規範的なふるまいを通過した女性になる。そこで、例えば、復帰前から無国籍児として放置された子どもの問題から看取される、米軍人との間に子をなす女性の排除、トートーメー審判のようなかたちで財産相続の男系継承に異議を唱える類いの女性の排除は、なぜ生じたか。それを、期待される「普通」の女性像から遊離していたために生じたものとする見地に立つと、『「普通の家」においてやっと与えられる女性の『高い地位』とは』[22]という、規範的女性性から逸脱する女性の周縁化・縁辺化に関して、今も繰り返される問いに行き当たる。[23]

なお、「女性優位」の言説については、「女性という用語を十分に検討することなく頻用した結果、これまで姉妹と対であった兄弟〈男性〉の存在が、ヲナリ神信仰の文脈…から抜け落ちることになった」[24]との近年の研究がある。すなわち、姉妹（ヲナイ）と兄弟（エケリ）という男女一対の相補完的な枠組みにあって、初めて女性の霊的な力が行使されることが十分に留意されていないのではないか、むしろ異なる性の結合によって表象されるのは、豊穣に対する信仰であったとの異説である。「女性優位」性が首肯されれば、ひとまず男系原理社会の現実に対する批判的対峙を先送りにしてよいと考える向きはあるかもしれない。その一方で、いかにも不平等なジェンダー関係や、沖縄社会の女性排除のシステムの前景化を歓迎しない土壌の存在が示唆されているようにも思われる。

しかし、もう一つの視点から、考えてみたい。「私たちは現在の沖縄そのものと、男性側からの二重の圧力を受けている」（一九六八年一一月三〇日「沖縄の婦人」四〇号第一面）。地上戦に引き続いての米軍統治、復帰後の日本による抑圧の経験が交差する、現実の沖縄のことである。

四　性差別・性的抑圧への抵抗と「沖縄女性」というアイデンティティ

「基地問題に取り組む男性たちから、なんでもすぐに女性問題に変えてしまう、という批判をされたりしました」[25]。

一九九五年九月の米軍少女暴行事件は、軍隊による性暴力の現実を改めて社会に突きつけた。同年十月には、「米軍人による少女暴行事件を糾弾し日米地位協定の見直しを要求する沖縄県民総決起大会」が開かれ、ほどなくして、基地問題は女性問題であるとのメッセージを掲げ、女性団体「基地・軍隊を許さない行動する女たちの会」（以下「女たちの会」という。）が結成された。同団体は以後、軍事基地・長期駐留軍隊と軍隊それ自体によりもたらされる（組織的）性暴力への批判を一貫して発信し続けている。その一方で、同年五月に米軍人が知人女性を殺害した事件については、少女暴行事件ほどの反応は社会から示されなかったことが指摘されている（沖縄タイムス一九九六年二月七日夕刊）。二〇〇八年のフィリピン人女性暴行事件を受けて開かれたのは、「米兵によるあらゆる事件・事故に抗議する県民集会」である。「少女の犠牲は、比類の無いほど悲惨なことである。だからこそ／それなのに『いけにえとしての少女』は、たいていの場合、象徴的な存在に奉られ…それ以上の分析を拒んでしまう…つまり、少女は物象化され、完結し、脇に追いやられて、幕が下りる」[26]。女たちの会では問題視されていても、社会の大勢としては、女性の性的自由の侵害それ自体は看過されている。すなわち、女性に対する暴力が社会的訴求力によって選好されるかたちで、基地反対運動における象徴や規範的ヒロインとして取り込まれた側とそうでない側との価値の相違が浮き彫りにされている。

しかし、女性に対する暴力それ自体に対する批判的視点から基地反対運動に至る過程で、避けて通れないのは、〝より大きな〟抑圧に向けた連帯、または妥協でもあった。「『基地を無くする』という大儀のためには『瑣末なこと』に拘泥せず、一致団結して反対闘争を展開すべきであるという論理」[27]は極端であるとしても、沖縄アイデンティティの共有や確認は、米軍基地への抵抗といった文脈では重要な意味をもつ。では、産む可能性のある身体に伝統的に課されてきた家族形成規範については、いつ、誰が、どのようにして対峙するのか、である。内なる分断を回避し、米軍基地・軍隊がもたらす問題を無効化させることなく、先送りの状況を打開し、合計特殊出生率が全国で最も高い沖縄で後景化したリプロダクティブ・ライツ、女性の最も基本的な自己決定権への視点を社会に定着させる。そうした、ジェンダー平等の土壌を培養する息の長い展望を伴う、高度に政治的な判断に迫られるところに、基地問題として規定されてきた沖縄の女性問題の特殊性があるように考える。

六　これからの沖縄・女性を問う：どこに、何に向けた、誰の問いになるのか

基地と並行して進展した課題には、一貫して、周縁化された「女性」の存在があった。例えば、金武町のキャンプ・ハンセンのゲート前に開発された特飲街である「新開地」は、一九九〇年代まで米軍人の遊興地区であったが、「新開地で暴力にあってきたのは主に他地域出身者や外国籍の女性従業者であった[28]」とされる。新開地の飲食店や風俗店で働く女性は、沖縄離島・奄美出身の女性やフィリピン人などの外国籍女性が多かったとされ、その後街自体は衰退する過程を経る。ここで先出の「ウナイ」とは、これらの他地域出身の在住女性を含むものであったか。「沖縄女性が／を語る場を立ち上げるためには、沖縄女性を捏造しなければならず、多様で変幻自在でとらえどころがないはずの沖縄女性を一色に染め上げて『これが沖縄女性です』と同一性を騙ってしまう危険[29]」があるという。「新開地地区女性従業者…は別の世界に生き、地域社会と隔絶した位置にいた人々といえる[30]」のであったとすれば、これら女性は「ウナイ」ではないものと規定されて、ややもすると、今後も孤立した位置づけにおかれうる。

沖縄の女性問題を論じるにあたって、二重三重に現れるのは、「Ain't I a Woman?」(bell hooks)の問いかけである。県内各地には以前からいわゆる嫁不足を補う、フィリピンやベトナム等から国際結

婚により移住してきた外国出身の女性達がおり、妊娠・出産への抑圧、子どもへの母語の使用の抑制、永住資格の取得前に多いＤＶ・離婚・夫の死後の孤立もまた一部であれ、沖縄にある女性の身体の置かれた差別的状況である。(31) マイノリティであるはずの「沖縄女性」という主語から排除される、さらなるマイノリティ性を生きる女性の存在によって、異なるニーズの交差性（intersectionality）への注意が促されている。オリエンタリズムの視線を拒絶し、また、これが我々／沖縄の問題かと躊躇し、多方面への影響を考慮するために、あえて一定の女性を存在しないことにできるのがフェミニズムかと、自問せざるを得ない。差別構造の複雑化が進む社会を前に、個々の女性の包摂を考えることを措いて他にフェミニズムの課題はないはずである。

【付記】本報告はＪＳＰＳ科研費（20K00740、21K01148）の助成を受けたものである。

（1）アメラジアン（Amerasian）は、沖縄で用いられる場合、米軍人・軍属を念頭においたアメリカ人（American）と沖縄女性を念頭においたアジア人（Asian）の間に生まれた子どもを含意する。独自の展開をたどった沖縄のアメラジアンの総合的研究として、野入直美『沖縄のアメラジアン―移動と「ダブル」の社会学的研究―』（ミネルヴァ書房、二〇二二年）参照。

（2）澤田佳世『戦後沖縄の生殖をめぐるポリティクス―米軍統治下の出生力転換と女たちの交渉』（大月書店、二〇一四年）、同「『日本一』の出生率と沖縄の子産み―日米支配と家父長制下の家族計画」小浜正子＝松岡悦子編『アジアの出産と家族計画』（勉誠出版、二〇一四年）参照。

（3）須藤健一「社会人類学・民俗学における村落社会研究―奄美・沖縄地域を中心に」村落社会研究一〇巻（一九七四年）二九六頁。門中組織の地域的偏差について、同・二九六－二九八頁。

（4）比嘉政夫「『門中』研究をめぐる諸問題：小川徹氏の論考を中心に」沖縄文化研究一号（一九七四年）一九九－二〇〇頁参照。

（5）小熊誠「門中と祖先祭祀」古家信平＝小熊誠＝萩原左人『日本の民俗一二　南島の暮らし』（吉川弘文館、二〇〇九年）一六〇頁。

（6）比嘉政夫「女性優位と男系原理―沖縄の民俗社会構造」（凱風社、一九八七年）八四－八七頁参照。「伝統の発明＝創出」としての門中化の視点から、病気や家族不和などの災いの原因と祖先崇拝の禁忌の違反が、ユタなどの宗教的職能者を介して結びつけられ、「発明＝創出」された伝統が承認され、古琉球につながるアイデンティティとして受容されていく過程について、小田亮「『伝統の創出』としての門中化：沖縄のユタ問題ともうひとつの『想像の共同体』」日本常民文化紀要一九号（一九九六年）一二四－一三〇頁、一四〇－一四一頁、比嘉・八八－八九頁、小熊・前掲注（五）・一四九頁参照。

（7）国仲銘子「沖縄の位牌継承と女性問題：父系血縁イデオロギーの歴史的形成過程を通して」沖縄文化研究三〇巻（二〇〇四年）三一八頁。沖縄での民法改正を求める女性運動に関連して、佐久本佳奈「新垣美登子『黄色い百合』論―米軍占領下沖縄の民法改正運動を背景に―」日本近代文学一〇四巻（二〇二一年）三五－三六頁も参照。

（8）比嘉春潮「通過儀礼」『日本民俗学大系』一二巻（平凡社、一九五九年）一〇〇－一〇一頁。「葬式の日には納棺するまで、手足が硬ばらないように、娘や親類の女が絶えず関節のところを揉む、これを最後の孝行だという」（同・九七頁）。

（9）なお、火葬場がない沖縄県離島のうち、与那国町での比較的最近の洗骨事例に関して、唐木健仁「沖縄県与那国島の宗教的職能者「オガミのひと」の役割―洗骨改葬二事例の比較から―」年報人類学研究七号（二〇一七年）一一－一三頁、一七頁参照。

（10）堀場清子「イナグヤナナバチー―沖縄女性史を探る」（ドメス出版、一九九〇年）のうち、県内で最初に公設の火葬場が設置された大宜味村喜如嘉を調査地とした、第1章「洗骨廃止の悲願」を特に参照。「イナグヤナナバチハンティウマリン」――女性（イナグ）は生まれながらに七つの罰を背負っているとの、古くからの言葉に表象される社会的抑圧と洗骨、針突への言及について、例えば、同・六一頁参照。
(11) 堀場・前掲注(一〇)・五八-五九頁参照。
(12) 琉球新報社編『トートーメー考：女が継いでなぜ悪い』(琉球新報社、一九八〇年)参照。
(13) 及川伸「男女差別慣習と法の役割」法時五三巻八号(一九八一年)二六-二七頁参照。
(14) 若尾典子「沖縄女性史研究への基礎視角――柳田国男と伊波普猷」沖縄文化研究一二巻(一九八六年)一八〇頁。沖縄県「男女共同参画社会づくりに関する県民意識調査(概要版)」(二〇二一年)では、トートーメーの継承については「それぞれの家に任せるべきである」「誰が継いでもよい」との回答が増加しているが、実際は長男に限った継承が六二・六%、血縁男子への継承を含めると七五・三%となっている(二頁)。
(15) 国際婦人年行動計画を実践する沖縄県婦人団体連絡協議会編『トートーメーは女でも継げる』(新報出版、一九八一年)。「まさに婦団協は、ユタ問題を『避けていた』」と、急速に収束していった顚末について指摘する、堀場・前掲注(一〇)・二四二頁。
(16) トートーメー問題後のユタの柔軟な変化と変わらぬ需要について、新里喜宣「沖縄のユタの宗教観における現代的変容」文化/批評一号(二〇〇九年)二三三-二四〇頁参照。
(17) Xは審判の後、関西へ転居したという。沖縄人権協会編『戦後沖縄の人権史―沖縄人権協会半世紀の歩み』(高文研、二〇一二年)一二一-一二六頁参照。
(18) 堀場・前掲注(一〇)・二四三頁。
(19) 比嘉・前掲注(六)・六五頁。生活様式の変化等により「ヲナリ神」の地位・役割がほぼ衰退したことについて同・六五頁。
(20) 勝方=稲福恵子「『沖縄女性学』の構築：『「植民地的近代(コロニアル・モダニティ)」への抵抗主体『うないイズム』』ジェンダー研究21(二〇一七年)六巻二四頁。「抵抗主体としての『沖縄女性』を逃れることはできない」同・一四頁参照。
(21) 比嘉・前掲注(六)・六七頁。織布生産などで能力を発揮する女性の労働力・経済力への言及について同・六四頁参照。
(22) 若尾・前掲注(一三)・一八一-一八二頁。
(23) 例えば、玉城福子『沖縄とセクシュアリティの社会学』(人文書院、二〇二二年)二五七-二五九頁参照。
(24) 加賀谷真梨「沖縄研究にみられる『女性の霊的優位』言説の再検討――『ヲナリ神信仰』再考」比較家族史研究二四号(二〇一〇年)一〇一頁。同・一〇五-一〇七頁参照。
(25) 高里鈴代「沖縄の女たち:女性の人権と基地・軍隊」(明石書店、一九九六年)三〇頁。
(26) 勝方=稲福恵子『おきなわ女性学事始』(新宿書房、二〇〇六年)一九一-一九二頁。「被害者の女性を我々の所有物とする家父長的な言説」の指摘について、玉城・前掲注(二三)・二一六-二一八頁[二一八頁]参照。
(27) 勝方=稲福・前掲注(二〇)・三〇頁。
(28) 桐山節子「戦後沖縄の基地と女性:人の移動とライフヒストリーから」社会科学四六巻一号(二〇一六年)一八九頁。高里・前掲注(二五)・二二三頁。
(29) 勝方=稲福・前掲注(二〇)・一五頁。
(30) 桐山節子「沖縄の基地と地域:軍用地料問題と女性運動」社会科学四七巻四号(二〇一八年)八五頁。
(31) 例えば、仲里和花「日比国際結婚のフィリピン人妻のDV・離婚に関する一考察―沖縄県A市在住者の事例を通して―」異文化間教育四一号(二〇一五年)九五-一一〇頁。

沖縄振興の「機能」と沖縄の「構造」

岩垣真人
（沖縄大学）

はじめに

二〇二一年、慰霊の日を過ぎたころ、戦後の憲法学そのものを対象とする、意欲的な書が登場した。(1)その本は、沖縄にとっても、重要な意味を持っている。本の一章は、沖縄についても割かれたものであり、つまり、戦後・沖縄と、そこに「切り結ぶ」日本国憲法／憲法学の姿も、（あるいはその欠落として）、巧みに表されるものであったからである。(2)かかる論考に対しては、今度は「沖縄の側(3)」から、応答せねばなるまい。というのも、そこに引かれた以外の、とりわけ沖縄県民の手になる論考を提示することで、有益なコミュニケーションが図れるのではないかと思われるからである。この論考は、そのような意図に基づき、沖縄県内で活躍する研究者による論を中心に捉えながら、「沖縄振興体制」をテーマに、守谷と同じく、日本国憲法の「死角」を描こうとする掌編である。

一　沖縄とは「なにであった」のか

琉球大学に所属し、また沖縄における自治制度研究の第一人者である島袋純は、沖縄振興体制を、[4]以下のように定義する。[5]島袋が用いる「沖縄振興体制」という語は、「沖縄振興開発体制」の跡を襲うものであるが、まず、その「沖縄振興開発体制」とは、「沖縄振興開発特別措置法に基づき、『格差是正』を看板とし、基地への見返りを公にすることが不可能でありまた統治の仕組みとしても直接リンクする仕組みを設置することができなかった一九七二年から一九九八年」までの、沖縄をめぐるシステムの総体であるとされる。そして、「沖縄振興体制」は、そうしたシステムが、「基地への補償であることが政府や政党の幹部から公言されるようになり直接リンクする仕組みが整えられた稲嶺県政以降」のあり方を指すという。この定義上、重要なコアをなすものが、沖縄振興開発特別措置法あるいは沖縄振興特別措置法であることは明らかだろう。そして、それらの法が、「沖縄の復帰に伴い、沖縄の特殊事情にかんがみ」て（沖縄振興開発特別措置法一条）、あるいは「沖縄の置かれた特殊な諸事情に鑑み」て（沖縄振興特別措置法一条）布かれるものである以上、主題である沖縄振興体制の分析に先立ち、その「特殊（な諸事）事情」について、検討がなされなければなるまい。つまり、「復帰」以前に、沖縄が置かれた位置についての検討である。ただし、古琉球から、栄えあるレキオスの時代にかけてを問い直すことは、筆者の手に余るので、[6]ここでの検討は、より直截、「特殊（な諸）事情」という言葉が指し示す、第二次世界大戦後の、米国占領下／施政権下の沖縄に限定して、行いたい。

一九四五年、ニミッツ布告（海軍軍政府布告第一号「権限の停止」）を皮切りに、沖縄は日本と切り離され、アメリカの支配下に置かれた。当初、戦争は継続していたため、戦地であった沖縄島の住民は収容所へと隔離されることになった。収容所では、従来の金銭取引も禁じられ、住民は、配給によって生活することを余儀なくされた。「近現代においてあまりに異例[7]」とされるこの「無通貨時代」は、一九四六年まで続くが、アメリカ軍は米国軍政府特別布告第七号「紙幣両替、外国貿易及び金銭取引」を発し、いわゆるB円（B型軍票）などを法定通貨として流通させるようになる。[8]このB円については、最終的に、米ドルとの交換レートが一ドル＝一二〇B円として固定されることになり、それに新円とのレートも併せて考えてみれば一ドル＝一二〇B円＝三六〇円、つまり、一B円＝三円という、極端なB円高・円安のレート設定がなされていたことが、まずもって重要である。沖縄の方から見れば、一方で、そのレートを「活用」することで、日本から製品を安価に輸入し、旺盛な需要をまかなうことが可能となったが、他方、その通貨交換比率は、沖縄における輸入代替型の産業育成を、極度に阻害するものでもあったのだった。[9]

二転三転する、米国の対沖縄政策は、最終的に、琉球諸島[10]の長期保有を、基本的な方針として確定させ、そのための一方策として、米国軍政府（United States Military Government of the Ryukyu Islands・琉球列島米国軍政府）はその名前を米国民政府（United States Civil Administration of the Ryukyu Islands・琉球列島米国民政府。以下、ＵＳＣＡＲと略記する）と改めることになった。しかし、名が体を表すわけではなく、その実態に変化はなかった。ＵＳＣＡＲの下、沖縄側の統治組織として、琉球政府が設立されるが、あくまで「沖縄の自治は神話[11]」であり、また、経済についても、自立的な経済体制の樹立にはほど遠い状態にあった。当時、アメリカからの経済援助と、米軍基地からの収入の二本柱が沖縄経済を支えており、これらは「琉球経済の竹馬[12]」と呼び表されていた。

だが、サトウキビ・ブームと、ベトナム戦争特需によって、沖縄を取り巻く経済状況は一変する。日本政府は、もともと、沖縄産糖の保護政策に力を入れており一九五九年には「国内甘味資源の自給力強化総合対策」が閣議報告されている。琉球政府も軌を一にしながら、同じ年に糖業振興法を成立させた。ここに、キューバ危機による国際糖価の急騰が発生し、一時期、サトウキビの作付面積は、沖縄における耕地総面積の約三分の二にまで達したという[13]。そして、同じ時期、都市部は戦争特需に湧いていた。ベトナム戦争を後方で「支える」役割を割り当てられた沖縄は、しかしそれによって、縫製加工業や建築資材調達業に膨大な金額が流れ込むことになり、また増加する基地従業員によって、基地周辺歓楽街も賑わいを増すことになった。

日本「復帰」に先立ち、このように沖縄は高度経済成長を経験するが、その内実は、日本のものとは大きく異なっていた[14]。先に記したように、あくまで沖縄の経済成長を牽引したのは、高騰する国際糖価など外的な要因であった。従って、これは他律的な経済成長といわざるを得ない。だが、日本の高度経済成長は、それと異なり、内需拡大によってもたらされる、あくまで自立的かつ自律的なそれであった。高度成長を経験するものの、あくまでそれが内在的な要因によるものでなかったという事実は、その後の(「復帰」後の)「日琉」関係にも影を落としていくこととなる。

二　沖縄振興体制とは「なにであった」のか

島袋純は、既に述べたように、いわゆる「リンク論」の有無を一つのメルクマールとしながら、「沖縄振興開発体制」と、「沖縄振興体制」を切り分け、論じる。しかし、この検討においては、論が錯綜することを避けるためもあり、両者を特に区別することなく、一九七二年以降のそれについて、一貫して沖縄振興体制の語を用いることにしたい[15]。まず、米国施政権下でのインフラ整備の遅れが、沖縄振興体制を必要とした。当時の沖縄では、交通基盤が貧弱であり、産業基盤や生活基盤、そして教育基盤も不十分であった。[16] 自動車一台あたりの道路延長は全国平均の三七％にとどまり、また、農地整備率に至っては八％に過ぎなかった。小中学校の校舎整備率も、七八％であり、まだ多くの児童・生徒が劣悪な環境課での学びを強いられていた。

「格差是正」を旗印に登場した沖縄振興体制は、数多くの法・制度を束ねたものである。それは、①沖縄のみに適用されることが予定されているものと、②全国的に適用されうる内容であるが、実際には沖縄を中心に作用しているものの二つに分けることができる。前者はさらに、（a）振興策の実施に関するものと（b）租税軽減措置に関するものとに分類できる。振興策の実施について、その軸となるのが、日本「復帰」直前に制定された、沖縄振興特別特措法と、沖縄開発庁設置法、そして沖縄振興開発金融公庫法からなる、いわゆる「沖縄三法」である。現在内閣府に統合された沖縄開発庁は、関係省庁間を調整し、また予算の一括計上システムも導入しながら、沖縄におけるスムーズな政策実施を図るものであった。また、現存する唯一の特殊法人としての金融機関である沖縄振興開発金融公庫は、民間の金融機関の融資活動を補完しつつ、長期的な展望に立った長期的融資を実現するための機関として設立されている。そして、振興策の要石となるものが、沖縄振興（開発）特措法である。二〇〇二年から、沖縄振興特措法として姿を変えたこの法律に、一貫して置かれるものが、高率補助制度である。「日本最高水準」とも称されるその補助率の高さは、例えば、国直轄事業道路の場合であれば、九五％にも達する（沖縄県以外では三分の二が補助されるにとどまる）。さらに、同法には、沖縄県知事が沖縄振興交付金事業計画を作成することができる旨が定められているが、その計画には、「沖縄の振興の基盤となる施設の整備に関する事業」と「沖縄の振興に資する事業」について、記載される。前者がハード交付金と言われるものであり、後者はソフト交付金と呼ばれる。両者を合わせて、一括交付金と称されることが多い。ソフト交付金が利用できる範囲は相当広く、使い勝手がよい反面、交付対象事業が適切な使用ではないという批判も招くこともあった[17]。

①に挙げた二者のうち、（b）租税軽減措置に関するものは、さらに「復帰」時に公布された沖縄復帰特別措置法から継続しているものと、その上に、前述した沖縄振興特別措置法により追加されたもの（沖縄型特定免税制度に係る特例措置など）に分けることができる。前者のものとして、五〇年以上継続されることが決定した、酒税の軽減措置がある。これは、県内向け販売に限り、泡盛はその三五％を、またビールはその二〇％を、それぞれ軽減するものである。「復帰」に伴う激変緩和措置として導入された酒税の軽減措置であったが、半世紀にわたりそれが継続していることへの批判等もあり[18]、二〇二二年の沖縄振興特別措置法改正に際して軽減措置の段階的削減が決まり、泡盛は二〇三二年五月に、ビールは二〇二六年一〇月に、それぞれ、軽減措置が完全に廃止されることになった。

沖縄県だけでなく、②全国的に適用される制度であり、かつ、沖縄県を軸として利用されている制度の代表が、「基地維持財政政策」と表現しうる[19]、基地周辺への「補償」的性質を持つような、財政支出の枠組みである。代表的なものが、いわゆる環境整備法（防衛施設周辺の性格環境の整備等に関する法律）による、財政措置である。環境整備法はまず、三条と四条で防音工事への助成を、また五条で移転に際しての費用の補償を定めている。同法の八条、九条は、さらに「使い勝手が良い」ものとなっており、まず、八条は「民生安定施設の助成」のためのものだが、道路から養護老人ホーム、そして農林漁業用施設までと、幅広い活用が可能である。また、九条の「特定防衛施設周辺整備調整交付金」は、ソフト事業に利用することも可能であり、例えば二〇一九年度には那覇市が行う妊婦健康診断事業に対して、交付が行われている。[20]

全国を対象にしたものだが、その大半がサトウキビを生産する沖縄県と鹿児島県に支出されているものとして、甘味資源作物交付金制度も存在する（その他、てんさいを生産する北海道もその恩恵を受けている）。これは、砂糖及びでん粉の価格調整に関する法律に基づき、安価な輸入糖から徴収した調整金を財源として、それを農畜産業振興機構が、サトウキビ生産者に対して交付することで、国内外の価格差に対応する制度である。二〇二一年産のものであれば、標準的な糖度のもので一トンあたり交付金の額が一六、八六九円であり、交付金を加えた手取額は、一トンあたり二二、七一一円となったという。[22]なお、甘味資源作物交付金は、分蜜糖（いわゆる白砂糖）を対象としたものであり、沖縄県の島嶼部で多くが生産されている含蜜糖（いわゆる黒糖）については、その対象とされない。そのため、含蜜糖振興対策事業として、既に述べたソフト交付金が利用されている。[23]

三　沖縄振興体制とは「なにである」のか

これまでに見てきたように、沖縄振興体制は、他県には見られないもので、また相当広範囲の事業等対象とした、まさしく「システム」と呼びうるものである。そして、二〇二二年五月には、「復帰」から半世紀が経過したが、そのおよそ一月前には、やはり大方の予想どおり、沖縄振興特別措置法の延長が決定されている。延長に伴い、軽減措置制度の将来的廃止が決まり、また五年以内の検討と必要に応じた見直しの規定（附則第二条）が追加されるなどの変化はあったものの、沖縄振興特措法に根本的な変化は生じていない。そして、継続される沖縄振興体制について、県内からは「高率補助を利用しようとハード事業に偏り、福祉政策などが手薄になった結果、貧困問題が顕在化してきた」（宮城和宏・沖縄国際大学教授）などと問題点を指摘する声も上がる。[24]このような、沖縄振興体制の「逆機能」については、沖縄県内の研究者が中心となって進める、[25]沖縄自治構想会議が長らく問題として取り上げ続けてきた。

沖縄自治構想会議は、とりわけ、いわゆる「裏負担」を問題視する。高補助率が保障されているハード事業にせよ、幅広い分野に活用することが期待できるソフト事業にせよ、一〇〇％を国が負担するわけではなく、その一部は自治体が負担する。この自治体負担分が「裏負担」である。沖縄振興体制の下、各自治体は先を争って高補助率事業に手を付け、その結果、果たすべき自主事業や、さらには医療・教育・福祉事業に充てるべき自治体の予算が「減らされ」て、[26]「ナショナルミニマムの達成さえ十分ではない状態」[27]を引き起こすことになっていると指摘する。それを裏付けるように、二〇二〇年の新聞インタビューに対し、松川正則宜野湾市長は「高補助率で事業を広げすぎると裏負担（市の負担）が重くなるが、今はそれほど心配ない。むしろ（生活保護費など）扶助費の伸びが課題だ[28]」と答えている。ナショナルミニマム達成のための扶助費支出を「課題」とし、高補助率事業を優先することは、明らかに本末転倒であろう。また、そもそも、ハード事業については、「高補助率」と表現されるものの、あくまでその補助の対象は建設費用であり、維持管理費はそこに含まれない。さらに、「標準的な自治体の行政需要」にも該当しないため、維持管理費が交付税の措置を受けることもない。自治体の中には、「裏負担」のみならず、その後の維持管理費が後々重荷となるケース[29]も発生している。

そのような沖縄振興体制の「逆機能」を目にすると、農業経済学、そして「沖縄経済学」の泰斗、来間泰男の以下の言には首肯せざるを得ない。来間は二〇〇一年の時点で、[30]「高補助率の弊害」を強く指摘し、二〇二二年現在には既に実現してしまった、那覇空港の第二滑走路などを、「過大な投資をするようになり行政の健全な感覚が歪んだ」例として手厳しく批判する。その上で、「特別措置をいきなりなくせとは言わない」が、「一〇分の九の補助率を一〇分の八にし、時間を掛けて本土並みの二分の一にす」る、漸減案を提案している。[31] 酒税の軽減措置同様、高補助率も、さらには一体となった沖縄振興体制も、来間が提示するように、漸減するべきではないのか。

おわりに

沖縄振興体制は、見直されねばならない。ここまで、短いながら、それを経済的・財政的逆機能を理由に、そう主張してきたつもりである。だが、沖縄の自意識の点からも、やはり見直されなければならないのではないか。沖縄では、自立経済ないし経済的自立という語が取り上げられることが多い。そして、それは現状は「依存経済である」というある種の「引け目」の裏返しである。だが、そもそも、一国内の一地方の経済が、自立しているということは可能なのだろうか。来間泰男は、「日本社会の構造からして財政依存は当たり前」であると喝破する。[32] まさしく至言である。望むべくもない「自立」にこだわり、そのための準備として、同時に沖縄振興体制にこだわるのではなく、他県同様、依存した上で、ナショナルミニマムの保障を求めるべきではないか。そして、それはまさに、「日本国憲法というシステム」が保障するものでもある。

［付記］本研究は、科研費（20K02957）の助成を受けたものである。

参考文献

伊波（二〇〇〇）：伊波普猷（外間守善校訂）『古琉球』、岩波文庫（沖縄公論社、一九一一年、初出）。

岩垣（二〇二二）：岩垣真人「沖縄が置かれる財政環境の歴史的展望」、日本財政法学会『財政法の七〇年（財政法叢書三五号）』（刊行予定）。

沖縄自治構想会議（二〇一八）：沖縄自治構想会議『沖縄エンパワメント――沖縄振興と自治の新たな構想――』、沖縄自治構想会議事務局。

川瀬（二〇一三）：川瀬光義『基地維持政策と財政』、日本経済評論社。

来間（二〇一五）：来間泰男『沖縄の覚悟　基地・経済・〝独立〟』日本経済評論社。

小濱（二〇二〇）：小濱武「沖縄の高度成長」、沖縄国際大学経済学科編『沖縄経済入門　第二版』、東洋企画。

斎藤（二〇二二）：斎藤暁「［書評］憲法学が『戦後憲法学』を問うことの意味」、『憲法研究』、第一〇号、信山社。

島袋（二〇一四）：島袋純『「沖縄振興体制」を問う　壊された自治とその再生に向けて』、法律文化社。

鈴木＝出口編（二〇二一）：鈴木敦＝出口雄一編『「戦後憲法学」の群像』、弘文堂。

高良（一九九三）：高良倉吉『琉球王国』、岩波新書。

土井（二〇二二）：土井智義『米国の沖縄統治と「外国人」管理　強制送還の系譜』、法政大学出版会。

藤生（二〇一九）：藤生将治「沖縄振興一括交付金の現状と論点」、参議院常任委員会調査室・特別調査室『立法と調査』、四一七号。

牧野（一九八七）：牧野浩隆『戦後沖縄の通貨』、ひるぎ社。

宮城（二〇二〇）：宮城和宏「沖縄経済の軌跡」、沖縄国際大学経済学科編『沖縄経済入門　第二版』、東洋企画。

守谷（二〇二一）：守谷賢輔「『戦後憲法学』の死角―沖縄、マイノリティ、アジア」、鈴木敦＝出口雄一編『「戦後憲法学」の群像』、弘文堂、所収
琉球新報社編（一九九二）：琉球新報社編『復帰後全記録　現代沖縄事典』、琉球新報新社。

注

（1）鈴木＝出口編（二〇二一）。なお、この書が憲法学界へ与え（う）るインパクトについては、斎藤暁による卓越した評を参照されたい（斎藤（二〇二二））。
（2）守谷（二〇二一）。
（3）これは、次ぐ本文で明示しているように、沖縄県で活躍する研究者の論考を中心に、検討を行うということしか、意味しない。「沖縄の側」として語る資格云々の議論を惹起しようとするつもりは毛頭ないことを、あらかじめお断りしておく。
（4）後述のように、この論考においては、沖縄振興体制を、島袋が述べるところの「沖縄振興開発体制」と「沖縄振興体制」をあわせたものとして把握し、その語を使用する。
（5）島袋（二〇一四、iv）。
（6）さしあたり、古琉球に関しては、沖縄学の父によるもの（伊波（二〇〇〇））を、また琉球王国史に関しては、沖縄学「再興の祖」ともいうべき著者による、高良（一九九三）を参照のこと。また、第二次世界大戦前の沖縄が置かれた特殊な位置づけに関しては、岩垣（二〇二二）も併せて参照されたい。
（7）牧野（一九八七、二一七）。
（8）正確には、このとき法定通貨とされたのは、B型軍票と新円、そして新円とみなされる証紙貼付銀行券（旧円）の三種類であった。この後、恒久統治を念頭に、一九四八年に軍政府が米国軍政府特別布告第三〇号「標準通貨の確立」によって法定通貨をB円に一本化するまで、一九四六年八月には米国軍政府特別布告第一一号「通貨、両替、外国貿易及び金銭取引」により、沖縄諸島に限り、B円を回収して新円を流通させようとするなど、状況は流動的であった。
（9）宮城（二〇二〇、二一八–二一九）。
（10）ここでは、琉球諸島という語は、沖縄諸島、先島諸島（宮古列島と八重山列島）、そして、奄美群島を指すものとして使用している。なお、奄美群島は他の地域に先駆け、一九五三年に日本への「復帰」を果たしている。その後、残された琉球諸島に在住する、奄美群島出身者が「非琉球人」として排除の対象となったこと、さらにそれが米国による「帝国主義的」領域構想と密接に連関するものであったことについて鋭く指摘するものとして、土井（二〇二二）がある。

（11）少し時代が下るが、一九六三年三月に、高等弁務官キャラウェイが、米国留学経験者で作られた、金門クラブで行ったスピーチでこのような内容について述べ、物議を醸すこととなった。

（12）小濱（二〇二〇、四〇）。

（13）小濱（二〇二〇、四二）。

（14）小濱（二〇二〇、四五－四六）。

（15）もちろんこれは、島袋が指摘する、いわゆる「リンク論」の「重要性」を否定するものではない。むしろ、現在、沖縄が置かれるあり方を考えるに際して、「リンク論」の暴力性を抜きに論じることは適切でないことは明らかである。しかし、紙幅の制限から、この論考では、十分論じることができなかった。ご寛恕願えればと思う。

（16）以下の記述は、琉球新報社編（一九九二）の「統計編」掲載の各種データに依っている。

（17）二〇一七年に、行革大臣経験者でもあり、後に沖縄北方相となる河野太郎が、豊見城市で開催されるＡＫＢ４８の選抜総選挙に、ソフト交付金約二八〇〇万円が使用されることについて、強く批判し、話題となった。朝日新聞二〇一七年九月六日。また、後に振り返る地元紙の報道として、沖縄タイムス二〇二一年八月二九日。なお、その後、地元企業が事業撤退を申し出たため、最終的に交付に至ることはなかった。

（18）軽減措置について、県内酒造会社の意見調整にあたった、沖縄県酒造組合会長の佐久本学（瑞泉酒造）は、廃止に対して、県内酒造会社が一致して賛成した訳ではないと断った上で、「もう卒業するべきだ」と述べたと報道された。沖縄タイムス二〇二二年五月一九日。

（19）「基地維持財政政策」の語は、基地をめぐる財政問題についての第一人者である、川瀬光義による書、川瀬（二〇一三）のタイトルにヒントを得た。

（20）那覇市ホームページ掲載の「平成三一年度特定防衛施設周辺整備調整交付金事業計画書（那覇市）」（https://

www.city.naha.okinawa.jp/admin/kaikaku/tokuteibouei/boueikoufukinn.files/H31.pdf）より。二〇二二年六月四日確認。

（21）交付金等の額は、糖度により異なるものとされ、交付金の基本的な単価は、糖度一三・一以上、一四・三以下のものを対象として設定されている。沖縄県の標準的なサトウキビの糖度は、二〇二一年産のものの場合、一三・七であった。沖縄タイムス二〇二一年一二月二九日。

（22）沖縄タイムス二〇二一年一二月二九日。

（23）沖縄県の一括交付金の検証シートによると、例えば令和元年度の場合、事業費として執行された額が、一七〇三、八六五、〇〇〇円、そのうち交付金が充当された額が一三六、〇九二、〇〇〇円であるという。https://www.pref.okinawa.jp/site/somu/zaisei/yosan/documents/r1_3_7_2.pdf、二〇二二年六月四日確認。

（24）時事ドットコムニュース二〇二二年四月三日「県民所得、福祉に課題　今なお格差、振興計画延長――沖縄本土復帰50年」、https://www.jiji.com/jc/article?k=2022040300145、二〇二二年六月四日確認。

（25）沖縄自治構想会議は、共同代表を、島袋純（琉球大学教授、行政学）、佐藤学（沖縄国際大学教授、政治学）、星野英一（琉球大学名誉教授、国際関係論）の三人が務め、ジャーナリストや行政職員等の有志が参加する研究会である。

（26）もちろん、本来的に生活保護費などの扶助費は自治体の裁量によって削減できるものではないが、窓口でのいわゆる「水際作戦」を「活用」することで、その削減すらも「可能」となる。

（27）沖縄自治構想会議（二〇一八、一七–一九）。

（28）沖縄タイムス二〇二〇年九月三〇日。

（29）例えば、ハード交付金によるものではないが、同様に沖縄振興体制に位置づけられる、沖縄米軍基地所在地市町村活性化特別事業（沖縄懇談会事業や島田懇談会事業とも）の一つとして展開された、久米島町での海洋深層水を使用したスパ・バーデハウス久米島建設事業は、「海水を使うことから塩分によるボイラーなどの損傷が激しく、大規模な改修には多額の費用が必要なことから、安定的な営業が困難」ということで、閉館し、現在、民営化による再スタートに向けて、町は検討を行っている。沖縄タイムス二〇二一年九月二日。
（30）この論考の元となったものが、二〇〇一年三月二七日の朝日新聞に掲載されたインタビューだった。
（31）来間（二〇一五）。
（32）沖縄タイムス二〇一三年三月一六日。

なぜ六年も嘉手納基地の立入調査が出来ないのか？
――有機フッ素化合物（ＰＦＡＳ）に見る基地汚染問題――

桜井国俊
（沖縄大学名誉教授）

はじめに

沖縄は国土面積の〇・六％を占めるに過ぎないが、その沖縄に在日米軍基地の七〇・三％が集中することから、米軍基地がもたらす環境汚染を最も深刻に被っているのは沖縄である。辺野古新基地建設が最大の争点となった相次ぐ国政選挙、知事選挙、そして単一争点の県民投票において新基地ノーの民意が繰り返し示されても聞く耳を全く持たない政府、それを黙認するメディア、そして四六都道府県の世論は、憲法第八章の地方自治の理念を踏みにじるものである。基地建設が予定されている地元に政府が地方自治体の頭越しに補助金を直接投入するに至っては、地方自治の破壊以外の何物でもない。沖縄県民四五万人の命を左右する飲み水のＰＦＡＳ（有機フッ素化合物）汚染問題の一点に論点を絞り、そのこととの関連で環境汚染問題の解決を阻む日米地位協定問題について論ずる。

一　永遠に残る科学物質ＰＦＡＳ

本来自然界には存在しなかった人工化学物質の有機フッ素化合物ＰＦＡＳは、現在、五千種類近くが流通していると言われている。そのＰＦＡＳの中で、沖縄で飲料水を汚染するとして特に問題となっているのが米軍基地で使用される泡消火剤である。ＰＦＡＳの中で良く知られているのがＰＦＯＳとＰＦＯＡで、その有害性のためにそれぞれ二〇〇九年、二〇一九年に「残留性有機汚染物質に関するストックホルム条約」で製造・販売・使用が禁じられた。

問題は、有機フッ素化合物が安定な構造を持ち、環境中で分解されにくく、高い蓄積性を有することである。ＰＦＯＳ、ＰＦＯＡで汚染された嘉手納基地、普天間基地の土壌は、今後も長期にわたって汚染物質が残留し、この地域の地下水を汚染しつづけるからである。このためＰＦＡＳは、「永遠に残る化学物質」と呼ばれている。そして、ＰＦＡＳへの暴露は、乳児低体重、免疫システムへのマイナス影響、がん、甲状腺ホルモンへの影響など、様々な健康へのマイナス影響があることが立証されている。

二　北谷浄水場のＰＦＡＳ汚染問題の発覚

沖縄でＰＦＡＳ（有機フッ素化合物）汚染問題が表面化したのは二〇一六年一月である。水道水供給に責任がある沖縄県企業局が北谷浄水場の水源である比謝川の支流の大工廻川で米国の水道水暫定基準を大幅に超えるＰＦＯＳを検出したと発表したことにある。北谷浄水場は、北谷、宜野湾、沖縄、那覇、浦添、北中城、中城の七市町村に給水しており、給水人口は四五万人に及ぶ。県民の飲料水の汚染は極めて深刻な問題である。

ＰＦＯＳ、ＰＦＯＡはストックホルム条約で規制され、日本では化審法で製造・輸入が禁止されていたものの水道水質基準の目標値の設定は二〇一六年当時見送られていた。これに対し米国環境保護庁（ＥＰＡ）は生涯健康勧告値（ＰＦＯＳとＰＦＯＡの合計値）を七〇ナノグラム／リットルと定めていた。

一九七〇年代、米海軍は燃料火災を鎮静し素早く消火する特性の泡の開発を支援した。ＰＦＡＳはそのような泡消火剤の一つであり、軍用・民生用を問わず何千という空港はこの泡消火剤を消防車や格納庫のスプリンクラー装置に搭載した。この泡消火剤が有毒であることは一九七九年からの空軍の研究、一九八三年からの陸軍の研究で明らかになっていたが、軍はその危険を四〇年以上も隠蔽し続けた。

嘉手納基地でもＰＦＡＳは航空機の洗浄剤や消火剤として日常的に使用されているとみられており、それが基地内の土壌を汚染し、そこを経由して流れてくる地下水・表流水を汚染していると推測されている。嘉手納基地とつながる大工廻川での濃度が高いことから、企業局は「基地由来の蓋然性が高い」とし、原因究明に向け基地内への立ち入りを求めたが、日本にはＰＦＡＳに関する基準がないとして米軍は立ち入りを認めなかった。

二〇一六年当時日本にはＰＦＡＳについての水質基準がなかったが、遅ればせながら日本政府は二〇二〇年四月一日付けで有機フッ素化合物の水質基準暫定目標値（ＰＦＯＳとＰＦＯＡの合計値）を五〇ナノグラム／リットルと定めた。沖縄県企業局はこの暫定目標値設定を新たな根拠に、米軍嘉手納基地に改めて基地内への立ち入り調査を求めたが認められず、六年後の今日に至るまで米軍との因果関係を立証できずに足踏みしている。

沖縄県企業局は二〇一六年にPFASの緊急対策として北谷浄水場の活性炭を約一億七千万円かけて交換したが、この費用の補償を巡って沖縄防衛局と協議が行われている。基地との因果関係が明確ではないとして防衛局が補償を渋っているのである。県民の命にかかわる水質汚染について原因を特定するための調査ができないこと自体ゆゆしき問題であるし、補償を国がするとしたら、原因者である可能性が限りなく高い米軍が免責されることとなり、汚染者負担の原則が踏みにじられることとなる。汚染しても頬かむりをする、汚染者であることが明らかになっても責任を取らなくて済むということであれば、誰も汚染しないように努力することはしない。重大なモラルハザードである。

三　日米地位協定の壁、機能しない環境補足協定

二〇〇四年八月一三日の沖縄国際大学への米海兵隊ヘリCH53D墜落事件の際に、日本側の捜査当局が原因解明に一切かかわることが出来ず、日米地位協定の問題性が浮き彫りになった。そのことの反省に基づき日米両国政府は、二〇一五年九月二八日、新たな合意「環境補足協定」を施行した。日米地位協定の補足協定として位置づけられる歴史的な協定であるとの鳴り物入りでの登場であった。

この「環境補足協定」では、PFOS汚染のような環境事故が現に発生した場合の立入りに関する日米合同委員会合意を策定しており、岸田外務大臣（当時）は、「これまでは、環境事故の際の調査・立入りに係る統一的な手続が存在せず、いかなる場合に立入りが認められるかなど明らかでなかった」が、「環境補足協定」と立入りに関する日米合同委員会合意で立入手続を定めることにより「日本側関係当局等の予見可能性あるいは透明性が高まり、現地調査を実効的に行うことができるようになる」と説明した。

しかし、現実に立入り調査を受けいれるか否かを判断するのは米軍であり、県民の命の水の汚染という重大事態においても立入り調査ができないことで「環境補足協定」が何ら実効性を持たないことが暴露された。

その後も、二〇一六年一二月一三日の名護市東海岸安部沖の米海兵隊オスプレイ墜落事件、二〇一七年一〇月一一日の東村での米海兵隊ヘリＣＨ５３Ｅ墜落事件のいずれにおいても、日本側の警察や海上保安庁は全く事故調査にかかわることが出来ず、「環境補足協定」が役立たずの代物であることは今や誰の目にも明らかである。

そこで改めて「環境補足協定」をよく見ると、その第四条「環境事故や基地返還決定の後の調査のための基地立ち入り手続き」は、地元自治体による基地の立ち入り調査を（ａ）環境に影響を及ぼす事故（すなわち、漏出）が現に発生した場合、（ｂ）施設及び区域の日本国への返還に関連する現地調査（文化財調査を含む）を行う場合とし、この立ち入りについての日米合同委員会合意は、（ａ）米国から日本に環境事故の報告があった場合、（ｂ）返還が決まった基地に返還日の約七カ月前から環境調査または文化財調査で立ち入る場合、の二つの場合に限定したため、従来よりもむしろ制限する結果となっている。米国から日本に報告がなければ話にもならないのだ。

四　一九七三年日米合同委員会合意

そこで思い出されるのが一九七三年の日米合同委員会（日米地位協定第二五条に基づき設置されている）合意「環境に関する協力について」である。

一九七三年合意は、在日米軍に起因する環境汚染が発生した場合、地元自治体が米軍現地司令官に対して調査、視察及びサンプル入手の要請を直接行うことができると規定したものであった。こうした合意があったことについて沖縄県も、基地が所在する自治体も二〇〇三年に至るまで三〇年間にわたって知らされることがなかった。

そこで沖縄県の環境審議会（当時、会長は筆者が務めていた）は稲嶺惠一知事（当時）に対し、この合意を三〇年間にわたって非公表にしてきたことについて、日米両政府が「地元自治体の知る権利」を奪ってきたとして、県が合同委員会に対して非公表にしてきた理由の説明を求めることを提言した。環境審議会は「基地環境問題についての県、市町村等の地元自治体の知る権利を規定した重要な合意がなぜ三〇年間非公表であったのか。その理由の説明を日米合同委員会に求め、結果を県民に説明することが求められる」とし、「この件を不問に付すことは、日米合同委員会の『依らしむべし、知らしむべからず』という姿勢を将来に向け容認することを意味する」として、県が合同委に説明を求め、県民への説明責任を果たすよう求めたのだ。

この提言に基づき県は国に説明を求めたが、二〇〇三年一月三〇日の参院予算委員会でなぜ公表が遅れたのか問われた当時の川口順子外務大臣は「公開しなかったことで特段不都合なことは生じなかった」、非公表とされてきた理由については「約三〇年前のことでございまして、よく分かりませんというのが正直なお答えでございます」と答弁した。県がその先の追及を行わなかったこともあり、半世紀後の今日も同じ状況が続いている。

問題の根源は日米地位協定第三条第一項にある。同条は米軍の排他的管理権を定めており、基地内への立ち入り、国内法の適用を阻む強大な米軍特権である。施設・区域は日本国内にあり、属地的には国内法が適用されるはずだが、外務省は「国内法の適用は、米軍の管理権を侵害しない形でおこなうこと

表1　地位協定5カ国比較表（地位協定、国内法、運用等）

	国内法	管理権	訓練・演習	航空機事故
日本	原則不適用	立入り権 明記無し	航空特例法等 により規制できず	捜索等を行う権利を 行使しない
ドイツ	原則適用	立入り権明記 立入りパス支給	ドイツ側の 承認が必要	ドイツ側が現場を規制、 調査に主体的に関与
イタリア	原則適用	基地はイタリア 司令部の下 伊司令官常駐	イタリア側の 承認が必要	イタリア検察が 証拠品を押収
ベルギー	原則適用	地域自治体の 立入り権確保	自国軍よりも 厳しく規制	（未確認）
イギリス	原則適用	基地占有権は英国 英司令官常駐	英側による飛行 禁止措置等明記	英国警察が 現場を規制、捜索

出所：沖縄県他国地位協定調査より

とされている」（「日米地位協定の考え方・増補版」）としている。

米国に対し腰の引けた日本政府のこの姿勢は、日本と同様に第二次世界大戦の敗戦国であるドイツとイタリアにおける対米地位協定のあり様と対比すると異様でさえある。冷戦終結後、ドイツでもイタリアでも米軍基地に国内法を適用するようになってきていることが沖縄の地元紙、沖縄県、日本弁護士連合会などが別個に実施した調査で明らかになってきているからだ（表一参照）。

外務省が公表した七三年合意の「仮訳」には「地位協定により提供された施設・区域を米軍が使用する際に生じうる汚染について適切な注意を払い」「米軍としては、汚染のない社会の構成員となる意志がある」と記し、米軍が汚染防止に努めることを高らかに宣言している。

しかし七三年合意を公表した二〇〇三年のあとも、さらには二〇一五年の「環境補足協定」の締結の後も、米軍に対する日本政府の腰の引けた姿勢は一向に変わっておらず、それを良いことに米軍の隠蔽体質はそのまま放置されている。

なお、日米合同委員会は日米地位協定第二五条に基づき設置されているが、合同委員会の合意文書は、原則として非公表扱いとすることが日米間で合意されている。日米合同委員会には各種の下部委員会があり、環境保全に係る事項につき協議調整するため環境分科委員会が置かれている。環境問題は基地周辺に暮らす人々に及ぼす影響が大であり、また軍事機密に直接つながるものでもない。七三年合意の公開に三〇年を要したことに象徴されるように、環境問題についての合意の公表すら積極的になされない日米地位協定の現状をこれ以上放置することは許されない。

五　普天間飛行場からの泡消火剤の流出

二〇二〇年四月一〇日午後四時ごろ、米軍普天間飛行場の格納庫で消火システムが作動し、PFOSを含む泡消火剤が放出され、住宅街や排水路等に大量の泡消火剤が漏出した。翌四月一一日の地元紙の一面トップは、大きな見出しで「普天間基地外に泡消火剤」と報じた。

四月一五日付けの地元紙によれば、漏出した泡消火剤は総量で約二三万リットル（ドラム缶一一三五本分）という膨大なもので、そのうち一四万リットル超が基地外に流出したという。

米軍の報告で後日判明し、防衛省が二〇二〇年九月四日に発表したところによれば、この泡消火剤流出は、コロナ禍でストレスを抱えた米兵らの慰安のために開催されたバーベキュー・パーティが引き起こしたものだという。バーベキューの器材に着火したことで格納庫の消火装置が作動し、しかも米兵たちは装置の停止方法を知らなかったという。

この漏出事故に際し米軍関係者は、泡消火剤の回収作業を地元宜野湾市の消防任せにし、基地司令官のデイビッド・スティール大佐を筆頭に事態をただ傍観するだけであった。ＰＦＯＳ含有の泡消火剤の米軍基地外への流出は二〇一九年一二月に続く事故であり、米軍起因の流出は二〇〇七年以降、少なくともこの時を含め七回目であった。

この時の大量の泡消火剤の基地外への流出は誰の目にも明らかであったため、国、県、地元市は環境補足協定に基づく「立ち入り調査」を初めて実施することとなった。しかし水の採取ができたのが流出の一一日後、米軍が採取したとする土壌を譲って貰うのが一ヶ月後という、立ち入り調査とはおよそ呼べないような代物であった。

六　米軍にゆすられる日本政府

二〇二一年八月二七日、沖縄の地元二紙の一面トップに「ＰＦＯＳ汚水排出」「米軍〝だまし討ち〟」「国・県・市寝耳に水」の大きな見出しが並んだ。在沖海兵隊によるＰＦＯＳ問題再発の報に接した県民の偽らざる心境は、「またか！」だった。しかしこの時の下水放出は、二〇二〇年四月の排出とは性格を異にする重大な排出であった。二〇二〇年のＰＦＯＳ汚水流出がバーベキューによるハプニングであったのに対し、二〇二一年八月の排出は国や県との協議を無視して米軍が一方的に通告して行なったものであり、国家主権にかかわる重大事態であった。

ＰＦＡＳ汚水の下水放出を巡っては、まず七月八日に米海兵隊が宜野湾市の下水道への放出を日本側と調整中であると発表し、岸信夫防衛相が翌九日の記者会見で「処理方法を日米間で協議している」と明らかにした。そして七月一三日に国や県が処理方法について基地内で米側から説明を受け、一九日には国や県が浄化後の水をサンプリングした。基地内で処理システムの説明を受けた際には、海兵隊は、処理計画が決まるまでは排水しない考えを示していたという。また採取した汚水のサンプルの分析結果を国、県、米軍の三者が同時に公表する予定であった。にもかかわらず海兵隊は、八月二六日、分析結果はPFOSとPFOAの合計で二・七ナノグラム／リットルであったと独自に報道発表し、その三〇分後にドラム缶三二〇本分の汚水排出を開始したのである。

海兵隊の報道発表を受け、宜野湾市は直ちに排水された汚水のサンプル採取を行なった。その結果が九月一〇日に公表されたが、海兵隊が発表した数値とは大幅に異なり、PFOSとPFOAの合計値で六七〇ナノグラム／リットルであった。現在日本にはPFAS汚水の下水道への放出基準はない。そこで環境省が定めた公共用水域での暫定水質基準五〇ナノグラム／リットルと比較すれば、その一三・四倍にあたる高濃度の汚水である。沖縄県は、七月一九日に国、県、米軍の三者で同時にサンプリングした結果は二・五ナノグラム／リットルであったと公表しており、米軍発表の数値と矛盾はない。そうすると、八月二六日に放出された汚水は、七月一九日に三者が採水した汚水とは別物だと考えるのが自然だ。しかし米軍は、つじつまの合わないこの話に一切説明責任を果たしていない。

従来は、米軍の環境汚染は隠していたものがあとで発覚するというのが通常であり、汚水をこれから放出すると予告する米軍のやり方は異常だと多くの県民は感じていた。そしてこれは、もしかすると日本政府をゆするための芝居ではないかと勘繰っていた。その予想が的中したことを沖縄県民が知るのに時間はたいしてかからなかった。

防衛省は、九月一七日、米軍普天間飛行場の地下貯水槽に残っているPFASなどを含むドラム缶一八〇〇本分の汚水を防衛省が引き取り処分すると発表した。日本政府が費用約九二〇〇万円を負担し、本土の民間業者に委託処理するというのだ。八月二六日のドラム缶三二〇本分の汚水放出は、日本政府が引き取らないと次はドラム缶一八〇〇本分の汚水の放出になるぞとの脅しだったと見るのが正しい。米側が、一方では高額の処分費用に難色を示し、他方では台風時期に雨水が流入し汚水があふれ出ることを懸念していることから、あくまでも「緊急的な暫定措置」として実施するというのが防衛省の説明であった。

岸信夫防衛相は、九月二一日の記者会見で、「地域住民の懸念を払拭するため防衛省が緊急的な暫定措置をとることが必要と考えた」と説明した。「地域住民の懸念の払拭」というのが防衛省による費用負担の大義名分であるが、要するにゆすられたのである。「沖縄県民はゆすりの名人」と言ったのはケビン・メア元沖縄総領事だが、米軍こそがゆすりの名人であることを県民は確信した。

確かにPFASから県民の健康を守ることは重要だ。しかし今回の日本政府の対応は、重要な一線を越えたこともしっかりと見ておかねばならない。環境汚染を防ぐには、汚染者負担の原則（PPP）の徹底が重要だ。汚染しても責任を問われないということになればいわゆるモラルハザードが発生し、汚染しないようにと努めることは誰もしなくなるからだ。ところが米軍は、基地返還に際し、それまでに生じせしめた環境汚染を浄化して原状回復する義務を免除されている。地位協定第四条第一項がその根拠だ。これがモラルハザードを助長し、米軍の野放図な環境汚染の重要な原因となってきた。

しかしそこには一線が引かれていて、返還後はともかく返還前の環境汚染については米軍に責任があるということになっていた。それが「緊急的な暫定措置」ということでこの一線を越え、返還前であるのに汚染除去費用を日本政府が肩代わりしてしまったのである。筆者は、「有機フッ素化合物（PFAS）汚染から市民の生命を守る連絡会」の一員として二〇二一年九月二九日に沖縄防衛局を訪れ、対沖縄防衛局長交渉（抗議・中入れ）に参加した。そこでのやりとりで確認できた重要な事実が、「返還前の米軍基地がもたらした環境汚染について日本政府が肩代わりしてその解決にあたるのは、今回が初めての事例である」という点である。沖縄防衛局自身が、従来は越えることがなかった一線を今回越えたことを認めたのである。今回の防衛省の対応は、返還前の汚染除去費用肩代わりの先例となるものであり、今後、これが前例となって在日米軍が悪用することを許さない取り組みが求められる。

七　本土復帰五〇年目の信じられない現実

以上、米軍嘉手納基地が汚染源と思われる北谷浄水場のＰＦＡＳ汚染、普天間飛行場によるＰＦＡＳ汚染と見てきたが、米軍や自衛隊による沖縄各地でのＰＦＡＳ汚染の報道が今や日常茶飯事になり、誰も驚かない。しかし沖縄島北部の金武町での米軍キャンプハンセンによるＰＦＡＳ汚染の報道は、改めて県民に衝撃を与えた。

米軍基地および隣接地の水道配管やタンク敷地の「一時使用」について、沖縄県企業局は一年ごとに許可申請の書類を米軍に出し更新許可を受けなければならないし、米軍が使用することとなった時には直ちに使用を中止して米軍の用に供しうる状態にしなければならないという条件付きであることが金武町での汚染を契機に明るみにでたのだ。企業局は県内二五ヶ所でこの手続きを毎年行なっているという。企業局の人間は知っていたが、一般の県民は全く知らない驚くべき事実であった。電気も同じだという。本土復帰五〇年目の信じられない現実だ。これでも主権国家なのだろうか。

八　ＰＦＡＳ基準三千倍強化の衝撃

二〇二二年六月一七日、沖縄の地元紙の沖縄タイムスと琉球新報両紙の一面トップには、「米、ＰＦ

AS基準厳格化」の大きな見出しが並び人々の目を奪った。米国環境保護庁（EPA）レーガン長官による六月一五日発表を報じたものである。日本では、遅ればせながら二〇二〇年四月に厚生労働省がPFASについて飲料水の暫定基準を設定しており、代表的なPFASであるPFOSとPFOAについてその合計で五〇ナノグラム／リットルとしていた。ナノグラム／リットルとは一兆分の一を意味する濃度単位である。日本のこの基準は、EPAが二〇一六年に出していた健康勧告値七〇ナノグラム／リットルを日本流に焼き直したものだったのだが、今回EPAが新たに出した健康勧告値は七〇ナノグラム／リットルより三千倍も厳しいものであった（PFOAが〇・〇〇四ナノグラム／リットル、PFOSが〇・〇二ナノグラム／リットル）。従来の基準が動物実験に基づくものであったのに対し、今回の新しい基準はワクチンが人体に形成する抗体への影響に基づくものであるという。

沖縄では、米軍基地や自衛隊基地で泡消火剤として使用される（或いは過去に使用された）PFASが原因となって県内各地のPFAS汚染が報道されるのが日常茶飯事となっている。多くの沖縄県民にとって衝撃的だったのは、米国が新たに目指そうとしている基準が沖縄で日常的に報道されるPFAS汚染のレベルとは三桁も違うものだったことだ。それに加えて衝撃的だったのは、このニュースが本土ではあまり大きく取り上げられなかったこと、そしてそれには既視感があることだ。二〇〇四年八月一三日に米軍ヘリが沖縄国際大学に墜落した際には、本土紙はアテネオリンピック報道一色で、米軍ヘリ墜落については殆ど報道されなかった。今回はどうだったか、筆者は本土紙の代表として朝日新聞を検索してみたが、六月一五日のEPA長官の重大発表を報じた記事は見つけられなかった。PFAS汚染は、大阪のダイキン工業（株）周辺でも、また東京の米軍横田基地周辺でもあるのだが、やはり限りなく沖縄限定の問題となっている。それは国土面積の〇・六％を占めるに過ぎない沖縄に米軍基地の七〇・三％を集中させている現実の正確な反映である。政府もメディアもそして多くの国民も、米軍基地を沖縄に押しつけ、それが原因となって沖縄で生ずる様々な問題については知らんふりを決め込んでいるのだ。

米国バイデン大統領は、二〇二一年一〇月一八日、ＰＦＡＳ規制を強化する政策を発表し、この政策を中心的に担うＥＰＡは二〇二四年までの具体的な行動を示した包括的なロードマップを作成している。今回のＰＦＯＡ、ＰＦＯＳの健康勧告値強化はその一環である。また超党派インフラ法を通過させ、ＰＦＡＳを含む汚染物質に対処するため十億米ドルの補助金を盛り込んでいる。こうした連邦政府全体のＰＦＡＳ問題への取り組みの中で米国防総省（ＤＯＤ）は米国内の六九九ヶ所の米軍基地の浄化に取り組むとしている。ここで問題なのは、彼らの視野の中に、在外の米軍基地、とりわけ沖縄の米軍基地のＰＦＡＳ汚染問題が入っているか否かである。従来の経験からすれば、彼らの視野の中には殆ど入っておらず、日本政府の従米姿勢の故に、米軍の無責任な対応は放任される恐れが強い。ＰＦＡＳ問題への米政府の積極的な取り組み（米国国内に限定される恐れが大であるが）にならい日本政府がどこまで本気でＰＦＡＳ問題に取り組むか、主権国家の政府としての自覚にたって国内の米軍基地に対して米国国内と同様の浄化対策を採らせることが出来るか否かが問われている。そして日本国民、とりわけ本土国民には、沖縄県民を含む日本国民の健康を守る責務を日本政府にしっかりと果たさせていくことが求められる。

おわりに

飲み水の汚染は命にかかわる重大な問題である。しかし、基本的人権に関わるこの問題についての県や国のこの間の取り組みは、実に悠長で歯がゆいばかりである。市民が命の水を護る行動を自ら起こし、世論を動かし、行政を動かして行くことが求められる。

沖縄では、「有機フッ素化合物（ＰＦＡＳ）汚染から市民の生命を守る連絡会」が京都大学のＰＦＡＳ研究者の原田浩二准教授の協力を得て、北谷浄水場からの水を飲んでいる県民三八七名の血中ＰＦＡＳ濃度の調査を本年六月〜七月に実施した。この調査を一つの契機として県民世論を喚起し、ＰＦＡＳ問題についての米国政府の新しい動きと連動しながら、沖縄県の行政と共に「全ての県民にＰＦＡＳに汚染されていない飲み水を！」という県民運動を展開していこうとしている。基本的人権は、それを獲得しようとする市民の不断の努力によってこそ実現される。

辺野古新基地建設問題と地方自治の危機

徳田博人
（琉球大学）

はじめに

国（沖縄防衛局）は、二〇一三年一二月二七日、沖縄県名護市の辺野古沿岸域の公有水面約一六〇ヘクタールを埋め立てて、普天間飛行場の代替施設として飛行場及び関連施設（辺野古新基地）建設を目的とした埋立承認（以下、「本件承認処分」という）。を、五項目からなる留意事項を附されながらも、仲井眞弘多沖縄県知事（当時）から得た。同知事の本件承認処分に対して県民から公約違反であるとか、沖縄県議会では違法であると決議がなされるなどの批判もでて、二〇一四年一一月の知事選挙において辺野古新基地建設に反対する翁長雄志氏が知事選に勝利した。翁長知事（当時）は、二〇一五年一月二六日に、前知事の行った本件承認処分の瑕疵の有無を検証するための第三者委員会（以下、「検証委員会」という）を設置し、同年七月一六日に本件承認処分の瑕疵の検証結果報告書を同委員会から受けて、二〇一五年一〇月一三日に、本件承認処分の職権取消しをした。これ以降、本件承認処分をめぐって、沖縄県と国との間で裁判となり、最高裁は、二〇一六年一二月二〇日、国の主張を受け入れ、沖縄県の敗訴とした（最判二〇一六（平成二八）民集七〇巻九号二二八一頁、以下「二〇一六年最高裁判決」という。なお、本件承認処分の職権取消しから二〇一六年最高裁判決までの時期を「辺野古争訟第1ステージ」とする）。二〇一六年最高裁判決はあくまでも翁長知事の行った本件承認処分の職権取消権限に関するものであり、沖縄防衛局が工事を進めるためには、本件承認処分の条件である留意事項に基づく実施設計の事前協議（審査）が必要であったが、当該協議（審査）が整わないにもかかわらず、沖縄防衛局が埋立工事を強行したことや、辺野古大浦湾側に広範囲にわたる軟弱地盤が存在することが判明したことから、沖縄県は、当該事実などを本件承認処分の撤回事由に該当するとして本件承認処分を撤回したことで、沖縄県と国との間で、新たな裁判（争訟）が展開された（二〇一六年最高裁判決後、特に、本件承認処分の撤回をめぐる争訟の時期を「辺野古争訟第2ステージ」とする）。さらに、沖縄防衛局は、先の軟弱地盤の存在を自認せざるを得なかったことから、二〇二〇年四月二一日に、設計概要等の変更承認申請を沖縄県に行った（これ以降を、「辺野古争訟第3ステージ」とする）。

ところで、政府は、埋立承認をめぐる国と都道府県の法律関係を、これまで、行政主体間または行政機関間の法関係と理解していた。しかし、辺野古争訟においては、本件承認処分の取消しや撤回の取消しまたは効力の停止を行政不服審査法（以下、「行審法」という）を用いて行うために、本件承認処分の法的仕組みから（自然公物の公用廃止過程の中から）埋立工事の局面だけを取り出して、埋立免許と埋立承認の同質性を論じることで、国の機関（沖縄防衛局）を私人とし、その結果、沖縄県と沖縄防衛局の法関係を、行政主体と私人の関係に転換することを可能とした。このような私人なりすまし論は、本来なしえない裁定的関与を、沖縄防衛局と担当大臣との結託により、可能とする統治手法であり、地方自治法の関与法定主義を侵害するものである。国の機関の私人なりすまし論に典型的にみられるように、国は、特異な法解釈や法運用を行うことで、辺野古新基地建設を強行に進めていこうとする。沖縄防衛局の主張やそれを受入れる裁判所の判断の特徴は、公有水面埋立法（以下、「公水法」という）の法的仕組みや問題（争点）の全体像をみることなく、問題の一部のみを、国の都合に合わせて、恣意的に取り出すことで紛争等の国に有利な解決を図るところにある。その結果、一九九九年分権改革の趣旨を形骸化したり、辺野古新基地建設をめぐって法治主義の限界の諸相が集約的に顕出したりしている、という認識に、本稿も立脚するものである(1)。本稿では、辺野古新基地建設問題をめぐって、政府による法治主義の例外状況を作り出したり、地方自治を危機に陥れたりする統治手法に焦点を当てて、若干の論点整理と検討を行うものである。

一　辺野古争訟第1ステージ(2)

（一）翁長知事は、二〇一五年一〇月一三日に、本件承認処分の職権取消しをした。これに対し、沖縄防衛局は、国土交通大臣に対し行審法に基づく審査請求をすると同時に、効力の停止を申し立てた。国土交通大臣は、同年一〇月二七日にこの執行停止を認めた。さらに、国土交通大臣は、同日付けで閣議了解を受けて、執行停止決定と併行して、地方自治法の定める国の関与としての代執行の手続をとることを決め、所定の手続きを経て、同年一一月一七日に、沖縄県知事を被告として代執行訴訟を提起した。その後、沖縄県は、本件執行停止決定について国を被告として、同年一二月二五日に処分取消訴訟を、さらに、翁長知事が国土交通大臣を被告として二〇一六年二月一日に関与取消訴訟を提起した。代執行訴訟と関与取消訴訟の和解成立後に、国土交通大臣は、本件承認処分の職権取消しの取消しを命ずる是正指示（地自法二四五条の七）を出し、県知事がこれに従わないことから、同年七月二二日、県知事を被告として違法確認訴訟（地自法二五一条の七）を提起した。

裁判では、国は、東アジアの脅威を煽り、辺野古に基地を移設することによって、国民の安全が確保できると主張した。この主張は、純粋憲法体系に属する法規範（公水法、地方自治法等）を、安全保障上の必要性・公益性の観点から、安保法体系の規範として組換え直す、というものである。これに対して、沖縄県（翁長知事）は、沖縄の基地の過重負担およびそれに起因する人権や環境の侵害を訴え、加えて、知事の承認取消しに対する国の関与のあり方は、地方自治や分権改革の趣旨に違反し、また、法治主義侵害が問われている、とした。すなわち、国の関与は、地方自治（住民自治その他の自治体内の是正制度）が機能せず、自治体自ら違法な措置を是正できない場合に行われることが基本である。[3] 沖縄では、辺野古新基地建設に反対する民意が繰り返し明確になり、前知事の本件承認処分に対して議会による違法との議決もされ、さらに、県自ら検証委員会の検証を経て、本件承認処分の瑕疵を認定してきた。沖縄県においては地方自治や法治主義が十分に機能している中での国の関与であった。それにもかかわらず二〇一六年最高裁判決は、国の主張を受け入れて「翁長知事の判断は違法である」と結論づけた。国の提起した辺野古訴訟とは、国が自ら設けた地方自治法上の制度を使って、地方自治の法原理や法治主義を破壊する訴訟、と言うほかない。

（二）辺野古問題を解決するために、いつまで遡るのか。日本政府は、沖縄（基地）問題を解決するために遡る時期を一九九六年のＳＡＣＯ合意までだとし、これに対して、沖縄は「対日講和条約」（一九五一年）あるいは沖縄戦まで遡る、という。米軍に軍事占領され、日本国が主権を回復したとき（同時に、沖縄は日本から分離され、米軍施政下に置かれたとき）を起点とすると、本土の基地面積は、本土にあった米軍基地が沖縄に移ったこともあって、一七分の一に減っているが、沖縄の基地は二倍以上に拡大し、その結果、沖縄には、今なお全国の米軍専用施設・区域面積の約七〇%に相当する米軍基地が集中する。二〇一六年最高裁判決は、沖縄の基地の過重負担の歴史や辺野古新基地の機能強化に伴う自治権侵害などを認定することなく、基地面積の減少だけを取り上げて政府の主張を認めた。二〇一六年最高裁判決には過去への応答責任という視点が欠けていて、また、過去を消去することで、辺野古新基地建設問題を、沖縄県内の基地面積縮小「問題」として矮小化することができたのである。その結果、二〇一六年最高裁判決は、沖縄の自治権保障とは大きくかけ離れた内容となったのである。

(三) 地方分権改革は、憲法第八章の趣旨に沿って、機関委任事務制度を廃止し、地方自治法を改正して、国と自治体の関係を規律する法原則として、自治体の自主性・自立性の尊重の原則（自治法一条の二第二項、二四五条の三第一項）を明記し、また、自治体への国の関与について関与法定主義（自治法二四五条の二）および抑制（比例）原則（二四五条の三）を定めた。これらは、自治体が、国とは別個独立の、自治権が保障された主体であり、とりわけ首長には自治権に基づく行政執行権が保障されていていることに由来する法原則である(4)。

以上の法原則を踏まえるならば、国の関与をめぐって、国と自治体の間に紛争が生じた場合には、係争委であれ、裁判所であれ、まず、①国の関与が自治権の侵害にあたらないか、②国の関与は、地自法の定める関与の法原則に違反していないか、③法を適用して紛争を解決することが、国と自治体の「対等・協力」関係を築くことに資するのか、これらの手順を踏まえた上で、④自治体の長の判断の適法性や公益適合性を審査することになる。従って、司法審査も、当該自治体の首長の裁量判断を尊重する審査方式で行われることが基本であろう。しかし、原審である高裁判決や二〇一六年最高裁判決も本件承認処分の職権取消しに対して判断代置のような審査をし、しかも、検証委員会の検証報告を受けて慎重に検討した翁長知事の判断に対する審理を回避した上で、前知事の判断を審理の対象とした上で、前知事の判断が適法であり、かつ不当でもないから、翁長知事の判断は違法であるとした。行政法学や地方自治法の観点からしても看過できない問題のある判決である(5)。

二 辺野古争訟第2ステージ(6)

(一) 沖縄防衛局は、先の最高裁判決を受けての年明け早々、埋立工事を強行する。辺野古の埋立ては、大きく、区域①、②、③に分けられているが、護岸工事をはじめとする埋立て工事は、これら仕切られた区域全ての護岸の安全性が確認された後に(安全性の確認の方法として実施設計の審査があり、その審査をパスした後に)、着手することがこれまでの行政実務であった。なぜならば、仮に、仕切られた区域のうち、後日、一つの区域でも埋立に適さない地盤であることが判明した場合には、当該埋立ての目的(飛行場としての利用など)を実現するための広さの埋立地を提供することができないし、一部ではあれ、埋立てた後からでは、元の美しい海に戻すことは多くの困難を伴うからである。そのため、沖縄県は、本件承認処分の際に「工事の実施計画につき、事前に沖縄県と協議を行うこと」という留意事項を条件とした。それにもかかわらず、沖縄防衛局が工事を強行したことで、沖縄県は、沖縄防衛局に対して留意事項に反するとして十数回にわたって埋立工事の停止指導を行ない、その後、情報公開法を利用して大浦湾側の軟弱地盤の存在を確認した。このような事実経過の下で、沖縄県は、本件承認処分の撤回に至ったのである。

これに対して、沖縄防衛局は、工事を再度進めるために、行審法を利用して身内の国土交通大臣に審査請求と撤回の効力の停止を求め、同大臣がこれを認めて本件承認処分撤回の効果を止めた(二〇一八年一〇月三〇日）。辺野古新基地推進を方針とする現政権の構成員である国土交通大臣に行政不服の手続きを取るのは公正さを欠く制度の乱用で、法の支配の原則や行審法の趣旨にも反する。しかも、実は、国土交通大臣には、地方自治法に基づいて国の関与の主体として、沖縄県に本件承認処分撤回を是正することを求める仕組みが用意されている。この本筋の仕組みは、最終的に司法の判断を経る必要がある。これを回避して、沖縄防衛局の請求等が通れば、公水法上の埋立承認処分やその撤回は自治体の事務であるにもかかわらず、政府の意に反する場合、司法の判断を経ることなく、行政不服審査制度を用いれば必ず自治体の処分を覆せることになる。これは、日本国憲法の柱の一つである地方自治を、いつでも国の従属下に置くことを可能とすることから、とうてい許されることではない。それにもかかわらず、最高裁は、二〇二〇年三月二六日、沖縄防衛局を私人と認定して沖縄県の主張を退けた（最判二〇二〇（令和二）・三・二六民集七四巻三号四七一頁、以下「二〇二〇年最高裁判決」という）。沖縄は、いまなお、法治主義の例外状態にあり、法治主義の限界が顕出したともいえる。

（二）二〇二〇年最高裁判決の特徴を二点指摘する。

第一点目。最高裁は、これまで、埋立免許につき、「私人の埋立てに係る免許権者が、埋立てをする者に埋立権及び竣功認可を条件として埋立地の所有権を付与するものである」と定義した。（この旨を述べた最高裁判例として最三小判昭和四七年一二月一二日・民集二六巻一〇号一八七七頁がある）。これまでの最高裁判決の特徴は、公水法は自然公物である海（海水面）を埋め立てて又は干拓して陸地化して、自然公物の公有水面の公用廃止を行い、土地所有権を発生・取得する、この一連の過程を規律・規制することを目的とした法律である、そのことに力点を置き、その結果、埋立免許という行政処分（法第二条）と竣工認可という行政処分の連動・連結性に重きを置いて、埋立免許の法効果を記述しているところにあった。これに対して、二〇二〇年最高裁判決は、審査請求の可否を論ずる観点から、埋立免許と免許後の竣工認可を含む行政処分等を厳格に峻別し、それぞれの行政処分ごとに、そこだけを切り出して、埋立承認過程の中でのそれぞれの処分と類似点を比較し、当該処分の名宛人の「固有の資格性」を論じるというアプローチを採用する。その結果、公有水面埋立法の想定する私的所有権設定に至る行政過程の一部に過ぎない承認処分または免許処分の一部だけを切り取る「場面解釈」(7)を可能としたのである。

特徴の第二点目。二〇二〇年最高裁判決は、「公有水面は国の所有に属するものであるから（公有水面埋立法一条一項）、国は、本来、公有水面に対する支配管理権能の一部として、自らの判断によりその埋立てをする権能を有すると解される」とするが、これに対して、国の機関以外の者に対する免許の場合には、「本来、公有水面に対する支配管理権能の一部として、自らの判断によりその埋立てをする権能」はない。そうすると、埋立承認の法効果は、国の機関に本来的に有する埋立てをする権能に対して、その権能を適法に実施するための規制・制限的法効果であるのに対して、国以外の者に対する埋立免許の法効果は、国以外の者には「公有水面に対する支配管理権能の一部として、自らの判断によりその埋立てをする権能」はないのだから、埋立てをする権能付与とその権能を適法に実施しうるための規制・制限的法効果ということになる。二〇二〇年最高裁判決は、埋立承認と埋立免許の要件に違いがないことを確認するが、公有水面に対する支配管理権能の有無から導かれる埋立免許と承認の法効果の違いには着目せず、類似性のみに着目している点である。(8)つまり、二〇二〇年最高裁判決は、埋立承認の趣旨や法効果の尺度・視点から埋立免許の趣旨や法効果との共通性を論じていて、しかし、そのことをもって埋立承認と埋立免許の法効果は全く同じ法効果出ると結論付けることには論理の飛躍がある。この飛躍が特徴ともいえる。つまり、埋立承認の法効果にはなくて、埋立免許には存在する法効果があるならば（逆に、埋立承認の法効果にはあって、埋立て免許の法効果にはない場合など）、しかも、両者の処分要件に違いがなくとも、その法効果の違いが両者の地位の性格を分かつものであり、それが「固有の資格性」を左右することになりうるのである。

（三）沖縄防衛局は、二〇一九年七月二一日、大浦湾側を埋め立てるからこそ必要となるサンゴ類の移植が申請されたのに対し、沖縄県は軟弱地盤の存在などで大浦湾側の埋立実施が困難であるとの根拠に基づいて、何らの処分もしなかった。これに対して、農林水産大臣は、二〇二〇年二月二八日付けで、沖縄県に対し、許可処分をするよう求める地方自治法上の関与に当たる指示をした。二〇二一年七月六日、最高裁は、大浦湾側の軟弱地盤の設計変更申請すら沖縄防衛局が行っていない時点での農林水産大臣の本件指示に対して、「沖縄防衛局は、公有水面埋立法上、本件埋立事業のうち本件軟弱区域外における埋立てに関する工事である本件護岸工事を適法に実施し得る地位を有していた」との極めて形式的理由から適法であるとした（最判二〇二一（令和三）・七・六民集七五巻七号三四二二頁）。しかし、そもそも沖縄防衛局が、本件承認処分を受けた「設計ノ概要」にしたがって工事を行って埋立事業を完成させることができないことが客観的に明らかになっているにもかかわらず、「設計ノ概要」の変更承認申請を得ない段階において、特別採捕許可申請を行ったこと自体が誤りであり、沖縄防衛局が速やかに本件各申請を取り下げ、変更承認申請の結果を待つことこそが、求められているものというべきであろう。この点、宇賀克也裁判官が「『木を見て森を見ず』の弊に陥り、特別採捕許可の制度が設けられた趣旨に反する」との反対意見が、多数意見の問題点を明確にしているといえよう。

三　辺野古争訟第3ステージ

沖縄県は、二〇二一年一一月二五日、沖縄防衛局の埋立変更承認申請につき、地盤の安定性に関する最重要地点について調査不足および災害防止の検討が不十分で、改良後の地盤安定の不確定性や普天間飛行場の早期の危険性除去という目的達成が不確実であることなどを理由に不承認とした。これに対し沖縄防衛局の審査請求を受けた国土交通大臣は、二〇二二年四月八日、専門家などの鑑定を受けて、設計上は安全だと判断して沖縄防衛局の請求を認めて不承認を取り消し、また、同日、沖縄県に対し地方自治法に基づいて設計変更承認の勧告を行った。

ところで、沖縄防衛局は、二〇一三年一二月二七日に、沖縄県からさらなる調査とその調査に基づく実施設計の提出を条件に本件承認処分を受けたが、その条件とされた実施設計を提出できずに、当初の埋立設計の変更承認を申請した。そのことは、つまり、本件承認処分を得た当初から沖縄防衛局は不十分な調査に基づき工事を進め、さらに、当初の申請内容での工事は不能であると沖縄防衛局が自認したことを意味する。本件承認処分自体が十分な調査とそれに基づく実施設計を条件としたのだから、今回の変更承認申請の内容も十分な調査を前提とすべきところ、沖縄防衛局自身、最重要地点の力学的試験に基づく十分な調査をしておらず、また、七〇m以深の改良技術・実績がないことから、沖縄防衛局の変更申請を肯定できる根拠はないにもかかわらず、国土交通大臣は、行審法と地方自治法に基づく国の関与を融合して、沖縄県の処分を違法かつ不当とし、二〇日以内に取り消し、かつ「承認」するよう勧告した。しかも、沖縄防衛局は、埋め立てが始まる三年前の二〇一五年、すでに地質調査業者から「長期の沈下」の懸念があることの報告を受けていたと報じられている。正確な情報を公開せず、県民投票（二〇一九年二月二四日）の結果などの民意を無視し、不十分な調査に基づく沖縄防衛局の行為について、国は行政不服審査制度を使って適法だと身内の国土交通大臣に判断させて、さらに間髪いれずに、同大臣による「承認をせよ」という勧告をさせることは、国と自治体の対等関係を前提とする地方自治を形骸化するものであって、民主主義の危機といってよい。

おわりに

日本政府は、辺野古新基地建設をめぐって、日米安保体制（その「公共性」）を理由に、沖縄の自治権（地方自治）を侵害する「強権的・犠牲強要型安全国家」として立ち現れる。しかも、このような強権的国家は、辺野古争訟においては、沖縄防衛局をして私人になりすませて、国土交通大臣に本件承認処分撤回の効力を停止・取消させる裁定的関与を行なわせたり、埋立区域全体の安全性を確認することなく、安全性が確認されている区域と、今後の調査が必要な区域の恣意的線引きして工事を強行したりするなど、特異な法解釈や法運用を行う。その特徴は、公水法の法的仕組みや問題の全体像をみることなく、国の都合に合わせて法的処理をし、また、地方自治（自治権）への配慮も欠き、さらに、司法的統制も十分に機能しない統治手法をとる、(9)という点にある。沖縄は、いまなお、法治主義の例外状態にあり、法治主義の限界の諸相が集約的に顕出している。このような認識は、さらに、特定の地域や人々の犠牲（権威主義的支配）の下で成り立つ国家や法とは何なのだろうか。そういう問いにいきつく。

その問いに対して、日本国憲法は、権威主義的法運用こそが、人々を分断し、住民をして相互に監視させ、戦争（全体主義）を引き起こしたという反省の下で、戦争放棄の章（第二章）と地方自治の章（第八章）を新たに加えて答（応）えたのである。地域の連帯（住民自治）に支えられた地方自治の実現こそが民主的国家の基盤であり、国の政策運営も自治体やその地域の人々との対話（説明責任）を真摯に果たし承認をえる（受容される）ことが、国の進める政策の公共性確保の前提条件である。[10]以上の規範的要請から、国の安全保障政策や民主主義の名の下であっても一地域の人々に不利益を及ぼす承認（受容）なき法運用を否定したのではないか（憲法九五条参照）。沖縄は、国政選挙や知事選挙、さらには県民投票において、辺野古新基地建設を受容しない、不承認の民意を繰り返し明確にしてきた。辺野古訴訟は、地方自治と民主的国家のあり方を問う闘いでもある。

（1）白藤博行「法治主義の限界の諸相」岡田正則他編『現代行政法講座Ⅰ　現代行政法の基礎理論』（日本評論社、二〇一六年）一頁〔三頁参照〕。白藤教授の指摘する「法治主義の限界の集約的顕出」につき、筆者は、ジョルジョ・アガンベン氏の例外状態の常態化と同様の問題群と理解している。なお、例外状態及びその常態化につき、ジョルジョ・アガンベン〔訳・村上忠男＝中村勝己〕『例外状態』（未来社、二〇〇七年）八頁、一〇頁、一八〇頁－一八二頁〔上村訳者解説〕、杉田敦『境界線の政治学』（岩波書店、二〇〇五年）一七五頁－一七六頁、佐藤嘉幸「立憲デモクラシーの危機と例外状態――デリダ、アガンベン、ベンヤミン、シュミットと「亡霊の回帰」」思想一〇八八号（二〇一四年一二月号）八八頁以下、特に、九八頁、一〇一頁、など参照。

（2）第1ステージについて、拙稿「辺野古裁判の検証と今後の展望と課題」日本の科学者第五二巻第四号（二〇一七年）一八〇頁以下、人見剛「辺野古訴訟の経緯と諸判決に関する一考察」LAW AND PRACTICE 第一一号（二〇一七年）一頁以下、参照。

（3）飯島淳子「国家関与法制における裁判原理」地方自治第七五七号（二〇一〇年）二頁〔一二頁、一四頁参照〕。

（4）地方分権改革において、内閣に属する行政権（憲法六五条）と地方公共団体の行政執行機能（憲法九四条）とは別物と観念され、憲法上、国の行政権が、地方公共団体の行政執行権能の行使に当然には関与することができないことが確認された。それ故、国の行政による関与は国の立法権（法律）によって創設される必要性があった。小早川光郎「地方分権改革――行政法的考察」公法第六二号（二〇〇〇年）一六六頁参照。

（5）この点の詳細な検討として、武田真一郎「辺野古新基地建設をめぐる不作為の違法確認訴訟について」成蹊法学第八五号（二〇一六年）一頁以下参照、同「沖縄県知事が公有水面埋立承認の取消しの取消しをしないことが違法とされた事例：最高裁二〇一六（平成二八）年一二月二〇日判決・平成二八（行ヒ）三九四号」成蹊法学第八六号（二〇一七年）一七七頁以下参照、本多滝夫「行政法と地方自治法の交錯：第二次辺野古訴訟・上告審判決の批判的検討」龍谷法学第五〇巻第四号（二〇一八年）二八九頁以下参照。

（6）第2ステージについて、拙稿「辺野古訴訟が問う地方自治と国家のあり方」賃金と社会保障第一七四二号（二〇一九年）三六頁以下参照。

（7）白藤博行「辺野古は今「関与取消訴訟」と「裁決取消訴訟」の焦点」環境と公害第四九巻第三号（二〇二〇年）四二頁参照。二〇二〇年最高裁判決の控訴審（福岡高裁那覇支部、令一・一〇・二三、判時二四四三号三頁）も、同様のアプローチをしているが、当該アプローチにつき、米田雅宏教授は、「法律の全体構造から切り取られた《点》としての処分を重視する。」とし、さらに「公水法の処分の効果を行審法の側から（限定的に）切り出しているかのようである。」と指摘する。米田雅宏「辺野古関与取消訴訟高裁判決」判例評釈・法教（二〇二〇年）四七五号一二八頁参照。二〇二〇年最高裁判決にも同様の指摘が当てはまるであろう。二〇二〇年最高裁判決に対する批判的指摘として、堀澤明生「本件最高裁判決評釈」新・判例解説Watch二七号（二〇二〇年）五一頁以下、特に、五四頁参照。

（8）この点の問題点につき、拙稿「行政争訟における「固有の資格」概念の一考察」晴山一穂ほか編『官僚制改革の行政法理論』（日本評論社、二〇二〇年）二二〇頁、特に二二九頁以下参照。また、元最高裁判事の藤田宙靖氏は、公水法の仕組みから、埋立免許と承認の違いにつき、次のような指摘をする。「理論的に言えば、まず、公有水面埋立法上国以外の者が「承認」を受ける立場に立つことはあり得ないのであるから、その意味においては、この立場が「国であればこそ」立ち得る立場であることは疑いない。そして、「承認」についての手続・要件等については、「免許」に関する規定が「適用」されるのではなく「準用」されるに止まるのであるから、両者は、法的には別の制度であって、例えばこれを、単なる「用語変更」であるに過ぎないと言い切れるか（参照、高木光＝常岡孝好＝須田守『条解行政手続法（第二版）』（弘文堂・二〇一七年）一三八頁（須田執筆））には、かなり問題があろう。」藤田宙靖『行政組織法（第二版）』（有斐閣、二〇二二年）五五頁－五六頁参照。

（9）ジョルジョ・アガンベンは、国家が緊急事態を煽り、国家の安全性を強調し続けると、国の安全保障上の判断に司法は追随せざるをえないこと及びその危険性を指摘する。ジョルジョ・アガンベン（西谷修訳）「法治国家から安全国家へ」『世界』八七九号（二〇一六年）二〇二頁参照。

（10）シュミットアスマン教授は、受容、参加、公開は民主政の前提であり、特に、受容の概念は行政活動の正しさに関する諸基準の出発点として重要であるという。エバーハルト・シュミットアスマン（太田他訳）『行政法理論の基礎と課題』（東京大学出版会、二〇〇六年）一〇二頁－一〇四頁参照。

書評

小竹　聡『アメリカ合衆国における妊娠中絶の法と政治』（日本評論社、二〇二一年）

小　谷　順　子
（静岡大学）

二〇二二年六月、アメリカ合衆国最高裁は、一九七三年のロウ判決[1]と一九九二年のケイシー判決[2]を覆し、女性が人工妊娠中絶を選択する権利はアメリカ合衆国憲法によって保障されないと宣言し、中絶の規制権限を州に返還した。[3]周知のとおり、アメリカにおける中絶反対派と選択支持派の対立の構図は、固有の社会的・政治的・法的な歴史を背景に、合衆国最高裁の裁判官人事までをも争点化するなど、アメリカの「分裂」の一要素となってきた。

本書は、全六一九頁の大著であり、第Ⅰ部「妊娠中絶問題の史的展開」、第Ⅱ部「合衆国最高裁判所における Roe 判決の形成」、第Ⅲ部「Roe 判決以降の妊娠中絶をめぐる政治と裁判の展開」の三部構成を採る。本書の特色は、アメリカの法と政治に対する著者の鋭い関心と豊富な知識をふまえ、単に妊娠中絶をめぐる判例法理や学説を分析するのみならず、中絶をめぐる社会的・政治的な動きをも追うことにより、アメリカにおける妊娠中絶をめぐる法と政治の歴史を網羅的に描写・分析する点にある。なお、本書のカバーする最新情報は、二〇二〇年夏頃のものである点には留意されたい。

本書の第Ⅰ部は、一八世紀のアメリカに遡り、歴史を振り返る。一九世紀初頭までに胎動初覚以後の中絶の違法化が始まったものの、当時は女性の「身体の完全性」に対する基本的な権利が暗黙の前提であったことが指摘されつつ、その後、一九世紀の中盤から各州で反中絶法が導入されるようになり、中絶反対派の戦略が政治や啓発活動など多面的に展開したことが示される。一方、一九六〇年代には、中絶合法化の運動も活性化し、中絶を選ぶ女性の権利という視点が取り込まれ、立法と司法の両場面において、女性の生命・健康、女性の選択の権利、胎児の生命の権利、胎児の生命の保護等の諸利益をめぐる論争が展開したことが示される。

第Ⅱ部は、ロウ事件に焦点を当て、訴訟の端緒・提起から合衆国最高裁の判決に至るまでの各プロセス――二度の口頭弁論や裁判官会議の内容も含む――が詳細に描き出される。そして、一九七三年のロウ判決において、女性が自己の妊娠を終了させるか否かの決定が修正一四条の個人の自由に基礎づけられるプライバシーの権利の一内実であるとする論理と、その「基本的権利」の制約は「やむにやまれぬ州の利益」によってのみ正当化されるとする論理とが採用されるに至った経緯が説明され、さらに、妊娠期間が三期間に分けられ、州の規制の許容されない第一期、母体の健康に「合理的に関連」する手法で中絶規制が許容されうる第二期、母体の生命・健康のために必要な場合を除いて中絶が禁止されうる第三期（胎児の母体外生存可能性の認められる時期）という定式が打ち出された経緯も示される。著者は、こうした判示内容を、裁判官やロークラークたちの「時宜にかなった多くの相互作用」による結果であると評する。

著者は、ロウ判決への批判――とりわけプライバシーの権利に中絶の権利を内包させた点への批判など――にも言及し、さらに同判決の主要部分が後の判決で修正されたことに留意を促しつつも、ロウ判決がもたらした中絶の権利の保障が「今日、アメリカ社会に深く根づいている」と指摘し、多数派による「女性の身体」への「介入」は女性に対する「過酷な負荷」となりうるだけでなく社会の安定の阻害にもなりうると述べ、ロウ判決の意味を「不断に確認し続けること」の意義を説く。

第Ⅲ部は、ロウ判決以降、最高裁によってロウ判決の「骨抜き」が進んだ経緯が詳述される。その際、著者は、中絶反対派の真の関心は女性の従属的地位の維持と生殖目的以外の性的活動への道徳的非難であるとするフェミニストの見解にも言及しつつ、訴訟や政治を通した生殖の自由の確保のための戦略の重要性を指摘する。そして、著者は、ロウ判決と並ぶ重要判決である一九九二年のケイシー判決につき、同判決が胎児の母体外生存可能性の有無に基づく二期間分析――母体外生存可能期間は原則的に中絶を規制又は禁止しうるのに対し、同期間以前は中絶規制の目的又は効果が女性に「過度の負担」を課す場合に違憲となるとする分析――を採用したことを指摘しつつ、同判決が女性の妊娠中絶の選択を改めて修正一四条のデュープロセス条項に結び付けて肯定しただけでなく、女性の役割に関するステレオタイプな見方と中絶禁止法との「潜在的な関係」を重視したと指摘する。そして、後者の点につき、著者は、過半数の裁判官が「中絶と性平等との関係を認めた点で、画期的である」と評価する。

同章ではさらに、一九六〇年代にはカトリック教徒が主体であった中絶反対運動が、徐々に裾野を広げ、いったんは胎児の権利というリベラルな原則の側面も取り込んだものの、やがてはプロテスタントのキリスト教右派による保守的かつ「攻撃的な」「プロ・ライフの政治」に転換したことが示されるが、他方で、合衆国最高裁が母体外生存可能性と過度の負担の基準を変容させつつも維持し続けてきたことも示される。

著者の指摘した右記の諸点は、二〇二二年六月の合衆国最高裁のドブス判決によってことごとく否定されたことになる。同判決は、胎児の生命を重視する姿勢を明確化し、ロウ判決及びケイシー判決は誤りであったと明言し、中絶の権利はアメリカの歴史及び伝統に深く根付いておらず秩序立った自由の概念にも内在せず、合衆国憲法の修正一四条のみならずいかなる条項の保護も受けないと述べ、胎児の母体外存在可能性の基準も否定し、中絶規制権限を州に戻し、中絶規制には合理性の基準を適用すると宣言した。また、同判決は、性差別の問題についても、中絶規制は性別に基づく規制ではないとしたうえで、その規制目的も女性への「不当に差別的な敵意」ではないと明言したのである。

ところで、本書は、合衆国裁判所の裁判官の党派性のもたらす影響も重視しており、とくにトランプ政権下における合衆国最高裁の裁判官の構成変更を「作り替え」と称して警戒感を示す。本書の分析は二〇二〇年夏頃の時点で終結しており、リベラル派のギンズバーグ裁判官の死去と保守派のバレット裁判官の就任には触れられていないが、二〇二二年六月の判決は、こうした最高裁の「作り替え」の成果であることに疑いはない。この点につき、著者が二〇二二年の別の論考において近年の中絶判決の傾向を「合衆国最高裁の正統性そのもの」を問うものであると評したことも指摘しておきたい(4)。本書はロウ判決とケイシー判決が覆された今こそ読むべき重要な業績である。

(1) Roe v. Wade, 410 U. S. 113 (1973).

(2) Planned Parenthood of Southeastern Pa. v. Casey, 505 U. S. 833 (1992).

(3) Dobbs v. Jackson Women's Health Org., 597 U.S. _, 142 S. Ct. 2288 (2022).

(4) 小竹聡「テキサス州上院法案8の執行停止の申立てと合衆国最高裁判所」ジュリスト一五六九号九四頁(二〇二二年)。

田中祥貴『参議院と憲法保障――二院制改革をめぐる日英比較制度論――』（法律文化社、二〇二一年）

田　中　嘉　彦
（白鷗大学）

一　二院制は、イングランドから発祥し、世界各国で近代議会制度が構築されるとともに広まり、日本においても明治憲法下の帝国議会、そして日本国憲法下の国会と二院制が採用されてきた。英国の政治制度は、その植民地から出発した諸国のみならず、様々な国にとって参照モデルとして存在し続けている。しかし、不文憲法を特徴とする英国の制度は捉えどころがない部分もあり、日本を含む成文憲法の国にとって直截的に制度の技術移転を行うことが難しい場面も少なくない。本書は、そのようなことは所与の前提としつつ、日本と英国の二院制改革を対照し、現行憲法の制定時以来その存在意義が問われ続けてきた参議院の在り方について、憲法保障機能を果たし得る第二院として、我が国の二院制の活性化をもたらす処方箋を提示する意欲作である。

二　著者の問題意識と提言趣旨は、「はしがき」に込められている。そこでは、国会に対する国民の政治不信が議員個人の問題のみならず制度的な問題に起因し、とりわけ国会の修正機能の乏しさ、内閣機能・首相権限の強化に比して国会機能の強化が図られなかったことがまず指摘され、我が国の議院内閣制にとっての一つの可能性を、「政府・衆議院とは一線を画する存在である」参議院に求めている。そして、無用でも有害でもない参議院の方向性として、「良識の府」「理性の府」として憲法保障機能を担い、政府立法への監視・統制を実質化する機能・組織再編に活路が見い出せるであろうとの見立てを示している。著者によれば、そこでの鍵概念は、参議院審議の「客観性・合理性」であり、これを担保するためには、参議院内の「党派性の抑制」が焦点になるとされる。それゆえ、専門家を擁し、党派的影響を受けずに客観的かつ合理的で専門性の高い審議を行う英国議会上院である貴族院の在り方が、参議院改革に一定の方向性を提示するとの認識に立つのである。

三

本編では二部構成が採られており、第一部「参議院の憲法的定位」、第二部「英国憲法保障の諸相」と、日英の憲法保障の在り方を対照的に描いている。

日本についての描写である第一部を構成する第一章「我が国における憲法保障の理念と現実」においては、内閣法制局と最高裁判所のそれぞれが担う憲法保障機能を具に論証している。内閣法制局は、内閣の補佐機関であり、もとより憲法上その地位が位置付けられたものではなく、内閣提出法案等の審査事務や法律問題に関する意見事務において、政府部内の内在的統制を行うにとどまるものである。しかし、政府部内での違憲審査機能を果たしてきた実績があり、これを支えてきた組織原理とその揺らぎを指摘している。最高裁判所は、違憲審査権を憲法上付与された機関であるが、付随的違憲審査制を前提として、憲法判断回避の原則、合憲性推定の原則、統治行為論、法令違憲判決の稀少性といった諸論点を摘示している。そして、第二章「「憲法の守護者」としての参議院」は、本書のタイトルのうち主題である『参議院と憲法保障』の意味を具現化する最も核心的な章である。一九九〇年代以降の政治改革では、参議院改革が射程外に置かれたことから、結果として我が国の議院内閣制と二院制という最重要の政治システムの改革が未完となっているばかりか、両者の接合の機能不全がしばしばもたらされている。著者は、参議院制度のそもそもの制度設計の意図を踏まえ、ねじれ国会が生じ得る問題状況に対し、数の政治に対する理の政治の重要性について改めて論じている。これを出発点として、「憲法の守護者」としての参議院像を模索する上で、政治改革が目指したウェストミンスター・モデルからの修正を図り、議院内閣制と参議院制度の再接合を図る試みを展開せんとする。その具体的内容は、参議院の構成と権限の在り方を再設計することであり、構成については、党派性を抑制するための選挙制度改革について、完全比例代表制、地域代表制、間接選挙制、候補者推薦制等の各オプションについて憲法的観点からの考察を加えている。権限については、参議院を憲法の守護者たらしめるための方策として、参議院憲法審査会、参議院の調査会を再構成することにより、法案の違憲審査機能と憲法政策の調査機能を実質化することを提言する。さらには、政府の制定に係ることとなる委任立法の統制のため、参議院内に委任立法委員会を創設することなどを提言する。これらは、第二部で語られる英国の経験を日本において応用する具体的試みとしての提言内容である。

その第二部であるが、第三章「英国憲法保障における憲法委員会の意義」では、ブレア政権時代の貴族院改革に際して王立委員会が提唱して設置された貴族院の特別委員会である憲法委員会について、その創設経緯から説き起こし、英国憲法の専門家の知見を注入するための仕組み、機能、審査基準等について詳述している。そして、具体の法案審査や政策調査機能の事例研究をも展開しているのは、経験主義を採る英国の実像を知る上で不可欠な内容となっている。さらに、第四章「英国における委任立法統制の規範的構造論」は、著者がかねてより先端的に研究を行ってきた英国議会の委任立法統制をテーマとする研究をアップデートする論攷である。本書の問題意識との関連では、英国議会上院による憲法保障の文脈での委任立法審査機能に着目している点が注目されよう。

四　本書の内容から察するところからすると、英国貴族院における憲法委員会の存在、委任立法統制機能等を一つのモデルとして、これを日本の参議院に適合的な形で導入し、もって参議院の憲法保障機能を確立することこそ、日本の議院内閣制と二院制の活性化に資するということになる。その方向性は正鵠を射ており、国会法、議院規則等の改正をもって実現可能となる可能性を秘めた現実的な提言でもある。おそらく課題があるとすれば、これをいかにして実現するかということであり、制度設計の詳細化と実行のための憲法慣行をどのように形成するかということである。ブレア改革で世襲貴族の大部分が排除された貴族院は、公選制導入の試みはその後頓挫したものの、実質的に任命制の第二院として存続しており、いずれの政党も過半数を制することのない党派構成は中立性と客観性を担保し、憲法問題を含む各界の専門家を登用することも可能となっている。この点、公選制を憲法上の要請とする参議院とは彼我の関係にあるという点も忘れてはなるまい。

五　日本においては、初期の参議院において存在感を示した緑風会への憧憬がしばしば人口に膾炙するが、その偶然性と一回性は歴史が示すところであり、参議院の党派性をいかに抑制するかは、今日に至るまで議論され続けてきた参議院改革の各論点の中でもとりわけ大きな課題である。もはや憲法実践の範疇に属することとなるが、望むべくはこの課題に対する実現可能な具体的方策の学界、実務その他各方面における共有であり、著者において既に懐抱されている処方箋の更なる具体化を今後とも期待する次第である。

憲法理論研究会活動記録

（二〇二一年六月〜二〇二二年五月）

一　研究活動

(1)　概観

二〇二一年六月からの年間テーマを引き続き「憲法と市民社会」として研究活動を行った。コロナ渦のため、二〇二一度の夏季合宿研究会は中止とし、代わりに、オンラインでミニ・シンポジウムを開催した。また、二〇二〇年度に引き続き、総会及び月例会はすべて、Zoomを用いたオンラインでの開催となった。しかし、月例会をオンラインで開催したことにより、従来であれば報告の依頼が難しかった関東近辺以外の会員にも、報告の機会を設けることができたとともに、出席者の数が大幅に増加したことにより、議論が活発化し、毎回非常に充実した月例会となった。

(2)　ミニ・シンポジウム「沖縄の現在と憲法」（二〇二一年七月一七日、Zoomによるオンライン開催）

【報告者】西山千絵会員（琉球大学）「『女性優位と男系原理』の社会と女性のリプロダクティブ・ライツの脆弱性ー沖縄の子どもの高貧困率問題への一視点」／岩垣真人会員（沖縄大学）「沖縄振興の『機能』と沖縄の『構造』」／桜井國俊氏（沖縄大学名誉教授）「なぜ五年も嘉手納基地の立入調査ができないのか？—PFASに見る基地汚染の法的課題—」／徳田博人会員（琉球大学）「辺野古新基地建設問題と地方自治の危機と展望」

【司会】榎澤幸広会員（名古屋学院大学）

(3)　月例会

二〇二一年

《一〇月例会》（一〇月二三日、Zoomによるオンライン開催）

【報告者】大野友也会員（鹿児島大学）「アメリカ合州国におけるBostock判決の意義とその影響」／田中美里会員（一橋大学）「偽りの情報の流布と表現の自由—フランスのフェイクニュース対策を議論の出発点として」

《一一月例会》（一一月二〇日、Zoomによるオンライン開催）

【報告者】松原俊介会員（東北学院大学）「平等判例における救済判断の再検討」／伊藤純子会員（茨城大学）「フランスの戦後補償と記憶の法律」

《一二月例会》（一二月一八日、Zoomによるオンライン開催）

【報告者】辻村みよ子氏（東北大学名誉教授）「現代家族の変容と個人の尊重―第三次別姓訴訟にむけて」／川口かしみ会員（宮城学院女子大学）「憲法二四条の『個人の尊厳』原理の存在意義―現代社会にそくした予備的考察」

二〇二二年

《三月例会》（三月一九日、Zoomによるオンライン開催）

【報告者】小西葉子会員（高知大学）「独立して裁判を行う主体に求められる『品位』」／柴田竜太郎会員（一橋大学・院）「イギリスにおける解散権制約の『実験』」

《四月例会》（四月一六日、Zoomによるオンライン開催）

【報告者】吉川智志会員（帝京大学）「『比較憲法研究のグローバル化』の中での『参加志向的、代表補強的司法審査アプローチ』」／山本和弘会員（早稲田大学・院）「ドイツにおける公法社団たる宗教団体と『国家への忠誠』」

(4) 春季研究集会「〝新しい資本主義〟と憲法」（二〇二二年五月一五日、Zoomによるオンライン開催）

【報告者】辻雄一郎会員（明治大学）「憲法学からみたアメリカ気候変動訴訟」／尾形健会員（学習院大学）「〝新しい〟資本主義の下での生活保障をめぐって」／曽我部真裕会員（京都大学）「社会のデジタル化と憲法―最近の諸構想をめぐって」／湯淺墾道会員（明治大学）「民主主義のデジタル化：可能性と課題」

【司会】小谷順子会員（静岡大学）・巻美矢紀会員（上智大学）

(5) 憲法理論叢書二九号『市民社会の現在と憲法』が二〇二一年一〇月に敬文堂より出版された。本郷には、二〇二〇年六月から二〇二一年五月までの研究報告と活動の記録などが収められている。

二　事務運営

(1) 概観

二〇二一年六月から二〇二二年五月までの事務運営は、二〇二〇年七月に発足した運営委員会、二〇二〇年一〇月に行われた運営委員会で選出された内藤光博運営委員長（専修大学）、髙佐智美事務局長（青山学院大学）によって行われた。

(2) 事務総会

a　通常事務総会（二〇二二年五月一五日、Zoomによるオンライン開催）

六名の入会申込、事務局の所在地及び退会・休会・会員登録の抹消に関する定めを明記する旨の規約改正、二〇二一年度決算及び二〇二二年度予算案について承認された。

また、運営委員会により推薦された吉川智志会員（帝京大学）が会計監査として選出された。

さらに、二〇二二年一二月まで月例研究会をオンラインで実施すること、事務局員の交代（二〇二二年五月に安原陽平会員（獨協大学）、塚林美弥子会員（東京学芸大学）、菅野仁紀会員（中央大学・院）が退任し、秋山肇会員（筑波大学）、山本和弘会員（早稲田大学・院）が就任）、六名の退会申出、一名のご逝去による退会が報告された。

b　臨時事務総会　開催されなかった。

(3)　運営委員会

a　構成

この期の運営委員会は、二〇二〇年七月に発足した以下の運営委員によって構成されていた。

愛敬浩二（早稲田大学）、青井未帆（学習院大学）、赤坂幸一（九州大学）、新井誠（広島大学）、池田晴奈（近畿大学）、石川裕一郎（聖学院大学）、植松健一（立命館大学）、江島晶子（明治大学）、大河内美紀（名古屋大学）、岡田順太（獨協大学）、加藤一彦（東京経済大学）、木下智史（関西大学）、栗田佳泰（新潟大学）、斎藤一久（名古屋大学）、齊藤正彰（北海道大学）、佐々木くみ（東北学院大学）、宍戸常寿（東京大学）、志田陽子（武蔵野美術大学）、髙佐智美（青山学院大学）、只野雅人（一橋大学）、寺川史朗（龍谷大学）、内藤光博（専修大学）、牧本公明（松山大学）、毛利透（京都大学）、山元一（慶應義塾大学）〔なお、任期は二〇二二年一〇月まで。この運営委員会は、二〇二〇年七月一一日の選挙で選ばれた委員及び七月二五日の推薦運営委員会候補者選考会議で選考された委員で構成されている。〕

b　二〇二一年度第二回運営委員会（二〇二一年一〇月二三日、Zoomによるオンライン開催）

規約改正案及び査読制度の新設について審議がなされた。一名の入会申込、今後の研究計画（二〇二一年一〇月・一一月・一二月例会）が承認された。一名の退会申出、憲法理論叢書二九号の刊行について報告された。

c　二〇二一年度第三回運営委員会（二〇二一年一二月一八日、Zoomによるオンライン開催）

規約改正案、今後の研究計画（二〇二二年五月の春

季研究総会、三・四月例会）及び査読制度について継続審議とすることが承認された。

また、運営委員会選挙について郵送投票で実施すること、及び選挙管理委員は、松田浩会員（成城大学）・國分典子会員（法政大学）・馬場里美会員（立正大学）が担当することについて承認された。

さらに、二名の退会申出、及び憲理研叢書二九号掲載の書評の誤植につき、次号の編集後記にて訂正を行うことが報告された。

d　二〇二二年度第一回運営委員会（二〇二二年五月一五日、Zoomによるオンライン開催）

五名の入会申込、事務局の所在地及び退会・休会・会員登録の抹消に関する定めを明記する旨の規約改正、二〇二一年度決算及び二〇二二年度予算案、二〇二二年一二月まで月例研究会をオンラインで実施すること、今後の研究計画（二〇二二年七月のミニ・シンポジウム、八月の夏合宿の中止、一〇・一一・一二月例会）、事務局員の交代（二〇二二年五月に安原陽平会員（獨協大学）、塚林美弥子会員（東京学芸大学）、菅野仁紀会員（中央大学・院）が退任し、秋山肇会員（筑波大学）、山本和弘会員（早稲田大学・院）が就任）について承認された。なお、新たに規約に設けられた会員登録抹消（八条）の運用は、慎重に行うことが確認された。

また、憲法理論叢書三〇号の編集状況、三名の退会申出、一名のご逝去による退会が報告された。その他、内藤運営委員長より、初代運営委員長の吉田善明氏のご逝去につき、功労者として研究会より供花を行った件が報告された。

(4)　憲法理論叢書編集委員会

憲法理論叢書二九号の編集は、大津浩会員（編集委員長・明治大学）、斎藤一久会員（名古屋大学）、實原隆志会員（福岡大学）、土屋仁美会員（金沢星稜大学）の四名によって行われた。

現在、三〇号の編集は、この四名によって行われており、持ち回りで編集委員会が開催され、タイトル『次世代の課題と憲法学（仮）』、構成案、執筆要項及び締切が決定された。

(5)　執行部及び事務局の構成

二〇二二年五月現在の執行部は、内藤光博運営委員長と高佐智美事務局長より構成され、事務局は、高佐智美事務局長、事務局員として、秋山肇会員（筑波大学）、小林宇宙会員（一橋大学・院）、橋爪英輔会員（常磐大学）、山本和弘会員（早稲田大学・院）からなる。

三　会員移動

(1)　新入会員（六名）

青木洋英（沖縄国際大学）、浦川源二郎（京都先端科学大学）、春藤優（早稲田大学・院）、田中将人（慶應義塾大学・院）、今枝昌浩（慶應義塾大学）、戸田舜樹（筑波大学・院）（申込順）

(2)　退会者（七名）

石埼学氏、上田将由氏、柏崎敏義氏、竹内俊子氏、白水隆氏、小泉俊氏、井端正幸氏（ご逝去）（申出順）

※長年にわたる本会へのご協力に心より感謝申し上げます。

〔氏名の後の所属は原則として当時のものを使用しています。助教、助手又は研究員等については、実態が多様なため、所属大学名のみを使用し、非常勤先の場合も大学名のみを記載しております。敬称略の点を含め、どうかご了承ください。〕

憲法理論研究会規約

（一九九二年七月二〇日決定
一九九二年八月二〇日施行
一九九七年五月一一日改正
二〇一〇年五月　九　日改正
二〇一八年五月一三日改正
二〇二二年五月一五日改正）

（名称）
第一条　本会は、憲法理論研究会（Association for Studies of Constitutional Theory）と称する。
（所在地）
第二条　本会の事務所は、事務局長の研究室に置く。
（目的）
第三条　本会は、次のことを目的とする。
一　日本国憲法の基本理念の擁護
二　総合的で科学的な憲法理論の創造
三　会員間の、世代を超えた自由で学問的な交流と協力の促進
（事業）
第四条　本会は、前条の目的を達成するため、次の各号に定める事業を行う。
一　学術研究総会の開催
二　研究会の定期的開催
三　研究成果の公表
四　前条第一号及び第二号に掲げる目的を共有する内外の学術機関・団体との交流の促進
五　その他必要と認められる事業
（会員）
第五条　次に掲げる者は、会員二名の推薦に基づき、事務総会の承認により、本会の会員となることができる。
一　憲法を研究する者であって、本会の目的に賛同する者
二　本会の目的に賛同し、本会の事業に協力する者
（会費）
第六条　会員は、別に定めるところにより、会費を納入しなければならない。
（退会）
第七条　会員は、事務局に退会の意思を通知することにより、いつでも退会することができる。退会については、事務局長が運営委員会で報告する。
2　会員が、死亡又は失踪宣告を受けたときは、退会したものとみなす。
（会員登録の抹消）
第八条　会員が次の各号のいずれかに該当するときは、

運営委員会の議決を経て、本会会員としての登録を抹消することができる。この場合には、あらかじめ本人に通知するとともに、弁明の機会を与えるものとする。
一　督促にもかかわらず、三年以上会費を滞納したとき
二　本会又は他の会員の名誉を傷つける行為があったとき
三　その他、学術研究会の会員としてふさわしくないと認められる事実があったとき

（休会）
第九条　会員は、休会しようとするときは、その旨を事務局に書面をもって申し出るものとする。
2　休会については、運営委員会がこれを承認する。
3　会員は、次の理由により休会することができる。
一　国外への留学
二　妊娠、出産、育児、介護、病気療養その他休業を要する事情
三　その他、一定期間国内における研究活動ができない事情として運営委員会が承認するもの
4　休会期間は一年間とし、運営委員会において休会が承認された日の次の四月一日から翌年の三月三一日までとする。ただし、運営委員会の承認により、休会期間を延長することができる。
5　休会する会員は、学会誌を受け取る権利を有しないほか、運営委員の選挙など、学会の運営に関する事項に関わることができない。

（事務総会）
第一〇条　本会の運営に関する基本方針を決定する機関として、事務総会をおく。
2　事務総会は、原則として毎年一回、運営委員会委員長（以下「委員長」という。）が招集する。ただし、必要と認められる場合は、随時開催する。

（運営委員会）
第一一条　本会に運営委員会をおく。
2　運営委員会は、事務総会の決定を受け、本会の運営に関する事項を審議する。
3　運営委員の定数及び選出方法は、別に定める。
4　運営委員の任期は二年とし、再任を妨げない。
5　運営委員会に委員長をおく。委員長は、運営委員の互選による。
6　委員長は、運営委員会を招集し、その議長となる。
7　委員長は、本会を代表する。

（事務局）
第一二条　本会の事務を処理するため、事務局をおく。

2　事務局は、事務局長及び事務局員をもって構成する。
3　事務局長は、運営委員会の推薦に基づき、事務総会で選出する。
4　事務局員は、会員のなかから、事務局長が委嘱する。委嘱に際しては、運営委員会の承認を必要とする。
（編集委員会）
第一三条　本会の研究成果を公表するために、編集委員会をおく。
2　編集委員会は、編集委員長及び編集委員をもって構成する。
3　編集委員長及び編集委員は、委員長の推薦に基づいて、運営委員会で選出する。
（会計年度）
第一四条　本会の会計年度は、毎年四月一日から翌年三月三一日までとする。
（会計の承認）
第一五条　会計については、運営委員会の審議を経た上で、事務総会の承認を得なければならない。
（会計監査）
第一六条　本会の会計につき監査を行うため、会計監査をおく。
2　会計監査は、委員長の推薦に基づき、事務総会において選出する。
3　会計監査の任期は二年とし、再任を妨げない。
4　会計監査は、毎会計年度末に監査を行い、その結果を事務総会に報告するものとする。
（改正）
第一七条　本規約は、事務総会において、出席会員の過半数の賛成により改正することができる。

附　則

本規約は、一九九二年八月二〇日より施行する。

附　則

本規約は、一九九七年五月一一日より施行する。

附　則

本規約は、二〇一〇年五月九日より施行する。

附　則

本規約は、二〇一八年五月一三日より施行する。

附　則

1　本規約は、二〇二二年五月一五日より施行する。ただし、八条の規定は、二〇二三年四月一日より施行する。
2　第二条にいう事務局長の研究室は「東京都渋谷区渋谷四―四―二五　青山学院大学　法学部　髙佐智美研究室」とする。

Constitutional Theory Review

No.30 October 2022

Next generation's issues and constitutional Theory

Contents

Association for Studies of Constitutional Theory

編集後記

幸いデッドライン直前で全ての原稿が出そろったが、本号の編集では提出期限に遅れた方が多数あった。遅延については さまざまな要因があろうが、一つには、オンライン授業から原則として対面式授業に切り替わったことに伴う、予想外の授業負担の増加があったと思われる。かくいう筆者も、ハイブリッド（ハイフレックス）型授業を行った結果、授業準備の手間が倍増し、論文執筆に支障をきたした。

もう一つの要因は、コロナ禍が収束しないため、今期の憲法理論研究会の活動も、全てオンラインでの開催が続いたことではないかと思われる。確かにオンライン研究会は、遠隔地の方や短時間のみの参加希望者が容易に参加できる点で有益である。しかし過去の対面式研究会とその後の懇親会での交流は、とりわけ報告者にとっては、憲法理論叢書のための原稿執筆を優先させるインセンティヴを生じさせたのではないかというのが、筆者の個人的な感想である。有限の時間の割り振りは、困難な状況下では特に重要である。

二〇二二年は初頭から、ロシアのウクライナ侵攻によって国連による安全保障の枠組みが激しく動揺し、それは日本国憲法の平和主義にも極めて重大な影響を与えている。改憲論も勢いを増している。日々の時間的な困難はあろうとも、このような状況に対して、私たち憲法理論研究会は真摯な理論的研究活動を強めなければならない。

本書の編集にあたっては、斎藤一久（名古屋大学）、實原隆志（福岡大学）、土屋仁美（金沢星稜大学）の各会員と大津（明治大学）が作業に当たった。末尾ながら、厳しい刊行スケジュールにご対応くださった敬文堂・竹内基雄社長に、心より感謝を申し上げたい。

（編集委員長　大津浩）

次世代の課題と憲法学〈憲法理論叢書30〉

2022年11月10日　初版発行　　定価は
カバーに表示してあります

編　著　憲法理論研究会
発行者　竹　内　基　雄
発行所　㈱　敬　文　堂
東京都新宿区早稲田鶴巻町538
電話（03）3203-6161㈹
FAX（03）3204-0161
振替 00130-0-23737
http://www.keibundo.com

印刷・製本／信毎書籍印刷株式会社
ISBN 978-4-7670-0254-5　C3332

憲法理論叢書①

議会制民主主義と政治改革

本体二七一八円

憲法理論叢書発刊にあたって吉田善明／「代表」の再発見？樋口陽一／議会制民主主義の憲法問題杉原泰雄／議員立法のあり方中村睦男／議会制民主主義論と「責任」の概念吉田栄司／「国民内閣制」の理念と運用高橋和之／「政治改革」と財界・労働組合・自民党塚本俊之／小選挙区制と憲法第九条大宮武郎／日本における政治倫理制度の現状と問題点清水英夫／「政治改革」と小選挙区制導入問題隅野隆徳／フランス第五共和制と政党永山茂樹／イギリスにおける選挙区制改革論議の歴史と現段階小松浩／アメリカ憲法における政党越路正巳／ドイツにおける政党への公的助成加藤一彦／選挙制度と代表制只野雅人／アメリカ合衆国の予算制度の特質とその変動佐藤信行／サッチャーリズムと地方制度改革妹尾克敏／ドイツ連邦議会防衛監察委員水島朝穂／ロシアの法文化と議会制民主主義竹森正孝／書評・岩間昭道／藤野美都子

憲法理論叢書②

人権理論の新展開

本体二七一八円

人権類型論の再検討のために北川善英／人権主体としての個人樋口陽一／権力と人権笹沼弘志／「外国人の参政権」再論浦部法穂／外国人の人権樋口和彦／女性と人権武田万里子／子どもの人権丹羽徹／最近のドイツの基本権論について栗城壽夫／イギリスにおける「市民的自由」の保障と「国会主権」倉持孝司／「アジア型」人権論の試み安田信之／中国型人権の深層構造針生誠吉／ユーゴスラヴィア憲法と人権工藤繁裕／人権の国際的保障をめぐる理論問題横田耕一／国際人権保障の観点からみた国際人権条約と憲法の関係江島晶子／EUの超国家的性質とフランスにおける欧州市民権の位置づけについて大藤紀子／人権は一つ？　それとも二つ？萩原重夫／書評・市川正人／浦田一郎／岡田信弘

憲法理論叢書③

人権保障と現代国家

本体三〇〇〇円

現代人権保障における国家の関与大須賀明／法人と「人権」芹沢斉／それでも基準は二重である！長谷部恭男／国の「基本権保護義務」小山剛／反啓蒙思想あるいはもう一つの啓蒙思想の憲法学に向けて阪本昌成／人権の基本原理としての「個人の尊厳」根森健／ドイツにおける胎児の生命権と妊娠中絶判決嶋崎健太郎／教育情報の開示とプライバシーの権利内藤光博／現代国家と自由右崎正博／表現の自由の守備範囲内野正幸／青少年保護（健全）育成条例における「有害図書類」規制と表現の自由清水睦／教育人権の権利性永井憲一／教育と宗教に対する国家の関与小泉洋一／大学審議会と大学の自治青木宏治／現代の平和と人権太田一男／沖縄における憲法訴訟金城睦／アメリカ支配下の自治権と人権保障井端正幸／那覇市米軍用地違憲訴訟と平和主義・地方自治永山茂樹／書評・長岡徹／久保健助／野中俊彦／畑尻剛

憲法理論叢書④

戦後政治の展開と憲法

本体二七一八円

議会制民主主義と政権交代吉田善明／議会と民意岩間昭道／議会制の原点と現点糠塚康江／「多数派」民主主義の再検討近藤敦／戦後における政党と憲法上脇博之／財政議会主義の五〇年小沢隆一／宗教法人法と課税問題笹川紀勝／地方分権と沖縄基地問題仲地博／戦後五〇年と地方自治緒方章宏／憲法改正手続と司法審査久保健助／アジア太平洋地域の人権憲章構想稲正樹／「人権」と「市民的自由」の間植村勝慶／ドイツにおける国家目的論の再考石村修／「法治国家」論から「立憲主義的民主主義」論へ山元一／書評・元山健／吉田栄司／小野善康／長谷川憲／福岡英明

憲法理論叢書⑤

憲法五〇年の人権と憲法裁判

本体二八〇〇円

わが国違憲審査の五〇年―総論的概観小林武／憲法裁判の五〇年植野妙実子／憲法裁判所案の系譜と問題点畑尻剛／憲法訴訟論の問題と課題戸松秀典／最高裁判決における憲法訴訟要件論の問題点渋谷秀樹／憲法訴訟論の展開と裁判実践諸根貞夫／外国人の参政権と国籍条項後藤光男／〈社会権〉の保障と個人の自律西原博史／教育裁判における教育人権論の展開成嶋隆／平等権論の問題点と課題安西文雄／アメリカ司法審査制の連邦的特質森山弘二／討議理論による人権の基礎づけについて渡辺康行／九〇年代のフランス憲法院今関源成／朝鮮開化期における人権思想の継受國分典子／書評・岡田俊幸／横坂健治／矢口俊昭

憲法理論叢書⑥

国際化のなかの分権と統合

本体二八〇〇円

地方自治の五〇年について思うこと杉原泰雄／統合と分権のなかの公共性鳥居喜代和／グローバリズム立憲主義下の地方自治権論の課題大津浩／地方分権推進委員会の勧告と市町村合併小林博志／統合の手段としての日本のODAと憲法の平和主義清水雅彦／リゾート法満一〇年藤原信／イギリスにおける「地方分権」松井幸夫／フランスにおける地方分権と住民投票福岡英明／ベルギーの連邦化武居一正／ヨーロッパ地方自治憲章の一〇年廣田全男／欧州統合とドイツ憲法岡田俊幸／欧州統合とフランス憲法学南野森／「ヨーロッパ人権基準」の確立における主権と人権建石真公子／阪神・淡路大震災と憲法論の課題浦部法穂／『こだわり』から『かかわり』へ孝忠延夫／ボランティアと日本国憲法近藤真／学問の自由・大学の自治の保障からみた大学教員の任期制根森健／書評・鴨野幸雄／緒方章宏／柳井健一

憲法理論叢書⑦

現代行財政と憲法

本体二八〇〇円

新ガイドラインと日本の軍事化岡本篤尚／行政機構の改革と憲法宮井清暢／市場、規制、憲法中島徹／ドイツ宰相の基本方針決定権限の由来毛利透／平和・福祉憲法と行財政北野弘久／フランスにおける国家による経済介入多田一路／ドイツにおける税務訴訟の現実と税務行政三木義一／社会保険制度の改革・再編と行財政坂本重雄／社会権の今日的課題中村睦男／財政構造改革と生存権柳眞弘／財政からみた社会保障藤野美都子／臓器移植における脳死の憲法問題柏﨑敏義／四日市反公害と私澤井余志郎／「盗聴立法」について倉持孝司／書評・本秀紀／小林武／角替晃

憲法理論叢書⑧

憲法基礎理論の再検討

本体二八〇〇円

近代個人主義と憲法学中山道子／憲法学と思想史の対話愛敬浩二／レッセ・フェール憲法学への新たな視座飯田稔／僕らの生き苦しさと人権論石埼学／アファーマティブ・アクションと正義穐山守夫／宗教に対する便宜供与山崎英壽／意見表明の自由の限界としての個人的名誉保護上村都／下級教育における個人情報保護伊藤良弘／放送の自由―その理念と制度鈴木秀美／アメリカにおける人種差別的ヘイトスピーチ長峯信彦／中国の「市民社会」研究について古川純／ＥＵ／ＥＣの民主主義はどこまで可能か鈴木眞澄／ウェストミンスター・モデルの動揺小松浩／統治構造から見た日本国憲法史横尾日出男／憲法社会学的考察による沖縄県民投票の意義と問題点について中富公一／憲法運動の今日的課題奥野恒久／文化財保護法と松代大本営大日方悦夫／書評・武藤健一／立山紘毅

憲法理論叢書⑨

立憲主義とデモクラシー

本体二八〇〇円

国家・国民・憲法栗城壽夫／憲法規範の私人間適用と、私法規範の「憲法化」樋口陽一／イギリスの憲法改革元山健／人権保障における Bills of Rights の意義と役割江島晶子／現代フランスにおける憲法裁判と立憲政治蛯原健介／フランス革命期における「国民主権」原理と外国人参政権菅原真／優生政策と憲法学村山史世／日本国憲法の『原点』と『現点』横田耕一／平和主義をめぐる「改憲」と「護憲」の論理澤野義一／改憲と「改革」の底流と憲法学の課題小沢隆一／戦争非合法化論と日本国憲法河上暁弘／韓国の大統領制政府形態の進化と展望鄭永和／議院内閣制と大統領制近藤敦／日本の地方自治と「自治体憲法学」大津浩／韓国地方自治制の現況と課題李憲煥／朝鮮半島の統一の展望と課題閔炳老／書評・池端忠司／小山剛／江藤英樹

憲法理論叢書⑩

法の支配の現代的課題

本体二八〇〇円

現代イギリスにおける「法の支配」論**植村勝慶**／違憲審査制の活性化**市川正人**／変容する法の「支配」**大藤紀子**／ドイツにおける「憲法裁判権の限界」論**岡田俊幸**／アメリカにおける住民投票制の現況と民主主義論**木下智史**／アメリカ合衆国における妊娠中絶法理の現在**小竹聡**／学校図書館のパブリック・フォーラム性**前田稔**／最近のイタリア共和国憲法改正の動向**高橋利安**／国家・家族・セクシュアリティの間**齊藤笑美子**／法科大学院と憲法教育**戸松秀典**／法曹一元と非常勤裁判官制度**石村修**／教育基本法改正問題と《法の支配》**成嶋隆**／改憲への今日的潮流と「教育」像**寺川史朗**／政府の平和主義論**浦田一郎**／日米地位協定の立憲的統制**高作正博**／書評・隅野隆徳／**高見勝利**／**河上暁弘**

憲法理論叢書⑪

憲法と自治

本体二八〇〇円

「憲法的自治」の今日的課題（覚え書き）**小林武**／コミュニティと「自治」**糠塚康江**／「地方自治の本旨」の再検討**岡田信弘**／不文憲法の基本的構造**成澤孝人**／「国民」概念の限界と「市民」概念の可能性**佐藤潤一**／刑部荘と「国民による憲法改正」の技術**高見勝利**／学問の自由と大学の自治の新たな課題**中村睦男**／憲法の教育自治に対する先行性**坂田仰**／「大学の自律」と「教授会の自治」**松田浩**／司法制度改革と弁護士自治**今関源成**／マスメディアの自主規制と透明な社会**池端忠司**／「表現の自由」とポルノグラフィー**田代亜紀**／地方自治の憲法的基礎**杉原泰雄**／国家と自治体**仲地博**／国家と地方間の紛争解決システム**桑原勇進**／日韓シンポジウム韓国側報告・要約**金英千・玉武錫・崔承元・金南澈**／有事関連三法の批判的検討**山内敏弘**／にもかかわらず護らなければならないこと**馬奈木厳太郎**／書評・**愛敬浩二**／**本秀紀**／**平地秀哉**／**齊藤正彰**

憲法理論叢書⑫

現代社会と自治

―憲法理論研究会四〇周年記念号―

本体二八〇〇円

メディアの規制と自律―「市民社会の自治」の可能性**田島泰彦**／報道の自由と「ジャーナリストの自治」**内藤光博**／私学助成と大学の自治**石川多加子**／地方分権論と自治体再編論の異同**妹尾克敏**／生活保護と「個人の尊重」**押久保倫夫**／憲法における制度と人権**柏﨑敏義**／愛媛玉くし料訴訟について**草薙順一**／受任者名簿とプライバシー**奥島直道**／日本国憲法の平和主義と財政の諸原則**隈野隆徳**／有事法制と無防備地域条例制定の意義**澤野義一**／「セキュリティ」と憲法学**石川裕一郎**／ギールケのアルトジウス研究…『共生と人民主権』から学ぶもの**笹川紀勝**／大臣の「責任」に関する覚え書き**佐藤修一郎**／憲理研四〇周年を迎えて**吉田善明**／憲理研四〇年に寄せて**山内敏弘**／研究会がなければ、研究できる？**浦田一郎**／ロースクール憲法の意義と可能性**棟居快行**／書評・**斉藤小百合**／**佐藤潤一**／**佐々木弘通**／**上脇博之**／憲法理論研究会四〇年小史

憲法理論叢書⑬

"危機の時代"と憲法

本体二八〇〇円

人類生存の憲法論覚え書浦田賢治／憲法にとって、何が「危機」なのか水島朝穂／松川事件伊部正之／危機の時代の「表現の自由」大石泰彦／アメリカにおける「アイデンティティの危機」？志田陽子／「国家による自由」の特質と問題点榎透／公安警察の暴走と脅かされる言論社会内田雅敏／ヒトゲノム・遺伝子解析研究の現場から竹之下誠一／「安全・安心」イデオロギーと統治の「危機」清水雅彦／司法の閉塞状況と裁判官制度改革宮本康昭／「マニフェスト選挙」論の背景と問題点小松浩／ヴァイマル憲法崩壊期の憲法救済的改憲論植松健一／今日の改憲問題の起源金子勝／今日における改憲論の諸相結城洋一郎／カナダにおける憲法改正とカナダ権利自由憲章三三条佐藤信行／書評・市川正人／諸根貞夫／大藤紀子

憲法理論叢書⑭

"改革の時代"と憲法

本体二八〇〇円

現代改憲論と憲法学横田耕一／グローバルな立憲主義のかたち君島東彦／憲法改正国民投票制をめぐる現況井口秀作／スイスにおける国民投票の現状と問題奥田喜道／なぜ政教分離なのか長岡徹／憲法裁判の『壁』を越えた亀川裁判津留雅昭／合祀はいやです浦部頼子／障害のある人の権利保障植木淳／「公私区分」再考巻美矢紀／政党政治の変容上脇博之／内閣法制局の憲法学は高度な政治学である中村明／プロフェッションの危機の時代と法律家小沢隆一／委任立法への事後的議会統制田中祥貴／財政の危機？新村とわ／書評・西原博史／倉田玲／河上暁弘／江藤英樹／稲正樹／麻生多聞

憲法理論叢書⑮

憲法の変動と改憲問題

本体二八〇〇円

日本国憲法六〇年と改憲論議の問題点山内敏弘／防衛省昇格問題と憲法九条青井未帆／ロシアの国民投票法竹森正孝／ポスト「冷戦」・EU統合時代におけるイタリア憲法体制の変容高橋利安／教育基本法の「改正」とその法的問題今野健一／教育基本法改正問題への一視点寺川史朗／緊急事態と憲法川岸令和／ドイツの憲法変動小山剛／対テロ法制と不文憲法の「変動」柳井健一／障害者自立支援法と障害をもつ人の人権武川眞固／単独の個人以外の権利高木康一／ドイツにおける名誉保護をめぐる憲法論議と人格的尊厳濵口晶子／法の下の平等と格差社会岡田順太／信教の自由と選択的助成問題福嶋敏明／外国人の身柄収容とデュープロセス大野友也／えん罪の構図水谷規男／書評・加藤一彦／佐藤修一郎

憲法理論叢書⑯

憲法変動と改憲論の諸相

本体二八〇〇円

議員定数不均衡訴訟の過去と現在野中俊彦／ステイト・アクション法理の根底にあるもの宮下紘／多文化社会における「国籍」の憲法学的考察／栗田佳泰／J・ルーベンフェルドの憲法解釈方法論に関する覚書佐々木くみ／司法審査の可能性と現代行政国家尾形健／ドメスティック・バイオレンスをめぐる法政策小島妙子／アメリカにおける市民権法と表現的結社の自由との相克金澤誠／カナダにおける多文化主義菊地洋／フランスにおける国家の非宗教性原則の運用と共和主義江原勝行／現代フランスにおける「裁判権力」論と権力分立阿部智洋／第一回ミニ・シンポジウム　国家の基本権保護義務小山剛／「国家の基本権保護義務論」とは何か？根森健／日本国憲法における基本権保護義務論の可能性玉蟲由樹／「個人に優しい改憲論」と立憲主義西原博史／民主主義という観点からみた統治構造改革と憲法改正手続法川﨑政司／「立憲主義」論からみた現在の日本における憲法改正論議山元一／書評・石川裕一郎／浦田一郎／木下智史

憲法理論叢書⑰

憲法学の最先端

本体二八〇〇円

EU憲法論の困難・可能性・日本との関連中村民雄／「セックスワーク」・性的自己決定権・人格権中里見博／遺伝子プライバシー論――「遺伝情報」は例外か？　山本龍彦／基本権の間接的侵害理論の展開――斎藤一久／アメリカ合衆国における保護義務論とその含意松村芳明／裁判員裁判の合議体の公共的討議の場としての特質柳瀬昇／イギリス人権法における議会主権と憲法的対話岩切大地／合衆国の公教育における政府権限の限界中川律／フランスにおける病院の非宗教性中島宏／憲法の ratio 福島涼史／いわゆる“Gewaltmonopol”について岡田健一郎／韓国併合――憲法と国際法の問題に即して笹川紀勝／書評・麻生多聞／只野雅人／三宅裕一郎

憲法理論叢書⑱

憲法学の未来

本体二八〇〇円

科学より哲学へ――憲法学の発展？愛敬浩二／〈自由の条件としての国家〉と現代憲法学小貫幸浩／憲法解釈における比較憲法の意義新井誠／信教の自由と政教分離原則の衝突？神尾将紀／公務員の内部告発と修正第一条牧本公明／アメリカ連邦最高裁における「政府言論の法理」についての覚書横大道聡／ドイツ憲法抗告と「憲法」の観念鵜澤剛／環境国家と環境憲法の理論藤井康博／インターネットにおける「有害」情報規制の現状小倉一志／第二院の憲法保障機能木下和朗／「最高裁・国籍法違憲判決を考える」・報告①近藤博徳／報告②木村草太／コメント戸波江二／志布志事件野平康博／憲法理論研究会小史金子勝／書評・渡辺康行／青井未帆／斎藤一久

憲法理論叢書⑲

政治変動と憲法理論

本体二八〇〇円

天変地異と憲法高見勝利／福島第一原発事故後の政治システムのあり方奥田喜道／民主党政権下における政治主導実現のための改革について曽我部真裕／「政治主導」と憲法――「国会中心」構想の可能性本秀紀／二院制研究の今日的課題岡田信弘／民営化における多元的行政の民主的正当化高橋雅人／市民立法の意義と課題大江洋／フランス憲法改正による議会手続の変容徳永貴志／刑事裁判への「国民参加」とは何か？今関源成／刑事裁判は変わったか？石塚伸一／「国民の司法参加」「裁判員制度」の教育をめぐる課題渡邊弘／刑事的正義と共和主義成澤孝人／司法という名の公共性の空間柳瀬昇／公務員の政治的自由と政治活動禁止規制の広汎性船尾徹／公務員の政治的自由――コメント石村修／憲法上の間接差別法理に関する予備的考察白水隆／イジメの憲法学中富公一／身近にある憲法問題山村晋／書評・毛利透／藤井樹也

憲法理論叢書⑳

危機的状況と憲法

本体三〇〇〇円

憲法学とリスク棟居快行／アメリカ憲法とリスク――テロのリスクとテロ対策のリスク大林啓吾／国家の環境リスク事前配慮と個人の権利――〈3・11〉後の原子力藤井康博／リスク社会と実定法としての憲法土方透／国家・賭け・個人蟻川恒正／貧困からの自由とは何か遠藤比呂通／「生存」権を超えて――二五条へのひとつの視座遠藤美奈／貧困からの自由と生存権――国際人権法の観点から申惠丰／ポジティヴ・アクションの合憲性辻村みよ子／「意味の秩序」と平等駒村圭吾／人権（論）の分岐点佐々木允臣／公教育の中立性と客観法的統制棟久敬／「靖国合祀取り消し訴訟」判決を問う菅原龍憲／合衆国判例における「動機審査」・覚書黒澤修一郎／比例原則における事実と価値淡路智典／日米における司法権発動の具体的要件の背景と枠組み成瀬トーマス誠／憲法解釈論としての四段階責任論と責任追及制論の提唱吉田栄司／中国の民事裁判における憲法の間接適用とその課題呉東鎬／スペインにおける憲法改正の実質的限界論野口健格／憲法の言語と社会の言語髙橋基樹／書評・浦田一郎／西原博史

憲法理論叢書㉑

変動する社会と憲法

本体二八〇〇円

ステイツ・オブ・デモクラシー――ポピュリズム・熟議民主主義・アーキテクチャ吉田徹／立法過程の法的統制――立法裁量・立法目的・立法事実木村草太／「政府の憲法解釈」の論理構造とその分析横大道聡／福祉・「平等」・憲法葛西まゆこ／大阪都構想と大阪維新上山信一／大阪都構想と地方政府の形態岡田順太／地方自治保障の憲法原理と大都市特別制度大津浩／象徴天皇制と憲法学横田耕一／原発と憲法草薙順一／日本とドイツにおける国籍概念の比較中村安菜／列挙されていない権利の保障は何を意味するのか中曽久雄／「人間の尊厳」対「人間の尊厳」押久保倫夫／多元化・重層化する表現規制とその規律――表現の自由・アーキテクチャ・パブリックフォーラム成原慧／受刑者の権利保障――国際人権の可能性河合正雄／イギリス障害者差別禁止法（DDA）における平等取扱原則の意味杉山有沙／EU食品安全分野の予防原則における健康権の保障土屋仁美／アメリカ連邦最高裁における「保護されない言論」の考え方城野一憲／書評・岡田健一郎／岩切大地

憲法理論叢書㉒

憲法と時代

本体二八〇〇円

ドイツ基本法とその周辺—公論による正当化三島憲一／人権理論における「科学的方法」と本質主義の縛り西原博史／Leben und leben lassen!—平和の「科学」、自由の「哲学」西村裕一／戦後憲政史における主権・代表制・選挙権論辻村みよ子／実名報道の自由／知る権利？榎澤幸広／個人の尊厳原理から見た実名犯罪報道、及び、その憲法学上の位置づけ井上知樹／実名犯罪報道と無罪推定の原則飯島滋明／「少国民」世代の憲法研究者の願い杉原泰雄／参議院改革から立法府改革へ大山礼子／現代フランスの刑事法改革にみる法と政治の相互作用石川裕一郎／政治的意思決定における女性参加をめぐる議論彼谷環／適用違憲と違憲審査基準内野正幸／憲法の正統性の時間論的分節化吉良貴之／現代社会と主権—政治体の結合から門輪祐介／企業の社会的責任と人権尊重芹沢斉／イタイイタイ病裁判・裁判後の住民の闘い青島明生／イギリスにおける在外選挙制度宮内紀子／書評・福嶋敏明／實原隆志

憲法理論叢書㉓

対話と憲法理論

本体二八〇〇円

大学自治・制度的保障論・客観的価値決定論小貫幸浩／フランスにおける大学の自治と「憲法ブロック」南野森／アメリカの大学自治と制度理論中林暁生／市民・公務員・教育公務員安原陽平／学問の自由と「中央集権」堀口悟郎／公共領域における「地位の平等」の象徴的宣言巻美矢紀／家族、出自、ジェンダー問題をめぐる領域での平等吉田仁美／今回の風営法改正問題、実際の動き、これからの方向性斉藤貴弘／NOON摘発の状況と弁護団の主張水谷恭史／ダンス営業規制をめぐる憲法論新井誠／復興事業としての用地取得と憲法菊池優太／フランスにおけるBaby Loup事件とライシテ原則適用拡大の試み中島宏／奴隷的拘束禁止の憲法上の意義小池洋平／多様性の価値とAffirmative Action茂木洋平／死刑・被害者・基本権千國亮介／マスメディアの情報操作の弊害藤井正希／書評・高橋雅人／尾形健

憲法理論叢書㉔

対話的憲法理論の展開

本体三五〇〇円

イギリス憲法における政治的立憲主義者の格闘成澤孝人／「立憲主義」の日独比較——憲政史の観点から赤坂幸一／アメリカにおける「立憲主義」の現在大河内美紀／世界のグローバル化と立憲主義の変容山元一／京都朝鮮第一初級学校威力業務妨害事件冨増四季／ドイツ憲法から考えるヘイトスピーチ規制毛利透／アメリカにおけるヘイトスピーチ規制の歴史と現状奈須祐治／討議空間の均一化と「プレス」の「内部規律」水谷瑛嗣郎／「サイバーパトロール」の法的性質實原隆志／トランスナショナル憲法の構造西土彰一郎／法律制定後における立法者の憲法上の義務入井凡乃／フランス財政法制の転回と国家像岩垣真人／フランスにおける執行権の政治責任原理とその「刑事化」三上佳佑／イタリア共和国憲法における「地域国家」と連邦制芦田淳／ベルギーの第六次国家改革（二〇一二—一四）と連邦化のゆくえ武居一正／神奈川県臨時特例企業税条例事件について松本賢人／憲法二四条によるジェンダー差別是正の可能性川口かしみ／生殖補助医療における法の役割建石真公子／対テロ戦争における手続的デュー・プロセス保障今井健太郎／憲法構成権力の概念浦田賢治／憲法と教育法の研究五〇年永井憲一／書評・小沢隆一／吉田仁美

憲法理論叢書㉕

展開する立憲主義

本体三〇〇〇円

緊急事態序説長谷部恭男／B・アッカマンのemergency constitution論・再考木下智史／フランスにおける緊急状態をめぐる憲法ヴォードヴィル村田尚紀／緊急事態に対する「行政による統制」?・高橋雅人／緊急権と「外見的立憲主義」長利一／裁判所における国際法規範の「参照」手塚崇聡／憲法の「拷問禁止」規範阿部純子／デュー・プロセスの概念史清水潤／憲法上の「権利」と利益について金原宏明／憲法における「私人間効力」論の現状分析平松直登／人民主権の実現と裁判所の果たすべき役割川鍋健／わが国における「司法審査と民主主義」論の経緯と展望市川正人／「反多数決主義という難問」の存在意義に関する若干の考察金澤孝／フランスにおける人種差別表現規制について光信一宏／「保護されない言論」と内容規制菅谷麻衣／同性婚をめぐる合衆国最高裁の「論理」的展開上田宏和／「患者の自己決定権」の憲法上の定位について牧野力也／生存権と責任辻健太／川内原発稼働差止訴訟について工藤伸太郎／書評・植木淳／西土彰一郎

憲法理論叢書㉖

岐路に立つ立憲主義

本体二八〇〇円

日本における憲法パトリオティズム論の展開斎藤一久／婚姻・家族とフランス憲法―解釈論への示唆齊藤笑美子／政治プロセスにおける衆議院解散の位置植松健一／司法権＝違憲審査制のデザイン宍戸常寿／憲法のデザイン横大道聡／司法部の立ち位置と最高裁憲法判例の展開千葉勝美／違憲国賠訴訟の憲法訴訟としての可能性井口秀作／ドイツ連邦憲法裁判所における「主張可能性の統制（Vertretbarkeitskontrolle）」の展開山本真敬／フランスの政治裁判権における司法官の位置づけ橋爪英輔／学校における信教の自由と裁量審査、合理的配慮栗田佳泰／私企業における労働者の信教の自由馬場里美／思想・良心の自由に基づく法義務免除森口千弘／公的機関の公益通報者保護の憲法的意義牧本公明／科学技術に関する規範形成過程における民主的正統性の意義小川有希子／日本におけるヘイトスピーチ斉藤拓実／楠瀬喜多と女性参政権公文豪／近代フランス憲法思想における法・法律・自由水林翔／書評・成原慧／新井誠

憲法理論叢書㉗

憲法の可能性

本体三二〇〇円

ドイツの連邦憲法裁判所の固有性と一般性畑尻剛／アメリカにおける憲法裁判の現在福嶋敏明／フランス憲法院の事後的違憲審査（QPC）九年間の動向池田晴奈／民主化三〇年と韓国の憲法裁判水島玲央／「価値決定」としての学問の自由栗島智明／ヨーロッパの放送の自由の比較法的特質波多江悟史／人権としての国籍の可能性館田晶子／ハンセン病隔離政策と日本国憲法徳田靖之／憲法判例を通して家族を考える作花知志／アメリカ連邦最高裁の判例法理における「宗教に対する敵意」の位相根田恵多／信教の自由の保護領域と制約の正当化山本健人／社会保険における『脆弱』な人々の排除と包摂嵩さやか／「脆弱さ」と貧困・排除笹沼弘志／児童虐待についての権利論からの検討岩元惠／枠組的権利としての生存権石塚壮太郎／立法不作為事案と国家賠償法「二」条の理論的な親和性青木誠弘／スコットランド地域自治保障から見た憲法的制定法の法的意義本庄未佳／ドイツにおける予算概念の変遷鎌塚有貴／書評・大野友也／河北洋介

憲法理論叢書㉘

憲法学のさらなる開拓

本体三〇〇〇円

憲法訴訟の現在と未来渋谷秀樹／法の表示理論はいかにして憲法理論でありうるか？瑞慶山広大／部分無効と立法者意思山﨑皓介／ディシプリンとしての憲法学春山習／「生前退位」をめぐる憲法問題榎透／情報化社会におけるメディアの自由城野一憲／ドイツにおけるヘイトスピーチ規制と警察菅沼博子／「家庭教育」支援をめぐる諸問題植野妙実子／憲法教育論・再訪成嶋隆／憲法上の親の権利の必要性と問題吉岡万季／フランス「連帯(solidarité)」概念の憲法学的考察塚林美弥子／生存権保障の可能性松本奈津希／民営化に対する憲法的統制小牧亮也／「消費者」の二重性と国家大野悠介／自衛隊による「国際貢献」と憲法奥野恒久／「七三一部隊」問題莇昭三／内灘闘争にみる労働組合の平和運動西尾雄次／書評・玉蟲由樹／今井健太郎

憲法理論叢書㉙

市民社会の現在と憲法

本体三〇〇〇円

ポスト・トゥルース時代の表現環境水谷瑛嗣郎／表現の自由の現代的展開右崎正博／勝訴する政治家の対メディア型名誉毀損訴訟山田隆司／「学問の自由」考察の上での留意事項守矢健一／雇用の階層化と市民社会遠藤美奈／感染症患者の入院制度と人身の自由の保障河嶋春菜／人間の尊厳と社会連帯の規範的意義に関する考察朱穎嬌／彷徨う民主主義大林啓吾／アメリカ連邦議会による安全保障の立憲的統制望月穂貴／非科学の「解釈変更」と学術の使命小西洋之／ルネ・カピタンと「自由な解散」論兵田愛子／フランスにおける暴力行為の理論の展開棟形康平／地方自治体の出訴可能性横堀あき／観念（Idee）から成る行政法学内藤陽／書評・長峯信彦／茂木洋平

（＊価格は税別です）